hänssler

BIOGRAPHIE

OLE HALLESBY

Der Fels aus Norwegen
Stationen eines bewegten Lebens

Nach der norwegischen Biographie
von Dr. Sverre Norborg

Mit einem Vorwort
von Dr. Gerhard Maier

Herausgegeben von
Manfred und Joachim Rieger

CIP-Titelaufnahme der Deutschen Bibliothek

Norborg, Sverre:
Ole Hallesby – der Fels aus Norwegen : Stationen eines bewegten Lebens / nach der norweg. Biographie von Sverre Norborg. Mit einem Vorw. von Gerhard Maier. Hrsg. von Manfred und Joachim Rieger [Übers. von Joachim Rieger]. – Neuhausen-Stuttgart : Hänssler, 1990
(Hänssler-Biographie)
Einheitssacht.: Vekkeren fra Aremark – Ole Hallesby livssaga <dt.>
ISBN 3-7751-1542-0

hänssler-Biographie
Bestell-Nr. 391.542

Published by Luther Forlag, Oslo
Originaltitel: Vekkeren fra Aremark – Ole Hallesbys livssaga
Übersetzung aus dem Norwegischen: Joachim Rieger
Lektorale Bearbeitung der deutschen Ausgabe: Stefan Alsenz

Umschlaggestaltung: Daniel Dolmetsch
Titelbild: Landschaft in Norwegen. Foto: J. Rieger
Printed in Germany

INHALT

Anmerkung:
Zur besseren Lesbarkeit wurden norwegische Namen in deutscher Umschrift wiedergegeben: ø = ö; å = aa; æ = ae.

VORWORT

Meine erste Begegnung mit Ole Hallesby geschah durch die Lektüre seines Buches »Vom Beten«. Das ist wohl der normale Weg, auf dem man ihn in Deutschland kennenlernt. Damals hatte ich erwartet, daß ein längeres Buch über das Gebet entweder wissenschaftlich-unbrauchbar oder langweilig sein würde. In beidem sah ich mich getäuscht. Ole Hallesby schrieb ernst, gründlich und doch eigentümlich fesselnd. Bis heute wüßte ich kein besseres Buch zu diesem Thema als das seine.

Meine letzte Begegnung mit Ole Hallesby fand vor wenigen Wochen statt. Ich befand mich auf einer Theologenkonferenz in Finnland und war erstaunt, wieviele Bücher von Hallesby auf dem Schriftentisch ausgelegt waren.

Es ist gut, daß wir dank der Bemühungen von Joachim und Manfred Rieger jetzt seine Lebensgeschichte, geschrieben von Sverre Norborg, auch auf Deutsch zur Verfügung haben.

Wir brauchen heute Vorbilder von Leuten, die vor uns gegen den Strom gegangen sind – auch gegen den Strom in Kirche und Theologie. Hier ist eines dieser Vorbilder. Man möchte heute manchmal fast verzweifeln, wenn man sieht, wie rings um einen herum alles abbröckelt; gesunde biblische Lehre, wohltuende Nüchternheit, ernsthafte Seelsorge, Leute, die scharf denken können, Leute, die bescheiden bleiben, Leute, die zu einer echten Bekehrung aufrufen. Vor allem auch Leute, die in einer erstickenden Verbrüderung aller mit allen noch klarsehen. Liest man die Lebensgeschichte von Ole Hallesby, dann wird man ein wenig getröstet. Man sieht, daß Ähnliches auch früher dagewesen ist.

Für eines allerdings wird man nicht so schnell eine Parallele finden: Das ist die Verbindung von Evangelist, Missionsverantwortlichem und Theologieprofessor, die in der Person von Ole Hallesby vorliegt. Hier zeigt sich ein außergewöhnliches Charisma, das gelegentlich an Karl Heim erinnert.

Die Lebensgeschichte von Ole Hallesby wirft u.a. die Frage auf: Wie steht es mit unserer eigenen Bekehrung? Hat sie auch so einschneidende Konsequenzen gehabt? Ging sie auch so tief, daß Sünde ins Licht Gottes kam und an der Wurzel bereinigt wurde? Es ist für uns seltsam, daß gerade ein Theologieprofessor ein solcher Wegweiser zur Bekehrung wird und aus eigener Erfahrung zum Seelsorgehelfer werden konnte.

Hier in dieser Lebensgeschichte ist eine tiefe Einsicht in das Wesen und in die Macht der alten Natur gewonnen worden. Aber wer spricht noch von der alten Natur? Wir hören heute hauptsächlich zwei Meinungen. Die eine führt aus, daß Gott ein bedingungsloses Ja zu uns spreche. Die andere trägt vor, daß wir als Christen der alten Natur völlig enthoben wären. Solche Meinungen rechnen nicht mehr mit dem Gewicht der Sünde. Sie verhindern damit aber auch den willensstarken Kampf mit der alten Natur, der uns immer tiefer in die Abhängigkeit von der Gnade führt. Damit ist die Oberflächlichkeit des geistlichen Lebens beinahe vorprogrammiert.

Eine weitere Frage, die aus dieser Lebensgeschichte hervorwächst, ist die: Wo steht man heute eindeutig genug zum zuverlässigen Bibelwort und zum Bekenntnis? Wird heute nicht alles ver-ökumenisiert und ein-nivelliert? Wird heute nicht mit unerhörter Selbstverständlichkeit behauptet, man müsse der Schrift und dem reformatorischen Bekenntnis »kritisch« begegnen? Die »akademische Verachtung« war damals das Schicksal Hallesbys und seiner Freunde. Sie widerstanden der Versuchung, sich diese akademische Verachtung vom Hals zu schaffen. Werden wir auch heute die Kraft dazu finden?

Als biblische Christen verehren wir keine Heiligen im Sinne der mittelalterlichen Heiligenverehrung. Wir sind aber dankbar für lesbare Hinweisschilder, die uns zum Glauben an Jesus helfen. Man kann wohl sagen, daß Ole Hallesby in diesem Sinne »lesbar« war. Wir wollen bei allen christlichen Biographien nie vergessen, daß es zuletzt nicht um diesen oder jenen Menschen geht, sondern um den Erlöser, der in ihrem Leben wirksam geworden ist: Jesus.

Tübingen, im März 1990 Dr. Gerhard Maier

OLE HALLESBY UND NORWEGEN

Eine Einführung

Die Landschaft Norwegens ist beeindruckend kontrastreich: Fruchtbare Täler und Ebenen wechseln sich ab mit kargem Hochgebirge. Im Osten und Süden des Landes dominieren weite Wälder mit Seen, unterbrochen von Flächen mit Feldern und Wiesen. Die von Fjorden zerklüftete Westküste mit ihren zahlreichen vorgelagerten Inseln reicht etwa 1700 km nach Norden, weit über den Polarkreis hinauf bis zum Eismeer. Norwegen hat ungefähr vier Millionen Einwohner, wovon etwa ein Viertel in der Hauptstadt Oslo und ihrer Umgebung lebt.

Die Norweger lieben ihr Land und sie sind stolz auf die kulturellen, wissenschaftlichen und wirtschaftlichen Leistungen, die das kleine Volk im Laufe der Geschichte erzielt hat. Auch der Theologieprofessor Ole Hallesby (1879-1961), der einer alten Bauernfamilie aus Aremark in Ostnorwegen entstammte, war Zeit seines Lebens von dieser tiefen Liebe zu seiner Heimat erfüllt.

Im Jahr 1380 kam das bis dahin selbständige Königreich Norwegen unter die Oberhoheit Dänemarks und blieb solange dänische Provinz, bis Dänemark 1814 als Folge der napoleonischen Kriege durch den Kieler Vertrag gezwungen wurde, Norwegen an Schweden abzutreten. Zwar hatte zur gleichen Zeit eine verfassunggebende Versammlung in Eidsvoll, nördlich von Oslo, eine Verfassung ausgearbeitet, die Norwegen zum unabhängigen Königreich erklären sollte. Eine Anerkennung durch Schweden und die anderen am Kieler Vertrag beteiligten Mächte erfolgte jedoch nicht, so daß Norwegen die Verfassung lediglich beibehalten durfte, während die Regierungsgeschäfte in Personalunion mit Schweden vom schwedischen König übernommen wurden.

1905 kündigte das norwegische Parlament (Storting) diese Union auf. Nachdem sich in einer Volksbefragung die Mehrheit der Norweger für eine parlamentarische Monarchie als künftige Staatsform aussprach, wurde Prinz Carl von Dänemark unter dem Namen Haakon VII. zum neuen König gewählt.

Im 19. Jahrhundert und in den ersten Jahrzehnten des 20. Jahrhunderts sahen sich viele Norweger durch die zunehmenden wirtschaftlichen Probleme des Landes gezwungen, nach Amerika auszuwandern.

Als 1939 der Zweite Weltkrieg ausbrach, wollte Norwegen zunächst neutral bleiben. Die Deutschen jedoch mißachteten die Neutralitätserklärung und begannen in der Nacht vom 8. auf den 9. April 1940 mit der Besetzung. Der König und das Parlament weigerten sich, die deutsche Besatzungsmacht und die von ihr eingesetzte nazistische Regierung Quisling anzuerkennen, so daß es zu einem erbitterten norwegischen Widerstand kam. Eindrucksvolle Zeugnisse dieser Auflehnung gegen das Hitler-Regime finden sich heute im Widerstandsmuseum auf der Burg Akershus in Oslo.

Nach der deutschen Kapitulation kam der norwegische König am 7. Juni 1945 aus seinem Londoner Exil zurück, und es begann die Zeit des Wiederaufbaus und des wachsenden Wohlstands.

Ole Hallesby lebte in dieser – nicht nur für die norwegische Geschichte – bewegten Epoche. Auch er hatte 1905 die Auflösung der Union mit Schweden und die Einführung einer parlamentarischen Monarchie begrüßt und war stets »ein Mann des Königs« gewesen.

Als führende Persönlichkeit der freien lutherischen Verbände in Norwegen stellte er sich während der nationalsozialistischen Besatzung des Landes gemeinsam mit Bischof Eivind Berggrav an die Spitze des kirchlichen Widerstandes. Dieser Einsatz, der seinem christlichen Glauben und seiner Vaterlandsliebe entsprang, hatte zur Folge, daß er von 1943 bis 1945 im Konzentrationslager Grini in Oslo inhaftiert war.

Norwegens Kirchengeschichte beginnt damit, daß einzelne

Missionare das Evangelium von Deutschland und Großbritannien aus in die Länder des Nordens brachten. Im Jahre 1014 wurde Olav II. norwegischer König. Er, der in der Normandie getauft worden war, wollte als christlicher Regent in seinem Amt wirken. 16 Jahre später starb er in der Schlacht bei Stiklestad, nördlich von Trondheim. Wegen seines entscheidenden Einflusses bei der Christianisierung Norwegens wurde er später als »Olav der Heilige« verehrt.

Aus dieser Zeit stammen auch die ältesten Stabkirchen. In ganz Norwegen zählte man bis zu 1300 Kirchen dieses Baustils, wovon heute noch etwa 30 erhalten sind. Der im 12. Jahrhundert erbaute gotische Nidarosdom in Trondheim wurde zum Sitz des Erzbischofs und damit zum Zentrum des kirchlichen Lebens.

Im 16. Jahrhundert schloß sich der dänisch-norwegische König der Reformation an und erklärte 1537 die lutherische Konfession zur offiziellen Religion seines Reiches. Bis heute ist in der norwegischen Kirche das Erbe der Reformation Martin Luthers lebendig und verbindlich. In der 1814 beschlossenen Verfassung von Eidsvoll wurde die evangelisch-lutherische Konfession als offizielle Religion des Landes bestätigt.

Nahezu 90% der norwegischen Bevölkerung sind heute Mitglieder der norwegischen Staatskirche, die etwa 1300 Kirchengemeinden umfaßt und von elf Bischöfen geleitet wird. Formal ist der norwegische König das Oberhaupt der Kirche, wobei er diese Funktion durch das Kirchenministerium ausübt. Die kirchlichen Gesetze werden vom norwegischen Parlament beschlossen.

Trotz zunehmender Säkularisierung besitzt diese von der Reformation und der pietistischen Erweckung geprägte Volkskirche, zusammen mit den freien lutherischen Verbänden, bis heute eine zentrale Stellung im religiösen und gesellschaftlichen Leben der Norweger.

Als Theologieprofessor und Verkündiger wußte sich Ole Hallesby gegenüber der norwegischen Kirche verantwortlich und verpflichtet. Er stellte in seiner Arbeit stets die Grundaussage der reformatorischen Lehre in den Mittelpunkt: das Evangelium von der Gnade Gottes in Jesus Christus. Hallesby scheute deshalb auch nicht den Kampf, als es in der Auseinandersetzung mit der liberalen Theologie darum ging, die Gültigkeit der Heiligen

Schrift und das reformatorische Bekenntnis in der Kirche zu verteidigen.

Maßgeblichen Einfluß auf das geistliche Leben in Norwegen hatte nicht nur die lutherische Reformation, sondern zugleich auch der Pietismus und die Erweckungsbewegung. Erik Pontoppidan, seit 1748 Bischof von Bergen, stand mit dem Vater des deutschen Pietismus, Philipp Jakob Spener, in Verbindung. Er schrieb einen pietistischen Katechismus, der 150 Jahre lang Grundlage der christlichen Unterweisung in Norwegen bleiben sollte.

Durch den Bauernsohn Hans Nielsen Hauge (1771-1824), den »Erwecker Norwegens«, erfuhr das Land eine tiefgreifende Glaubenserweckung. Als Hauge 1796 beim Pflügen eine besondere Berufung zum Erweckungsprediger erlebte, zog er von da an sieben Jahre lang als Bote des Evangeliums zu Fuß durch ganz Norwegen. Er legte dabei mehr als 15000 km zurück, und sein Weg führte ihn bis in die entlegensten Winkel des Landes. Hans Nielsen Hauge hatte die besondere Gabe, unterwegs mit den Leuten ins Gespräch zu kommen, um ihnen den Weg zur Umkehr, zur Vergebung und zu einem neuen Leben mit Christus zu zeigen. Er verfaßte nicht nur zahlreiche geistliche Schriften, die rasch weite Verbreitung fanden, sondern machte zugleich auch wertvolle Vorschläge zur Verbesserung der wirtschaftlichen Lage. Nachdem er schon bald in Konflikt mit den kirchlichen und staatlichen Behörden gekommen war, weil er als Laie das Evangelium verkündigte, wurde er 1804 in Oslo inhaftiert. Erst zehn Jahre später, im Jahre 1814, wurde er schließlich von der gegen ihn erhobenen Anklage freigesprochen. Heute noch kann man auf der Museumshalbinsel Bygdöy bei Oslo die enge Zelle sehen, in der Hauge gefangengehalten wurde.

Die Erweckungspredigten Hans Nielsen Hauges fanden in Norwegen ein starkes Echo. Überall bildeten sich Versammlungen der »Haugefreunde«, die von theologischen Laien geleitet wurden, so daß sich diese Bewegung innerhalb der lutherischen Kirche Norwegens immer mehr ausbreitete und zunehmend zu Kristallisationspunkten des geistlichen Lebens im ganzen Land entwickelte. Ende des 19. und Anfang des 20. Jahrhunderts folgten weitere Erweckungen, bei denen neben dem haugianischen Erbe auch angelsächsische Einflüsse zur Geltung kamen.

Ole Hallesby wußte sich nach seiner Bekehrung und Lebenswende dazu berufen, zusammen mit seinem Vater einige

Jahre lang in der neu aufgebrochenen Erweckung in Ostnorwegen mitzuwirken. Als Theologieprofessor an der Gemeindefakultät und als Vorsitzender der Inneren Missionsgesellschaft wurde er der führende Vertreter des lutherischen Pietismus in Norwegen. Zwei eindrucksvolle Portraits in seinem Arbeitszimmer zeugen von Ole Hallesbys großen Vorbildern: dem Reformator Martin Luther und dem Erweckungsprediger Hans Nielsen Hauge.

Durch die Erweckungsbewegung entstanden die für Norwegen charakteristischen freien lutherischen Verbände. Diese mit den pietistischen Gemeinschaftsverbänden in Deutschland vergleichbaren Organisationen sind, obwohl sie innerhalb der Staatskirche arbeiten, von dieser unabhängig. In ganz Norwegen finden deren Versammlungen, die überwiegend von Laienchristen geleitet werden, in den über 2700 Bethäusern und Versammlungsräumen statt. Die größte unter diesen freien Verbänden ist die Norwegische Lutherische Innere Missionsgesellschaft (Det norske lutherske Indremisjonsselskap), deren Vorsitzender Ole Hallesby von 1923 bis 1956 war. Er übernahm die Verantwortung in diesem Verband, weil er sah, daß die Volkskirche »wie ein großes Haus ist, in dem es mehrere Räume geben muß«. Die von Laien getragene Arbeit der Inneren Mission war für ihn eine missionarische Notwendigkeit innerhalb einer Volkskirche.

Weitere christliche Verbände sind der Norwegische Lutherische Missionsbund (Norsk Luthersk Misjonssamband) und der Westnorwegische Innere Missionsverband (Det Vestlandske Indremisjonsforbund). Hinzu kommen noch die Missionswerke mit ihren großen Freundeskreisen: die Norwegische Missionsgesellschaft, die Norwegische Israelmission, die Norwegische Seemannsmission, die Norwegische Samen-(Lappen-)Mission und die Norwegische Santalmission.

Die Santalmission, deren Vorsitz Ole Hallesby ebenfalls eine Zeitlang einnahm, geht zurück auf die Arbeit von Lars Olsen Skrefsrud (1840-1910), der als Missionar unter den Santals in Assam/Nordostindien wirkte. Er fand dort offene Türen für das Evangelium, und so konnte unter den Santals bald eine lebendige Volkskirche entstehen.

Mit über 1000 Missionaren in Übersee ist Norwegen heute das Land, das, im Verhältnis zur Einwohnerzahl, die meisten evangelischen Missionare ausgesandt hat.

Die Gründung der Theologischen Gemeindefakultät in Oslo (Det Teologiske Menighetsfakultetet) geht auf die Initiative von Professor Sigurd Odland zurück, der seine Professur an der Staatsuniversität niederlegte, als dort die liberale Theologie beherrschend wurde. Ole Hallesby war nicht nur einer der ersten, sondern sicherlich auch der bekannteste Professor dieser neuen Fakultät, die mit Spenden des Freundeskreises und der Gemeinden finanziert wurde. Aus kleinen Anfängen entwickelte sich rasch eine theologische Ausbildungsstätte, die für die ganze norwegische Kirche große Bedeutung erlangte und an der heute etwa 80% der norwegischen Pfarrer ihr Studium absolvieren. Darüber hinaus werden an der Gemeindefakultät auch Religionslehrer und Katecheten ausgebildet.

Der Schwerpunkt in Ole Hallesbys Leben bestand in der Tätigkeit als Professor für Systematische Theologie an der neugegründeten Gemeindefakultät, an die er im Jahr 1909 berufen wurde.

Die Bedeutung des Theologen Hallesby lag weniger im Bereich der wissenschaftlichen Forschung als vielmehr in seiner Ausstrahlung und seinem Einfluß als Lehrer der ihm anvertrauten und sich auf das Amt des Pfarrers vorbereitenden jungen Menschen. Ihnen wollte er eine volksnahe und glaubensweckende Verkündigung vermitteln und zugleich die Wichtigkeit einer gesunden und lebendigen Verbindung von kirchlichem Denken und Erwekkungsfrömmigkeit einprägen.

Hallesbys theologisches Denken war beeinflußt von der Erlanger Erfahrungstheologie. In seiner Theologie verband er die Treue zu Schrift und Bekenntnis mit der Betonung der Notwendigkeit einer persönlichen Glaubenserfahrung: Schrift und Erfahrung sind dann kein Gegensatz, wenn der wiedergeborene Mensch nach Gottes Willen lebt.

Von Professor Hallesbys Verhältnis zu seinen Studenten wird berichtet, er habe stets ein lebhaftes Interesse gezeigt an der Lebenssituation der auszubildenden Theologen, die jederzeit zu ihm in die Seelsorge kommen konnten. Bei seinen Vorlesungen, die er bis 1952 an der Fakultät abhielt, setzte er zunächst die Lektüre seiner Lehrbücher voraus, von denen ausgehend er dann auf die Fragen der Studenten einging. Er war eine Persönlichkeit, die viel menschliche Wärme ausstrahlte und zugleich große Achtung bei den Studenten hervorrief.

Ole Hallesbys Einfluß auf das gesellschaftliche und religiöse Leben Norwegens ist überaus vielfältig und beeindruckend.

Das christliche Gymnasium in Oslo, das seine Gründung Ole Hallesby verdankt, hat sich im Laufe der Zeit zu einer so renommierten Schule entwickelt, daß sogar die Enkelkinder des norwegischen Königs dort ihre Schulzeit verbringen. Eine Schlagzeile über das Gymnasium in der norwegischen Tageszeitung »Aftenposten« (1988) lautete deshalb: »Von Ole Hallesby zu den Prinzenkindern«.

Ole Hallesby gab auch der nordischen christlichen Studentenbewegung entscheidende Impulse. So wählte ihn die »International Fellowship of Evangelical Students« (IFES) 1947 zu ihrem ersten Präsidenten. Zu diesem weltweiten Zusammenschluß christlicher Studentenvereinigungen gehört auch die »Studentenmission in Deutschland« (SMD).

Bewies Ole Hallesby gerade in seiner Verantwortung für die Studentenbewegung seine Offenheit für eine Zusammenarbeit auf der Basis der Evangelischen Allianz, war er im Gegensatz dazu der kirchlichen Ökumene gegenüber sehr kritisch eingestellt.

Mit Deutschland, das er bei einem Studienaufenthalt an verschiedenen deutschen Universitäten aus eigener Anschauung kennenlernte, verband ihn besonders das gemeinsame Erbe der lutherischen Reformation. Ole Hallesby sprach gut deutsch und hielt auch Vorträge in deutscher Sprache .

Für deutsche Leser ist es besonders interessant zu erfahren, wie es zur deutschen Übersetzung seines Buches »Vom Beten« kam: Während seiner Inhaftierung im Konzentrationslager Grini dachte Ole Hallesby darüber nach, wie er nach seiner Befreiung »Revanche« an den Deutschen üben könnte. Deshalb kümmerte er sich mit Nachdruck selbst darum, daß sein Buch »Vom Beten« ins Deutsche übersetzt und in Deutschland herausgegeben wurde. Seit der ersten Auflage 1954 wurden weit über 100 000 Exemplare dieses Buches in Deutschland verbreitet.

Wie vielen Christen in Deutschland war auch den Herausgebern dieser Biographie der Name Ole Hallesby von dessen Büchern her bekannt. Vor mehreren Jahren entstanden zwischen der Gemeindefakultät in Oslo und dem Albrecht-Bengel-Haus in Tübingen, einem Studienhaus für evangelische Theologiestudenten, verschiedene Kontakte, die auch zu einem Austausch von Studenten führten. Nachdem sich für Joachim Rieger während eines einjährigen Studiums an der Theologischen Gemeindefakultät in Oslo die Gelegenheit ergab, das geistliche Leben und die kirchliche Situation Norwegens kennenzulernen, entwickelte sich daraus der Gedanke, die Biographie über den führenden norwegischen Theologen Ole Hallesby auch in Deutschland einer breiten Öffentlichkeit zugänglich zu machen.

Dankenswerterweise war es möglich, von den Erben des Verfassers Dr. Sverre Norborg die Erlaubnis zur Übersetzung und Bearbeitung des Buches zu erhalten. Dr. Norborg hatte selbst bei Professor Hallesby studiert und lebte später als Pfarrer und Hochschuldozent in den Vereinigten Staaten. Den Söhnen Ole Hallesbys, Christen und Helge Hallesby, sind die Herausgeber für die freundliche Unterstützung und die wertvollen Hinweise sowie für die bereitwillige Überlassung des Bildmaterials überaus dankbar. Allen, die sonst zur Herausgabe dieses Buches beigetragen haben, gilt ebenfalls unser herzlicher Dank.

Die Wirkung der Bücher von Ole Hallesby hat Pfarrer Wilhelm Busch einmal so beurteilt: »Als geistlicher Mann weiß Hallesby, daß das Evangelium nicht ein System von Gedanken ist. Es stellt vielmehr den Menschen vor die Wirklichkeit des lebendigen Gottes. So erlebt also der Leser, daß er es schließlich gar nicht mehr mit Hallesby zu tun hat, sondern daß er sich jetzt Gott stellen muß.«

Ole Hallesby war als Theologe und Evangelist eine geistliche Persönlichkeit mit großer Ausstrahlung. Mit seiner Biographie möchten die Herausgeber auch den deutschsprachigen Lesern Gelegenheit geben, die Stationen des bewegten Lebens dieses Mannes kennenzulernen: Sein persönliches inneres Ringen um den Glauben, seinen Einsatz als Verkündiger, seinen Kampf für die Gültigkeit von Bibel und Bekenntnis und sein mutiges Auftreten im Widerstand gegen die deutsche Besatzungsmacht. Seine Lebensgeschichte will die Leserinnen und Leser dieses Buches einladen zu einem lebendigen Glauben an Jesus Christus und sie ermutigen, diesen Glauben im eigenen Lebensalltag zu erfahren und zu bezeugen.

Manfred Rieger

AREMARK, DIE HEIMAT DER KINDHEIT

Geistliche Wurzeln der Familie Hallesby

Die Dorfsiedlung Aremark liegt in der Provinz Östfold, ungefähr 150 km südöstlich von Oslo, an der Landesgrenze zu Schweden und erstreckt sich in nordsüdlicher Richtung über eine Länge von etwa 50 km. Sein landschaftliches Gepräge erhält Aremark sowohl durch das Halden-Flußgebiet als auch durch ausgedehnte Wälder mit einer Vielzahl von Seen, Mooren und Sümpfen. So zählt man innerhalb der Gemeindegrenzen von Aremark insgesamt nicht weniger als 229 größere und kleinere Seen.

Die Bezeichnung Aremark, die für die Gebiete auf beiden Seiten der norwegisch-schwedischen Grenze gilt, wird vom Namen des Sees Ari und dem alten Wort »Markir« abgeleitet, das soviel wie »Wald« bedeutet. Viele Generationen lang bestanden enge Kontakte zwischen den Bewohnern über die Landesgrenze hinweg, weshalb der Aremarkdialekt früher häufig auch schwedische Worte und Redewendungen aufwies.

Fährt man durch die Siedlung Aremark, die zugleich einen Pfarrbezirk bildet, von Rödenes im Norden nach Enningdalen im Süden, so kommt man durch dicht bewaldetes Hügelland, das nur unterbrochen wird von kleineren landwirtschaftlich genutzten Feldern und Flächen. Diese gerodeten Lichtungen mit bebautem Land, die wie Oasen in den mächtigen Wäldern liegen, bezeichnet man von alters her als »Krokene« (Winkel).

Ende des 19. Jahrhunderts ist Aremark mit seinen vielen weit verstreut liegenden größeren und kleineren Höfen ein Dorf mit einem festen Gesellschaftsgefüge, wobei die Bevölkerung aus zwei deutlich voneinander abgegrenzten Gruppen besteht: den Großbauernfamilien auf der einen Seite und den Kleinbauern (Pächtern) und Landarbeitern auf der anderen Seite. Da diese Ordnung bereits seit vielen Generationen Bestand hat, nehmen nur sehr wenige Anstoß daran. Die Schicksalsgemeinschaft von Erbhofbauern und Pächtern wird als naturgegeben hingenommen. Überdies lehrt der Religionsunterricht nach dem lutherischen Katechismus, der Untergebene müsse den Vorgesetzten ehren und ihm gegenüber seine Pflicht erfüllen.

In einer derart festgefügten Dorfgemeinschaft kann es deshalb lange dauern, bis neuzeitliches Gedankengut und gesellschaftsverändernde Ideen die Menschen in den Wäldern um den Aresee erreichen.

Aremark ist zu dieser Zeit das am dünnsten besiedelte Gebiet in der Gegend Smaalenene. Das Wegenetz ist schlecht ausgebaut, und diejenigen, die die Wege benützen, müssen eine Vielzahl von Gattern und Zäunen überwinden, die immer wieder die Wege versperren. Aus diesem Grund kommt es nur selten vor, daß die Bewohner die kleine Welt ihrer Siedlung verlassen. Selbst eine Fahrt zur nächstgelegenen, nur 30 bis 40 Kilometer entfernten Stadt Halden, die in diesen Jahren noch Fredrikshald heißt, wird als eine weite Reise angesehen.

Die Weltabgeschiedenheit des Ortes wird lediglich durch das kleine Dampfschiff »Turisten« durchbrochen, das viele Jahre lang auf den miteinander verbundenen Flüssen und Seen die Siedlung Aremark durchquert. Jeweils vom Beginn der Schneeschmelze bis kurz vor Weihnachten fährt das Dampfboot dreimal in der Woche seine Route, auf der es an zwölf Anlegestellen Halt macht, um so die Leute von Aremark miteinander und mit der »großen weiten Welt« außerhalb des Dorfes in Verbindung zu bringen.

In Aremark gibt es in dieser Zeit ein äußerst zuverlässiges Barometer, an dem man jederzeit ablesen kann, wie es mit der wirtschaftlichen Lage nicht nur in Norwegen, sondern auch in ganz Europa bestellt ist: die Forstwirtschaft. Sie bildet schon immer das wirtschaftliche Fundament der Siedlung, weshalb es auch stets die Waldbesitzer sind, die in Aremark den Ton angeben. Die Forstwirtschaft ist jedoch in besonderem Maße abhängig von den Konjunkturschwankungen, die mit der wechselnden Nachfrage vor allem des europäischen Auslandes zusammenhängen. In guten Verkaufsjahren wird in Aremark viel Holz im Raubbau geschlagen, in schlechten Jahren hingegen kann die Nachfrage so erschreckend herabsinken, daß in den Wäldern kaum das Echo eines Axthiebes zu hören ist.

Infolge dieser forstwirtschaftlichen Konjunkturschwankungen mit ihren Höhen und Tiefen leben die Menschen in ständiger Angst vor Hungersnöten. Immer wieder gibt es sogenannte »Rindenbrotzeiten« (gemahlene Baumrinde wird unter das Mehl gemischt), und noch nach 1920 haben forstwirtschaftliche Krisen verheerende Folgen.

Ein Schwachpunkt der wirtschaftlichen Struktur in Aremark ist im letzten Jahrhundert die äußerst geringe Ausdehnung der landwirtschaftlichen Nutzfläche. Die Kleinbauern und Lohnarbeiter braucht man vor allem in den Wäldern, und es verursacht zudem sehr hohe Kosten, neues Land zu roden. Ein besonderes Problem ist auch, daß es selbst 1910 in Aremark keineswegs üblich ist, moderne landwirtschaftliche Geräte einzusetzen. Dennoch ergreifen einige der Hofbesitzer in weiser Voraussicht die Initiative. Unter ihnen ist auch der Besitzer des Hofes Hallesby Söndre, der um 1880 größere Flächen rodet und darauf neue Äkker anlegt.

In Aremark herrscht in der Zeit um die Jahrhundertwende mehr als zwei Generationen lang eine große Geldknappheit, die alle Vorhaben der Bewohner und der kommunalen Verwaltung bereits im Keim ersticken läßt. Das Schulwesen ist äußerst primitiv, es gibt weder eine Schulbücherei noch eine öffentliche Bibliothek. Nur der Weg in die entfernte Stadt Halden ermöglicht es begabten Schülern, das Mittelschulexamen zu machen.

Die wenigen Handwerksbetriebe können den zahlreichen arbeitssuchenden Jugendlichen des Ortes keine Arbeitsmöglichkeiten bieten. Infolgedessen beginnt eine starke Abwanderung aus Aremark: Hatte die Bevölkerungszahl im Jahre 1875 noch 2082 Einwohner betragen, so sind es 1910 nur noch 1881. Viele junge Menschen verlassen die Siedlung; einige ziehen in die Industrieorte Halden oder Glommen, andere machen sich auf den langen Weg nach Nordamerika in die »Neue Welt«.

Die Menschen, die in dem abgeschiedenen Aremark aufwachsen, leben gegen Ende des 19. Jahrhunderts in einem recht distanzierten Verhältnis zu den radikalen wirtschaftlichen und politischen Umwälzungen, von denen Norwegen in dieser Zeit bestimmt ist. Erst in den zwanziger Jahren, als das Auto seine Bedeutung als allgemeines Fortbewegungsmittel erlangt hat, wird Aremark zunehmend mit dem neuzeitlichen Norwegen und dessen modernen Entwicklungen konfrontiert.

In der Geschichte Aremarks nimmt erstaunlicherweise das kirchliche und religiöse Leben eine besondere Stellung ein. Aremark ist seit mehr als vier Generationen von intensivem geistlichem Leben und von konfessioneller Vielfalt geprägt. Der äußere Rahmen dafür ist die Verankerung der evangelisch-lutherischen Kirche im norwegischen Grundgesetz. Man ist sich bewußt, daß in der Kirche die lutherische Lehre nach dem Augsburger Bekenntnis gilt, so wie es bereits 1739 der pietistisch gesinnte dänisch-norwegische König bestimmt hat.

Als Norwegen 1814 seine eigene Verfassung erhält, ändert sich dadurch in keiner Weise die Stellung der Kirche im öffentlichen Leben. Weder der damalige Zeitgeist noch die Väter der Verfassung von Eidsvoll interessieren sich für geistliche Fragen oder für das eigentliche Wesen der Kirche. Das Staatskirchenmodell mit dem König an der Spitze, das bis heute Gültigkeit besitzt, erscheint ihnen unkompliziert und effektiv zugleich: Die königliche Regierung sorgt für die theologische Ausbildung an der Universität, sie ernennt Bischöfe, Pfarrer und Theologieprofessoren. Ebenfalls eingebunden in dieses System sind das kirchliche Leben und das Schulwesen.

Dann aber kommt durch die prophetische Gestalt des Erweckungspredigers Hans Nielsen Hauge (1771-1824) ein mächtiger geistlicher Aufbruch in Gang. Durch seine Verkündigung und sein Martyrium während eines langjährigen Gefängnisaufenthaltes legt er den Grundstein für eine kirchliche und politische Befreiungsbewegung im norwegischen Volk. Nach langem und erbitterten Widerstand von seiten des Staates und der Staatskirche wird den Christen endlich die Versammlungsfreiheit und die freie Wahl des Bekenntnisses gewährt. Hans Nielsen Hauge, von Gott zum Laienprediger berufen, wird somit zum großen Erneuerer des geistlichen Lebens in der norwegischen Kirche. Über 15 000 km ist er zu Fuß unterwegs, um seinem Volk die rettende Botschaft von Jesus, dem Heiland der Sünder, nahezubringen und die Menschen zum persönlichen Glauben zu führen.

Zwar kommt Hauge auf seinen Reisen nie in die Gegend um den Aresee – seine mehrfachen Gefängnisaufenthalte haben ihn so sehr geschwächt, daß er keine großen Reisen mehr unternehmen kann –, seine Freunde jedoch bringen die Erweckungsbotschaft auch nach Aremark.

Die durch Hans Nielsen Hauge ausgelöste Erweckungsbewegung läßt sich nicht aufhalten, auch wenn in der damaligen Hauptstadt Kopenhagen die Dänische Kanzlei zu einem vernichtenden Schlag gegen die Verbreitung seiner Bücher ausholt: Am 5. Juli 1805 ergeht ein Erlaß, der alle Norweger, die Schriften von Hauge besitzen, auffordert, diese vollständig an die örtliche Polizei zu übergeben. Wer den Befehl mißachte und versuche, auch nur ein einziges Exemplar zu behalten, müsse, so der Erlaß, an die Armenkasse des jeweiligen Pfarrbezirks eine hohe Buße von 50 Reichstalern entrichten.

Von Hauges Schriften sind inzwischen etwa 200 000 Exemplare verbreitet worden, weshalb es überall im Land zu wahren Volkswanderungen von Haugefreunden kommt, die ihre Bücher zur Polizei bringen. Viele aber werden an den Pranger gestellt, obwohl sie den Beamten als ehrbare Bürger bekannt sind.

Als die gesetzestreuen Haugianer ihre Schriften abliefern, wird ihnen zugesagt, daß sie die Bücher wieder ausgehändigt bekämen, wenn das gerichtliche Verfahren gegen ihren »das Land schädigenden Anführer« abgeschlossen sei. Erst elf Jahre später jedoch, am 14. Juni 1816, wird durch eine königliche Resolution bekanntgegeben, daß die Haugefreunde ihre Bücher wieder abholen können, sofern diese noch vorhanden wären; allerdings sind es nur sehr wenige, die dieses Angebot nutzen.

Hans Nielsen Hauge ist inzwischen einer der geachtetsten Männer Norwegens. Im Frühjahr 1817 zieht er auf den großen Hof Bredtvet in Aker bei Oslo. Dort arbeitet er als Bauer, schreibt neue Bücher und empfängt den Besuch von leitenden Brüdern, die ihm davon berichten, wie es um die Bewegung in den verschiedenen Teilen des Landes bestellt ist. Hauge lebt im festen Glauben, »daß das Feuer, von dem Jesus wollte, daß es auf der Erde brenne, noch in vielen Herzen entzündet werde«. Darüber hinaus betont er, er habe nirgendwo einen Hinweis dafür gefunden, daß Christus die Verkündigung und Seelsorge nur ausgebildeten Theologen vorbehalten habe. Vielmehr habe Jesus nicht nur niemandem verboten, ihn zu bekennen und von ihm zu reden, sondern er habe sogar ausdrücklich Fischer und Zöllner für diese Aufgabe erwählt.

Die Anhänger Hauges in Aremark sind nicht wenig stolz darauf, daß die Bewegung durch Hauges engen Freund und Berater Jon Hansen Sörbröden (1775-1857) in ihrem Dorf Fuß gefaßt hat. Sörbröden, ein häufiger Gast bei Hans Nielsen Hauge auf Hof Bredtvet, ist überdies auch Mitglied der verfassunggebenden Versammlung in Eidsvoll gewesen.

1827 predigt Sörbröden in einer Zusammenkunft bei Frau Else auf dem Hof Enger in Aremark. Diese Frau ist auf einer ihrer Reisen zum Markt nach Oslo mit den Haugefreunden in Kontakt gekommen. Nachdem sie zum lebendigen Glauben gefunden hat, stellt sie ihr Haus bereitwillig für Jon Sörbröden zur Verfügung. Diese Versammlung wird für die Geschichte der Erweckungsbewegung in Aremark überaus bedeutend: Unter den Zuhörern sitzt nämlich das junge Dienstmädchen Mari Jörgensdatter Kolsbu (1806-1875), die während der Verkündigung vom Ruf zur Umkehr ergriffen wird. Bevor sie aus tiefer Überzeugung daran glauben kann, ein Kind Gottes zu sein, durchleidet sie einen schweren und langen inneren Kampf, dem äußere Anfeindungen und beißender Spott durch die jungen Leute des Dorfes folgen. So lernt sie, was der Glaube gibt und fordert.

In den folgenden Jahren, in denen sie auf verschiedenen Höfen in Aremark und Umgebung arbeitet, beginnt sie, in den Versammlungen der Haugefreunde Zeugnis von ihrem Glauben abzulegen. Als eine außergewöhnlich begabte Frau, die tief in der Bibel gegründet ist, nimmt sie mit der Zeit immer mehr eine führende Position unter den Gläubigen ein. Nach ihrer Hochzeit mit Jörn Halvorsen zieht sie 1849 mit ihm auf das Kleinbauerngehöft Holen, das zum Hof Hallesby Söndre gehört. Mari Holen – so heißt sie nun nach dem Namen ihres Wohnortes – wird aufgrund ihres evangelistischen Zeugnisses zu einer anerkannten geistlichen Ratgeberin für die Haugefreunde, die sich auf Hallesby Söndre versammeln.

Bis zur Erweckung 1904/1905 haben die Haugefreunde mit ihrem ernsten Lebensstil und ihrer Forderung nach persönlicher Heiligung in Aremark keinen nennenswerten Zulauf.

Bei den Bischofsvisitationen in den Jahren 1876 und 1883 wird zwar einigen älteren Christen, die Einfluß und Ansehen in Aremark genießen, die Anerkennung dafür ausgesprochen, daß sie ein Gegengewicht zu den freikirchlichen und separatistischen Strömungen bilden, die in dieser Zeit in der Siedlung an Bedeutung gewinnen. Dieses bischöfliche Lob aber, obwohl vom kirchlichen Standpunkt sicherlich berechtigt, ist gleichzeitig auch ein Anzeichen dafür, wie stark die Haugefreunde in Aremark dem traditionellen kirchlichen Leben des Dorfes verhaftet sind und sich deshalb schwertun, neue Wege zu gehen.

Während in Aremark bis 1889 noch keine Innere Missionsvereinigung gegründet ist, verzeichnet die aus der Haugebewegung hervorgegangene Innere Missionsbewegung in der Umgebung der Siedlung, in Smaalenene, ein starkes Wachstum. Überall entstehen dort örtliche Gemeinschaften.

In Aremark geht zunächst die Initiative zu evangelistischer Arbeit von freien Gruppen aus. Es kommen immer wieder Wanderprediger aus Schweden, die die Lehre Waldenströms und später die Gnadenverkündigung von C.O. Rosenius nach Aremark bringen. Keine dieser beiden Richtungen erlangt allerdings größeren Einfluß. Weit bedeutender ist die Wirkung, die von dem Großkaufmann Jens Olsen Rishaugen (1834-1915) ausgeht, der aus Aremark stammt und, wie andere Jugendliche seiner Zeit, die Heimat verlassen muß, um einen Ausbildungs- und Arbeitsplatz zu finden. Er läßt sich in Halden nieder, wird ein wohlhabender Geschäftsmann und schließt sich der methodistischen Bewegung an. In Halden ist bereits 1856 die erste Methodistenkirche Norwegens erbaut worden.

Jens Olsen Rishaugen sieht es als seinen Auftrag an, seiner Heimatgemeinde zu einem »Bethaus« (Gemeinschaftssaal) zu verhelfen, und so können die Einwohner Aremarks 1880 die Errichtung eines ersten Bethauses miterleben, dem später noch weitere folgen. In diesen Bethäusern werden freie evangelische Versammlungen abgehalten, die nicht der staatskirchlichen Kontrolle unterstehen. In jenen Versammlungen sprechen örtliche Prediger ebenso wie Verkündiger, die auf ihren Reisen durch das Siedlungsgebiet kommen.

Die Besitzer der Großbauernhöfe haben zu dieser Zeit wenig oder gar kein Interesse an Glaubensfragen. Vielmehr sind es hauptsächlich die »kleinen Leute« im Aremarker Pfarrbezirk, die Freude und Glaubensmut in den Versammlungen finden. Dort kommt man zusammen, um das Wort Gottes zu hören, um fröhlich miteinander zu singen und um andere Dorfbewohner zu Gesprächen zu treffen. Damit hat das traditionelle »Kirchplatztreffen« nach dem Gottesdienst Konkurrenz bekommen.

Einer der großen alten Erbhöfe in Aremark ist der Hof Hallesby Söndre, der in den Grundbüchern bereits 1589 erwähnt wird. Zu Beginn des 20. Jahrhunderts umfaßt er 540 Hektar Wald und etwa 20 Hektar Feld. Zum Erbhof Hallesby Söndre gehören von alters her vier Kleinbauernhöfe. Auf einem davon, dem Hof Holen, wohnt Jörn Holen, der durch die Ereignisse am Weihnachtsabend 1902 für Ole Hallesbys geistliche Lebensgeschichte besondere Bedeutung gewinnt. Nach dem Tod von Jörn im Jahr 1903 wird der Hof nicht mehr länger bewohnt; vierzig Jahre später brennt das leerstehende Gebäude nieder. Die Erinnerung an Jörn und Mari Holen aber bleibt bei den Bewohnern von Hallesby Söndre noch lange Zeit lebendig.

Als Ole Hallesbys Vater Christian 1877 den Hof von seinem Vater übernimmt, beginnt für Hallesby Söndre eine Blütezeit. Aufgrund der landesweiten Landwirtschaftskrise 1857 hatte Oles Großvater Anders Hallesby überaus harte Jahre erlebt und deshalb stets Schwierigkeiten gehabt, die Häuser und Felder so gut instand zu halten, wie es ihm selber lieb gewesen wäre. Als im Jahr 1868 zusätzlich noch ein wirtschaftlicher Einbruch in der Forstwirtschaft eintrat, mußte er sich über einige Jahre hinweg abplagen, um den Erbhof überhaupt zu erhalten, bevor er ihn seinem Sohn Christian übergeben kann.

Christian Hallesby wird am 11. August 1844 geboren. Schon während seiner Jugend sind die Dorfbewohner der Ansicht, daß aus ihm ein besonnener und tüchtiger Erbhofbauer werden könne. 1868 heiratet Christian Hallesby Lina Tollefsdatter Dahl, die Tochter einer wohlhabenden und traditionsreichen Bauernfamilie aus Eidsberg. Sie ist eine ausgeglichene Persönlichkeit und hat, was weitaus wichtiger für Christian und die künftige Familie ist, schon in jungen Jahren zum Glauben gefunden.

Während der ersten neun Jahre ihrer vom Glauben getragenen Ehe wohnen Christian und Lina auf Hof Enger in Aremark. Neben der oft mühsamen täglichen Arbeit und dem Familienleben finden sie immer noch Zeit, sich am kirchlichen Leben und an der geistlichen Gemeinschaft der Haugefreunde zu beteiligen. Lina, die viele Lieder des Gesangbuchs auswendig kann, hat eine solch schöne Stimme, daß man sich in Aremark noch lange nach ihrem Tod daran erinnert. Überdies hat sie ein besonderes geistliches Einfühlungsvermögen, so daß sie stets das richtige Lied zum richtigen Zeitpunkt anzustimmen weiß.

Christian Hallesby hat tatsächlich mit seiner Arbeit viel Erfolg. In den Jahren nach 1880 weitet er die landwirtschaftliche Nutzfläche des Hofes durch große Neuanpflanzungen aus. Er arbeitet außerdem aktiv in der örtlichen Gemeindevertretung mit und wird sogar zum Stellvertreter des Parlamentsabgeordneten für den Wahlkreis gewählt, zu dem Aremark gehört. Dennoch nimmt Christian Hallesby seine besondere Stellung in der Geschichte Aremarks nicht als Erbhofbauer oder Kommunalpolitiker ein, sondern als Leiter der lutherischen Erweckungsbewegung innerhalb der Siedlung. Seine Eltern Anders und Kristine hatten ihre Kinder bewußt im Glauben erzogen und mit der Heiligen Schrift vertraut gemacht. Im Februar 1864 hat Christian Hallesby das sein Leben bestimmende geistliche Erlebnis, über das er selbst berichtet: »Ich danke Gott für diese Stunde in meinem Leben. Nun faßte ich entschieden den Vorsatz, den Herrn zu suchen. Es gehe wie es wolle: Gott wollte ich angehören.«

So kommt Ole Hallesbys Vater durch eine entschlossene Umkehr zum lebendigen Glauben, der von nun an sein Denken und Handeln bestimmen sollte. Anfangs ist der Neubekehrte sehr zurückhaltend und spricht nur wenig über seinen neugewonnenen Glauben. Er ist ohnehin kein besonderer Redner und von Natur aus eher wortkarg. Wäre er nicht durch eine direkte persönliche Aufforderung zum Verkündigungsdienst berufen worden, so würde der Name des Bauern Christian Hallesby wohl kaum jemals Beachtung in der norwegischen Kirchengeschichte gefunden haben.

Als Christian Hallesby zum Glauben kommt, ist es vor allem Mari Holen, die erkennt, welche Gaben in dem jungen Bauern verborgen liegen.

Es ist interessant zu sehen, wie die Tradition der Haugebewegung direkt von Hans Nielsen Hauge und seinem Mitarbeiter Jon Sörbröden über Mari Holen zu Christian Hallesby führt. Es ist geradezu das besondere Kennzeichen der Haugebewegung, daß sie durch persönliche Kontakte Menschen für Gottes Reich gewinnt und auf diese Weise ganze Haugianergenerationen entstehen.

Die Berufung des jungen Christian Hallesby zum Verkündiger geschieht im Jahr 1873: Mari und Jörn Holen entschließen sich, Christian darum zu bitten, sie auf einem evangelistischen

Einsatz nach Jarlsberg auf der anderen Seite des Oslofjords zu begleiten. Diese Reise wird zu einem entscheidenden Wendepunkt in Christians Leben. Als er während einer Versammlung spürt, wie der Heilige Geist seiner Rede Vollmacht gibt und seine Worte Gläubige und Ungläubige ergreifen, gewinnt er die Gewißheit, daß Gott ihn zur Wortverkündigung berufen hat.

Wieder zurück in Aremark, werden die beiden Ehepaare Christian und Lina Hallesby und Jörn und Mari Holen die treibenden Kräfte der Erweckung in ihrem Heimatort.

Kurze Zeit später wird Mari krank und bettlägerig. Dennoch ist sie froh darüber, wie Gott für seine Sache in Aremark gesorgt hat, indem er Christian Hallesby zur geistlichen Leitung der Haugebewegung befähigte. Kurz vor ihrem Tod am 3. Januar 1875 prophezeit sie Christian: »Du wirst hier der Lichtträger sein, wenn wir anderen nicht mehr da sind.«

Im folgenden Jahr spricht Christian Hallesby gemeinsam mit Prediger Hans Anonby in den Versammlungen in Aremark. In jenem Sommer breitet sich das Feuer der Erweckung in der Siedlung rasch aus. Die Prediger ziehen von Hof zu Hof. Ihre Verkündigung ist bestimmt von der Forderung nach klarer Abkehr von der Sünde und entschlossener Umkehr zu Gott, verbunden mit dem Bekenntnis der Sünde und einem neuen Wandel in der Kraft des Geistes.

Christian Hallesby, der – wie es der Haugebewegung entspricht – besonderen Nachdruck auf einen christlichen Lebensstil legt und Gott auch im Alltag Gehorsam erweisen will, rückt zu keiner Zeit vom lutherischen Bekenntnis ab. Auch die freikirchlichen Strömungen, die sich in Aremark bemerkbar machen, können seine Überzeugung nicht erschüttern. Christian Hallesbys Leben wird zu einem demütigen Dienst für Gott zum Wohl der Gemeinschaft. Für ihn ist es kein Gegensatz, Prediger der Inneren Missionsvereinigung und zugleich angesehener Kommunalpolitiker zu sein. Mit seinem ruhigen und ausgeglichenen Wesen gewinnt er auch das Wohlwollen der Gemeindepfarrer und arbeitet mit ihnen so vertrauensvoll zusammen, daß er sogar Assistent des Pfarrers wird und später von Bischof Jens Frölich Tandberg die Vollmacht erhält, das Abendmahl auszuteilen. Der Bischof schenkt Christian für diese Aufgabe einen Abendmahlskelch, den er häufig dann benutzt, wenn er Krankenbesuche macht.

In seinem beruflichen Leben als Bauer will sich Christian Hallesby als verantwortungsbewußter, christlicher Haushalter bewähren. Er hat den außergewöhnlichen Ehrgeiz, die Instandsetzung des Hofes rasch voranzutreiben, denn die Krankheit seines Vaters und die wirtschaftlichen Krisen der Vergangenheit hatten schlimme Folgen für das Feld, den Wald und die Häuser des Erbhofes. Allerdings dauert es einige Jahre, bis der Zustand erreicht ist, der den Vorstellungen des Christian Hallesby entspricht, der beabsichtigt, aus Hallesby Söndre einen Musterhof zu machen. Im Laufe der Jahre werden die verfallenen Gebäude renoviert oder neu aufgebaut. Die Forstwirtschaft wird rationalisiert und der Ertrag dadurch verdoppelt. Durch das Ergebnis seiner Arbeit erwirbt sich der neue Besitzer, der mit seinem unermüdlichen Einsatz auch die Echtheit seiner Frömmigkeit beweisen will, schnell den Ruf, ein Pionier der Siedlung zu sein. Er aber sieht in allem, was er tut, nur die unermeßliche Güte Gottes am Werk.

Wie Christian draußen auf dem Feld, so ist Lina drinnen im Haus Vorbild für Familie und Bedienstete. Sie ist die von jedermann anerkannte Hausherrin, die alle Fäden in der Hand hält und sich darum kümmert, daß der große Haushalt effektiv funktioniert. Auch sie ist – wie Christian – der Überzeugung, daß ein von Gottesfurcht, Disziplin und Genügsamkeit geprägter Lebensstil der einzig richtige ist.

Besonders schwierig ist es in all den Jahren, in denen durch die Forstwirtschaft kein Gewinn erzielt wird, ständig die nötigen Mittel für die Instandhaltung des Hofes und die Ausdehnung des Ackerlandes aufzubringen. Trotzdem ist das Ehepaar Hallesby fest davon überzeugt, daß es zur missionarischen Ausstrahlung ihres Christseins gehört, immer ein offenes und gastfreundliches Haus zu haben.

Lina ist eine lebhafte Frau, bestimmt von Geist und Charme sowie von einer grundlegend positiven Lebenseinstellung, die sie schon seit ihrer Jugend prägt. Dennoch gibt das Leben Lina Hallesby auch manch schwere Last zu tragen: Mit einer eher schwachen Gesundheit ausgestattet, fällt es ihr oft nicht leicht, die besonderen Anforderungen, die an sie gestellt werden, zu bewältigen. Hart trifft sie auch, daß drei der acht Kinder, die dem Ehepaar Hallesby im Laufe von 15 Jahren geschenkt werden, bereits als Kleinkinder wieder von ihnen genommen werden.

Nachdem die Söhne Anders, Ole geboren am 5. August 1879 und Johan auf Hallesby Söndre wohlbehütet herangewachsen und ins schulfähige Alter gekommen sind, werden sie nicht wie üblich in die öffentliche Schule geschickt, sondern erhalten zunächst von einer Gouvernante, später vom Studenten Larsen, dem Sohn des Kirchendieners, Privatunterricht.

Christian und Lina Hallesby nehmen ihre Verantwortung als Eltern überaus ernst. Als Hofbesitzer wollen sie ihren Söhnen eine bessere Schulausbildung ermöglichen, als es das primitive Schulwesen in Aremark leisten kann. Darüber hinaus bietet der Unterricht zu Hause Schutz gegen die vielfältigen Versuchungen und Gefahren, denen die Kinder sonst ausgesetzt wären.

Die Erziehung auf Hallesby Söndre ist so hart, daß sich Johan noch Jahre später lebhaft an die körperliche Züchtigung durch den Vater und die stetige Mahnung zu strenger Arbeitsdisziplin erinnern kann. Obwohl sie bereits als Kinder in aller Frühe mit den Eltern und den Bediensteten aufstehen müssen, finden sie jedoch auch immer wieder Zeit, um in Wald und Flur herumzustreifen. Ole ist ein begeisterter Pfadfinder und Waldläufer, und auch die Brüder stehen ihm darin in nichts nach.

So vergehen die Jahre. Die Mutter wird zunehmend kränklicher. Dennoch leitet sie weiterhin den Haushalt und nimmt sich all derer an, die sie besuchen, um Rat und Trost bei ihr zu finden. Die letzten Jahre ihres Lebens sitzt sie meist in einem Stuhl und gibt von da aus alle notwendigen Anweisungen für die täglichen Arbeiten im Haus. Diese Zeit bleibt den Söhnen am stärksten in Erinnerung, wenn sie später an ihre Kindheit zurückdenken. Die Nähe der Mutter gibt ihnen immer das Gefühl der vertrauensvollen Geborgenheit, besonders an den Abenden, wenn sie mit ihrer wundervollen Stimme ihren Kindern Lieder vorsingt.

Eines Tages aber, es ist kurz vor Weihnachten im Jahre 1891, stirbt Lina Hallesby. Siebzig Jahre später schreibt ihr Sohn Johan: »Daß sie für immer von uns gegangen war, das war nicht zu fassen. Nur Sehnsucht und Verlust blieben zurück.«

Für Ole Hallesby, der am meisten seiner Mutter glich, ist der Verlust ein Schock, den er in einer Predigt so schildert: »Das Leben nimmt wenig Rücksicht auf uns, und mit einem Schlag kann sich das Blatt im kleinen Schicksalsbuch unseres Lebens völlig wenden. Meine Mutter starb, als ich zwölf Jahre alt war. Es war kurz vor Weihnachten, und die Beerdigung fand zwischen Weihnachten und Neujahr statt. In einem fürchterlichen Schneesturm standen wir draußen auf dem Friedhof. Nach altem norwegischem Brauch schaufelten die sechs Träger das Grab wieder zu, während wir dabeistanden und zuschauten, und bei jedem Spaten Erde, den sie auf den Sarg hinunterwarfen, hatte ich das Gefühl zu ersticken. Endlich waren sie fertig. Der Pfarrer sprach den Segen, und wir konnten wieder nach Hause fahren. Aber mir schien, als gäbe es gar keinen Grund mehr, jetzt nach Hause zu fahren, denn Mutter war nicht mehr dort.«

ALS SCHÜLER UND STUDENT IN DER HAUPTSTADT OSLO

Die große Lebenswende

Ab 1893 besucht Ole Hallesby die Bürgerschule in Halden, um sich dort auf das Mittelschulexamen vorzubereiten, das er 1894 mit guten Noten besteht. Den Winter über fühlt er sich in der fremden Stadt sehr einsam, denn eine Reise nach Aremark ist äußerst zeitaufwendig, so daß es ihm nur ganz selten möglich ist, nach Hause zu fahren.

Eigentlich hat er wenig Lust, hinter den Büchern zu sitzen und zu lernen, aber aus Respekt vor dem Willen seines Vaters zwingt er sich doch dazu. In einem Brief an seinen Vetter Anders Enger berichtet er, das Leben in der fremden Stadt habe hin und wieder auch interessante Seiten. So besucht er in Halden einmal einen katholischen Gottesdienst und die Vorstellung eines durchreisenden Zirkus – beides hat er nie zuvor gesehen.

Im Sommer 1894 geschieht auf dem Hof Hallesby Söndre etwas ganz Unerwartetes: Der Vater teilt seinen Kindern mit, er habe beschlossen, alle drei Söhne auf das Gymnasium »Hauges Minde« nach Oslo, dem damaligen Christiania, zu schicken. Christian Hallesby reist selbst in die Hauptstadt, um dort eine Wohnung für Anders, Ole und Johan einzurichten. Die älteste Tochter Karoline soll ihren drei Brüdern den Haushalt führen.

Nach dem Beginn des Schuljahres schreibt Ole in einem ersten Brief aus Oslo, daß es ihnen in ihrer neuen Wohnung ganz in der Nähe der Schule gut gefalle. Darüber freut sich der Vater natürlich ebenso wie über die kurze Zeit später eintreffende Nachricht, daß alle drei Söhne die erste Prüfung mit sehr guten Noten bestanden haben.

In einem Brief vom 1. Oktober 1894 überrascht der fünfzehnjährige Gymnasiast Ole seinen Vater mit dem Bericht über den Besuch einer freikirchlichen Versammlung. Er habe dort etwas Merkwürdiges erlebt, das er in seinem Leben nie mehr vergessen werde. In einer feierlichen und etwas altertümlichen Sprache bekennt er in diesem Brief, er habe den Entschluß gefaßt, sich von der Sünde abzukehren und bei Jesus als seinem einzigen Retter und Erlöser Zuflucht zu suchen. Der Glaube an die Vergebung der Sünden erfülle ihn mit tiefer Freude.

Von den Eindrücken, die diese Versammlung auf Ole macht, hören wir später nichts mehr. Vielleicht hat es Vater Christian seinen Söhnen verboten, weiterhin nichtlutherische Veranstaltungen zu besuchen. Es kann aber auch sein, daß die Erinnerung an dieses Geschehen mehr und mehr dadurch verblaßt, daß so viele neue Eindrücke vom Großstadtleben in Oslo auf die Jungen von Hallesby Söndre einstürmen.

Aus den Erzählungen von Oles Bruder Johan geht einiges über die gemeinsame Zeit der Schulausbildung hervor: Ole kümmert sich liebevoll um den zwei Jahre jüngeren Johan. Sie lernen beide fleißig und gewissenhaft, nehmen sich aber zugleich auch Zeit, das kulturelle und kirchliche Angebot der Hauptstadt zu nützen. Dabei gibt der lebhafte und vielseitig interessierte Ole seinem Bruder manche gute Anregung.

Von den heimatlichen Wäldern in Aremark her ist ihnen die regelmäßige Bewegung an der frischen Luft ein Bedürfnis, und so machen sie immer wieder längere Wanderungen in der Umgebung von Oslo oder ziehen an Wintertagen mit Schlitten oder Skiern auf einen der umliegenden Berge.

Im Frühjahr 1895 wütet eine schlimme Epidemie in Oslo, eine Lungenerkrankung, der auch viele junge Menschen zum Opfer fallen.

Karoline Hallesby stirbt, noch bevor der Vater in Oslo ankommt. Ole erkrankt ebenfalls. Er ist mehrere Tage bewußtlos, so daß der Arzt ihn schon aufgegeben hat. Als es ihm dennoch nach einiger Zeit wieder besser geht, führt eine hinzukommende Brustfellentzündung zu seiner völligen Schwächung. Deshalb schickt man ihn zu einem Kuraufenthalt in die Berge von Telemark. Da dieser sehr viel länger dauert als erwartet, muß Ole die erste Klasse des Gymnasiums wiederholen.

Diese Unterbrechung der Schulausbildung gibt Ole viel zu denken. Während der Zeit in Telemark fühlt er sich sehr einsam, und starkes Heimweh überkommt ihn. Hallesby Söndre ist so weit weg, und zwischen ihm und dem Vater werden nur wenige Briefe gewechselt. Würde die Mutter noch leben, so hätten ihn seine Eltern gewiß von der Hauptstadt nach Hause auf den väterlichen Hof geholt und liebevoll versorgt. Seit dem Tod der Mutter aber lebt man auf dem Großbauernhof in einer Männergesellschaft, wo niemand Verständnis und Zeit für den Jungen und dessen Bedürfnis nach Herzenswärme und Fürsorge hat. So ergibt es sich, daß zwischen den Brüdern Ole und Johan eine ungewöhnlich enge Freundschaft entsteht, die die ganze Zeit ihrer Jugend andauert. Sie sind unzertrennlich – bei der Arbeit und in der Schule, bei Sport und Spiel.

Als sie zur Schulausbildung in die große und ferne Hauptstadt fortgeschickt werden, empfinden sie die Trennung so, als zerschnitte eine fremde Macht die persönlichen Bande, die sie gemeinsam mit Hallesby Söndre verbinden. Die Heimat der Kindheit wird fortan zum Ferienort.

Die Gestalt der Mutter bleibt immer in der Erinnerung ihres Sohnes Ole lebendig. Noch viele Jahre nach ihrem Tod skizziert er liebevolle Erinnerungen an sie: »Sie war eine starke und originelle Persönlichkeit, begabt mit Klugheit und Herzenswärme, aktiv und tapfer und vor allem mit einem Charme begabt, mit dem sie alle gewann, die mit ihr in Berührung kamen. Bald nach ihrem zwanzigsten Lebensjahr wurde sie eine gläubige Christin, und zusammen mit ihrem Mann schuf sie ein Heim nach echt haugianischer Art – das gastfreundlichste in der ganzen Ortschaft. Sie hatte die seltene Gabe, mit allen Arten von Menschen schnell in Kontakt zu kommen: mit Knechten und Mägden, mit Klein- und Großbauern, mit Pfarrern und Bischöfen. Meisterhaft führte sie das Gespräch, das sie interessant und überraschend zu gestalten verstand; und sie besaß die von Gott geschenkte Gabe, mit Menschen auf eine natürliche und zugleich das Gewissen ansprechende Art über Gott zu reden, so daß niemand imstande war, ihr das übel zu nehmen. Sie war eine Mutter für die ganze Siedlung Aremark, und obwohl sie bereits mit 49 Jahren starb, war sie schon seit einigen Jahren ›Mutter Hallesby‹ genannt worden.«

In seinen Studienjahren denkt Ole Hallesby oft darüber nach, warum sein Vater alle drei Söhne auf die weiterführende Schule in die Hauptstadt Oslo geschickt hat, weit weg vom Hof Hallesby Söndre. Ole betrachtet die Jahre am Gymnasium als eine im großen und ganzen sinnlose Zeit und will eigentlich viel lieber Landwirt werden. Aber es scheint, als habe der Vater ein bestimmtes Ziel für seine drei Söhne im Auge: Er will für sie eine Zukunft vorbereiten, die nicht an den Besitz des Erbhofes gebunden sein soll.

Christian Hallesby ist gerade 50 Jahre alt, als er seine Söhne nach Oslo schickt, damit sie dort die akademische Laufbahn einschlagen können. Man hätte eigentlich denken müssen, daß er in einem so fortgeschrittenen Alter einen der Jungen hätte zuhause behalten wollen. Aber der Hofbauer Hallesby ist ein willensstarker und schweigsamer Mensch. Es dauert noch viele Jahre, bevor er endlich Ole gegenüber das Geheimnis seines Lebens lüftet, das er schon in sich trug, bevor seine Söhne geboren waren. Ole seinerseits hat eine so große Ehrfurcht vor seinem Vater, daß er dessen Entscheidungen nie in seiner Gegenwart anzweifelt.

1897 besteht der junge Hallesby die Prüfung, die ihn zum Studium berechtigt. In der Hauptnote bekommt er »sehr gut«, aber der Norwegisch-Aufsatz ist ihm völlig mißlungen; mit einer »vier« erhält er die schlechteste Note, mit der er gerade noch bestehen kann. Als er später einmal bekennt, daß ihm das Fach »Norwegisch« während der Gymnasialzeit am meisten Schwierigkeiten bereitet habe, kann er zugleich scherzhaft feststellen, daß er mit seiner Abschlußnote im Aufsatz das gleiche Schicksal erlitten habe wie Henrik Ibsen, der berühmte norwegische Dichter.

Als der frischgebackene Student Ole Hallesby in den Sommerferien nach Hause kommt, fällt den Leuten in der Siedlung auf, daß der hochgewachsene junge Mann immer mehr seiner verstorbenen Mutter Lina ähnlich sieht. Er hat dieselbe hohe Stirn und die gleichen klaren blauen Augen. Er legt, indem er auf Hallesby Söndre tüchtig mitarbeitet, auch den gleichen ausgeprägten Einsatzwillen an den Tag, der für seine Mutter in ihrer Jugend kennzeichnend gewesen ist. Die Leute auf dem Hof bemerken jedoch, daß ihn die drei Jahre in der Hauptstadt verschlossener gemacht haben, was wohl auch kaum anders zu erwarten war, hat er sich doch mit dem Erwerb der Studentenmütze schon ein umfangreiches Wissen angeeignet.

Ole merkt, wie weit er sich in seinem Denken von seinem Vater und von den Leuten des Ortes entfernt hat. Er erkennt, daß sein Wissen und seine theoretischen Kenntnisse für die, mit denen er nun auf Hallesby Söndre zusammenlebt, keinen praktischen Wert besitzen, und so sehr er sich wünscht, es möge anders sein, ist ihm doch während der Zeit am Gymnasium der christliche Glaube, den ihm die Eltern vermittelten, geraubt worden.

Einer seiner Lehrer am Gymnasium hat ihn mit der Evolutionstheorie von Charles Darwin über die Entstehung der Arten konfrontiert, die zu dieser Zeit in akademischen Kreisen heftig diskutiert wird. Ole ist von der für ihn neuen Lehre derart beeindruckt, daß er sich als logisch denkender Mensch vor eine klare Entscheidung gestellt sieht: Entweder folgt man Darwin und läßt die biblische Schöpfungstheologie fallen oder man wirft die Wissenschaft über Bord und vertraut auf die Wahrheit der Schrift.

Schon vor seinem Studium hat Ole sich entschieden: Er ist fest dazu entschlossen, der Forderung der Zeit zu folgen und die eigene Lebensanschauung wissenschaftlich zu begründen. Die Entscheidung fällt ihm nicht sonderlich schwer, weil er den christlichen Glauben längst nicht mehr als eine persönliche Verpflichtung empfindet.

Außerdem gibt – seiner Ansicht nach – eine wissenschaftliche Lebensanschauung einem Menschen, der gerne ein ganz und gar weltliches Leben führen will, ein weit höheres Maß an persönlicher Freiheit.

Ole Hallesbys eigenen Worten zufolge kommt er durch die Versuchungen der Studentenzeit ohne äußere Verfehlung hindurch. Er selbst beurteilt jedoch später seine Einstellung und seinen Lebensstil während seines Studiums in schonungsloser Offenheit vom Standpunkt eines Christen aus und bezeichnet sich dabei als einen irreligiösen Heiden. Er berichtet ferner von einem intensiven persönlichen Kampf gegen die Versuchung, die er als das Unbegreiflichste und Unangenehmste im ganzen Universum erlebt.

Hallesby spricht in diesem Zusammenhang von der Versuchung als dem kurzen Augenblick der Schicksalsstunde des Lebens, in dem sich der Weg unseres Lebens entscheidet: Unser Charakter wird dadurch entweder gefestigt oder zerstört.

Ole Hallesby führt kein Tagebuch über die Ereignisse der Studentenzeit, aber wir wissen, daß er nicht am sogenannten »Studentenforum« teilnimmt. Diesem Kreis von Spöttern fühlt sich der kritische junge Mann aus Aremark dann doch nicht zugehörig. Er geht ab und zu ins Theater und ist ein eifriger Leser schöngeistiger Literatur. Den Briefen seiner Studienzeit entnehmen wir, daß in seinem Bücherregal die Schriften von Tolstoi Seite an Seite mit den Werken »Über die Kraft« von Björnstjerne Björnson, »Brand« von Henrik Ibsen und »Die Krankheit zum Tode« von Sören Kierkegaard stehen.

Im Sommer vor der Einschreibung an der Königlichen Fredriks-Universität in Oslo spielt Ole zunächst mit dem Gedanken, an die dortige Medizinische Fakultät zu gehen. Plötzlich jedoch entscheidet er sich anders und teilt der Familie daraufhin seinen Entschluß mit, Theologie studieren zu wollen. Über diese überraschende Entscheidung sagt er selbst: »Es war das Wissenschaftliche am Studium, das mich lockte, und gleich vom ersten Augenblick meines Studiums an setzte ich mir die wissenschaftliche Arbeit zum Ziel. Ich hatte mein Theologiestudium mit Zweifeln an der Wahrheit des Christentums begonnen. Es dauerte jedoch nicht lange, bis ich die Wahrheit ganz verleugnete.«

Aus Oles Studienzeit liegt keine Aussage vor, ob er es in dieser Situation als merkwürdig oder gar unnatürlich empfindet, sich als weltlicher und unbekehrter Student mit der Theologie zu beschäftigen. Sicher ist, daß es etwas ganz anderes und ihm unredlich Erscheinendes wäre, würde er das Theologiestudium als Vorbereitung auf den Pfarrdienst ansehen, denn er ist sich zutiefst bewußt, daß zu einer solchen Lebensaufgabe ein gefestigter Glaube und der Ruf Gottes gehören. Er hat weder einen solchen Glauben, noch kennt er einen anderen Ruf als den seiner unbändigen Freude an der wissenschaftlichen Forschung.

Als er 1898 im ersten Teil seines Studiums das philosophische Examen mit einer hervorragenden Note besteht, betrachtet er das als ermutigendes Zeichen dafür, auf dem richtigen Weg zu sein. Selten hat sich ein Student mit größerem Eifer und größerer Neugierde in die Theologie gestürzt. Ole studiert 10 Semester Theologie, während denen er ungewöhnlich gewissenhaft und konzentriert an den Vorlesungen teilnimmt und den restlichen Arbeitstag zu gründlichem Studium benützt. Er betätigt sich eifrig in einer »Exegetischen Vereinigung« (Arbeitsgruppe zu Fragen der Schriftauslegung) und beteiligt sich regelmäßig an den Treffen der Theologiestudentenvereinigung. Mit der Zeit gewinnen seine

Freunde immer mehr die Überzeugung, daß ihr Mitstudent Hallesby das Zeug dazu hätte, später einmal theologischer Lehrer zu werden – wäre er nur nicht so radikal.

Eben zu der Zeit, als Ole Hallesby sein Studium beginnt, findet ein Generationswechsel bei den Professoren an der Theologischen Fakultät statt. Die beiden neuen Dozenten in den biblischen Fächern, Dr. Lyder Brun und Dr. Simon Michelet, sind beide noch keine dreißig Jahre alt. Der junge Student Hallesby ist begeistert von diesen neuen Professoren und hört sie gerne. Dennoch sind es die Professoren Dr. Sigurd Odland und später Dr. Fredrik Petersen, die den nachhaltigsten Einfluß auf ihn ausüben.

Bei Professor Odland hört Hallesby ungefähr fünf Semester lang eine gründliche Auslegung der paulinischen Briefe. Odland ist ein Bibelforscher von Rang, der einer ganzen Generation norwegischer Theologen die biblischen Grundlagen des evangelisch-lutherischen Glaubens und Bekenntnisses überzeugend vermittelt. Er ist außerdem ein schlagfertiger Gesprächspartner, immer bereit, den evangelischen Glauben zu erklären und zu verteidigen. Wenn er ein besonders wichtiges Thema behandelt, kann er zuweilen stundenlang fesselnd und formvollendet darüber referieren. 1893 gibt Odland eine Schrift über »Bibelverständnis und Bibelkritik« heraus, worin er sich zum Fürsprecher eines offenbarungsgeschichtlichen Schriftverständnisses macht, das von der altorthodoxen Verbalinspirationstheorie abrückt. In seinem Buch versucht er, denkende Christen zu überzeugen, ein rechtes Bibelverständnis müsse davon ausgehen, daß die Heilige Schrift sowohl Gottes inspirierte Offenbarung als auch ein von Menschen in der Geschichte niedergeschriebenes Buch sei. Er ist der Überzeugung, daß einerseits das Göttliche in der Schrift nicht das Menschliche auslösche, daß aber andererseits eventuelle historische Ungenauigkeiten, die man in der Bibel finden könne, der ewigen Heilsbotschaft keinen Abbruch tun könnten.

Odlands Schrift löst überraschenderweise kaum Diskussionen unter den Gelehrten aus. Dies läßt sich vor allem durch das neue theologische Klima erklären, das entscheidend Professor Fredrik Petersen, seit 1875 Nachfolger des norwegischen Kirchenführers Gisle Johnson, zu verdanken ist. Sechs Jahre bevor Odland über sein Schriftverständnis Rechenschaft ablegt, hat sich Petersen in der Zeitschrift »Luthersk Kirketidende« (Lutherische Kirchenzeitung) für das neuorthodoxe offenbarungsgeschichtliche

Verständnis der Inspiration der Schrift eingesetzt. Als er daraufhin scharfe Kritik erfährt, übernimmt 1888 Professor Johnson, der Nestor der norwegischen Theologie, die Verteidigung seines Nachfolgers. Von dieser Zeit an hat die altorthodoxe Verbalinspirationstheorie nur noch wenige Vertreter innerhalb der norwegischen Kirche.

In späteren Jahren schließt sich auch Ole Hallesby dem von den Professoren Petersen und Odland vertretenen offenbarungsgeschichtlichen Verständnis der Heiligen Schrift an. Während seines Studiums neigt er allerdings eher zu der Ansicht, es handle sich bei dieser Professorenweisheit um eine inkonsequente Kompromißtheologie. Er hält an seiner grenzenlosen Anbetung der Vernunft fest. Als Rationalist verlangt er eine konsequente Theologie, die es nicht nötig hat, sich an die biblischen Wunderberichte zu klammern.

Hallesby scheut sich deshalb auch nicht, seinen Mitstudenten offen zu sagen, daß er nicht an die göttliche Inspiration der Schrift glaube. Einige seiner Freunde wundern sich darüber, daß er bei einer derartigen Einstellung nicht die Theologie vollständig über Bord wirft und zu den akademischen Freidenkern wechselt, die in der Zeit um die Jahrhundertwende in ganzen Scharen dem Christentum den Rücken zukehren. Ole Hallesby jedoch unternimmt diesen Schritt nicht.

Begann er das Theologiestudium noch mit Begeisterung und Wissensdrang, wird er nach und nach immer mehr enttäuscht. Er hat nur wenige Freunde; die meisten Theologiestudenten interessieren sich nicht für die sarkastische Kritik, mit der der Student Hallesby ständig zu Markte zieht. Besonders schlimm ist es, wenn er in der Theologiestudentenvereinigung das Wort ergreift. Bei den Veranstaltungen wirft er, stets gut vorbereitet, Argumente in die Diskussionen ein, von denen er weiß, daß sie radikal genug sind, um Verärgerung auszulösen. Stellt sich ihm ein anderer Student zur Auseinandersetzung, so ist ihm das nur recht, gibt es ihm doch die Gelegenheit, sein umfangreiches Wissen zu demonstrieren.

Ein Bericht von Hallesbys späterem Kollegen, Professor Olaf Moe, verdeutlicht, wie sein Verhalten auf seine Umgebung wirkt. Die beiden jungen Männer sitzen ein Semester lang gemeinsam im Vorstand der Theologiestudentenvereinigung, deren Vorsitzender Olaf Moe ist. Viele Jahre später erzählt Professor Moe, er habe Hallesbys Intelligenz, Schlagfertigkeit und Initiative stets bewundert; gleichzeitig sei er jedoch auch schockiert gewesen über seinen theologischen Radikalismus, seine rationalistische Verstandesanbetung und seinen permanenten Oppositionsgeist. Es ist in dieser Zeit für niemanden leicht, mit dem unnachgiebigen und eingebildeten jungen Mann aus Aremark zusammenzuarbeiten.

Bis zum Examen im Jahr 1903 reist Ole Hallesby jeden Sommer während der Ferien heim nach Hallesby Söndre. Die Jahre vergehen. Anders wird Tierarzt und Johan studiert Ingenieurwissenschaften in Deutschland. Aber die Sommerferien verbringen die Brüder Ole und Johan stets gemeinsam auf dem väterlichen Hof.

Aus den Briefen an die Familie erfährt man, daß die jungen Männer während ihres Studiums dem Vater genau Rechenschaft über die Verwendung des Geldes ablegen, das sie monatlich erhalten. Aus der Abrechnung ist unter anderem ersichtlich, daß Ole ständig dafür sorgt, daß sein Fahrrad in gutem Zustand ist. Von Jugend auf ist sein Leben von strenger Selbstdisziplin geprägt; dazu gehört neben einem spartanischen Lebensstil und einem ungemein intensiven Arbeitspensum auch regelmäßige sportliche Betätigung.

Der Student Hallesby ist sich wohl bewußt, daß er und seine Brüder eine Mauer von Traditionen durchbrachen, als sie, die Bauernsöhne, mit der Abschlußprüfung am Gymnasium das Recht zum Universitätsstudium erwarben. Obwohl die überwältigende Mehrheit der Studenten aus Beamtenfamilien kommt, läßt diese Tatsache in Ole keine Minderwertigkeitsgefühle aufkommen, stammt er doch aus einer Familie, die schon seit über 300 Jahren im Besitz eines Erbhofes ist! Er denkt nicht im geringsten daran, sich von irgend jemand seinen Stolz als Sohn eines Hofbauern nehmen zu lassen.

Trotzdem wird es für den selbstbewußten Theologen Ole Hallesby zunehmend schwieriger, sich bei seinen Besuchen in den Sommerferien auf dem väterlichen Hof zurechtzufinden. Es kommt ihm vor, als würde er zwischen zwei geistigen Welten leben.

In Aremark trifft er den Kreis der bekennenden Christen, die zu den Veranstaltungen der Haugefreunde auf Hallesby Söndre zusammenkommen. Aus seiner Kindheit weiß er noch, wie erhebend es war, wenn sich diese einfachen Menschen versammelten, um das Wort Gottes zu hören. Nun hat er sich ihnen entfremdet.

Eigentlich ist es merkwürdig, daß keiner der Freunde aus der Haugebewegung versucht, ihn zurechtzuweisen, so daß diese Aufgabe ausschließlich dem Vater zufällt. In der ersten Zeit von Oles Theologiestudium hat es Christian Hallesby noch hin und wieder versucht, auf Oles Angriffe gegen Schrift und Bekenntnis zu antworten. Schließlich hält er es jedoch für sinnlos, sich auf Diskussionen mit dem gelehrten Sohn einzulassen. Später erinnert sich Ole Hallesby daran, wie es ihm Spaß gemacht hat, einfältig Glaubende in religiösen Diskussionen an die Wand zu spielen. Dies veranlaßt ihn zu dem schonungslos offenen Bekenntnis: »Ich zweifelte an allem, was bezweifelt werden kann. Ich habe beide Arten von Zweifel ausprobiert: den aggressiven und den leidenden Zweifel. Es machte mir besonderen Spaß, mit Gläubigen zu diskutieren, denn ich mußte mich meinem eigenen Gewissen gegenüber verteidigen.«

So ist es letztlich nicht zu vermeiden, daß die geistliche Gemeinschaft zwischen Vater und Sohn auseinanderbricht, obwohl Ole dennoch die Unruhe weckende Gewißheit spürt, daß der Vater für ihn betet – betet, daß doch irgend etwas mit dem Sohn geschehen möge.

Unter Ole Hallesbys Nachlaß befinden sich auch einige vergilbte Blätter mit Notizen, die er sich als »Criticus« in den theologischen Arbeitsgruppen macht, die als »Exegetische Vereinigungen« bezeichnet werden. Bei diesen Zusammenkünften besprechen die Studenten miteinander ihre exegetischen oder bibeltheologischen Arbeiten. Ole Hallesby ist Mitglied einer dieser Vereinigungen und tritt gegen Ende seines Studiums immer mehr als Hauptkritiker seiner Kommilitonen auf. Die hinterlassenen Notizen geben Aufschluß über seine theologische Position während der Studiensemester in den Jahren 1901 und 1902.

Das, was die Studenten präsentieren, beurteilt er stets über alle Maßen streng. Einem Student wirft er vor, er sei zu sehr abhängig von seinem Lehrer und gebrauche ständig unreflektiert die »Odland'schen Wendungen«. Ein anderer Student wird kritisiert, weil er nicht zu unterscheiden wisse zwischen Bibelauslegung und

Bibeltheologie, die für Hallesby in einem unabhängigen und deshalb kritischen Verhältnis zur Schrift steht.

Die ausführlichsten Notizen beziehen sich auf Arbeiten im Fach Dogmatik. »Criticus« Ole Hallesby verlangt darin, daß die Dogmatik sich nicht nur »vom christlichen Glauben herleiten, sondern auch die Einwände der Vernunft aufnehmen und, so weit möglich diese zurückweisen soll.« Der Dogmatiker solle, »soweit möglich, die dogmatischen Resultate theoretisch überzeugend – oder zumindest widerspruchsfrei für Außenstehende – darstellen.«

Wie der junge Vernunfttheologe Hallesby diese Aufgabe zu lösen gedenkt, läßt er in einer Kritik erkennen, die er über das Thema »Die Macht der Sünde und die Schuld« schreibt. Einleitend weist er dabei jede Möglichkeit einer historischen Analyse zur Entstehung der Sünde zurück. Die Sünde sei älter als alle Historie, weshalb für ihn auch die biblische Sündenfallgeschichte ohne theologischen Wert bleibe. Hallesby betont, er wolle die Entstehung der Sünde unter Zuhilfenahme einer Hypothese aus verschiedenen ethisch-psychologischen Schlußfolgerungen finden, wobei die Dogmatik jede Hilfe von seiten der Philosophie zurückweisen müsse, »weil die Philosophie von Voraussetzungen ausgeht, die der christlichen Grundanschauung prinzipiell widersprechen.«

Nachdem er Schrift und Philosophie als Erkenntnisgrundlagen abgelehnt hat, behauptet er weiter, die Lösung des Problems der Sünde lasse sich von einem Gottesbegriff ableiten, der beinhalte, daß der Mensch bereits mit der Möglichkeit zur Sünde geschaffen sei. Seit dem Augenblick, als die Möglichkeit zur Wirklichkeit geworden sei, gäbe es die Sünde in der Welt. Einen Schriftbeweis, so Hallesby in seinen Ausführungen, brauche man nicht. Vielmehr könne man – ausgehend vom Gottesbegriff des christlichen Glaubens – postulieren: Der Mensch ist der Ursprung der Sünde.

Es stört den jungen Rationalisten keineswegs, daß er in seiner Argumentation einen Gedankensprung von der Möglichkeit zur Wirklichkeit vollzieht und dadurch in einer geschichtslosen Spekulation landet, weit von seiner eigenen faktischen Erfahrungswelt und der anderer Menschen entfernt.

Ole Hallesby hat nun knapp fünf Jahre Theologie studiert und ist zu einem überzeugten Anhänger der religionsgeschichtlichen Methode der liberalen Theologie geworden. Alle Stadien des Zweifels hat er durchlaufen. Später bekennt er selbst, er habe nicht nur an der Inspiration der Bibel gezweifelt, sondern auch an allem, was die Heilige Schrift und die Kirche an Übernatürlichem und Wundervollem über Jesus berichten. Sein radikaler Rationalismus hat ihn im Laufe seines Theologiestudiums zu einer tiefgehenden Verleugnung des christlichen Glaubens geführt. Gerade zu dieser Zeit spürt Ole Hallesby jedoch, daß sein inneres Leben immer mehr von einer tiefen Ungewißheit ergriffen wird, und er erkennt, daß er geistlich bankrott ist.

Aus einer Ansprache auf dem nordischen Studententreffen in Lidköping 1929 erfahren wir später, daß der erste Abschnitt seines geistlichen Weges zum lebendigen Glauben ebenfalls während eines Studententreffens beginnt, und zwar in Leckö im Jahre 1901.

Ole Hallesby hat noch nie zuvor an einem christlichen Sommertreffen für Studenten aus nordischen Ländern teilgenommen. Voller Skepsis und doch erwartungsvoll kommt er deshalb nach Leckö. Er wird positiv überrascht, denn hier erlebt er etwas für ihn vollkommen Ungewohntes: Von allen Seiten begegnet ihm eine Herzlichkeit und Offenheit, die er so noch nie zuvor erfahren hat.

Im Verlauf des Treffens werden die Studenten eindeutig zur Bekehrung aufgerufen. Als der Tag kommt, an dem zum Abendmahl eingeladen wird, sind alle anderen dazu bereit. »Aber ich wollte nicht dabeisein, ich konnte nicht, denn ich wollte mich nicht vor Gott beugen. Ich ging hinunter an den Strand, löste ein Boot und ruderte hinaus, soweit ich konnte, bis ich außer Sichtweite war. Da lag ich nun im Boot, während die anderen zum Tisch des Herrn gingen. Das war eine einsame Stunde; ich werde sie nie vergessen. Ich sah, wie sich die Wege so deutlich scheiden; und das war es, was so qualvoll für mich war: An Christus scheiden sich die Wege. Er ist der, der die Menschen vor die Entscheidung stellt, der das große Entweder-Oder in ihr Leben hineinbringt. Ohne eingeladen zu sein, ohne um Erlaubnis zu fragen, geht er in ein Menschenleben hinein und tut das Wunder, das wir ›Erweckung‹ nennen: Er stellt uns einfach vor das Angesicht Gottes.«

Der radikale Gottesleugner Ole Hallesby fährt tief beunruhigt und im Innersten aufgewühlt von dem Studententreffen in

Leckö nach Hause zurück. Willensstark wie er ist, will er nun Christ werden und der Spur des Meisters folgen. In den darauffolgenden Monaten erlegt er sich eine strenge Selbstdisziplin auf und bemüht sich täglich darum, sein Leben und seinen Lebensstil nach dem Vorbild Jesu umzugestalten. Nach einigen Monaten merken auch seine Mitstudenten, daß der »Radikale aus Aremark« sich völlig verändert hat. Einer der Studenten berichtet Vater Christian Hallesby einmal: »Ole ist so heilig geworden, daß es fast zuviel des Guten ist.«

Im Jahr 1902 erscheint eine scharfe Kampfschrift, die sich unnachgiebig gegen die neue Theologie richtet, wie sie von den meisten Professoren an der Theologischen Fakultät der Universität gelehrt wird. Bisher konnten die Vertreter der liberalen Theologie in ungestörter Ruhe arbeiten. Bei ihrer modernen Auffassung des Christentums – so meinte man – handle es sich nur um eine neue und bessere Methode, alte Wahrheiten so zu formulieren, daß sich gebildete Menschen nicht an den altmodischen dogmatischen Ausdrucksweisen stoßen. Jetzt aber erschallt innerhalb der norwegischen Kirche zum ersten Mal ein Alarmruf, der die bekennende Gemeinde zum Kampf für das wahre Evangelium aufruft: Gegen die Fehleinschätzung und die leichtfertige Mißdeutung der theologischen und kirchlichen Situation verfaßt Bischof Johan Christian Heuch aus Kristiansand seine scharfsinnige Anklageschrift »Gegen den Strom«.

Bischof Heuch macht mit einem Schlag die Frage der Irrlehre wieder zu einem fundamentalen Problem, dem sich die Kirche stellen muß. Er führt seinen Angriff gegen die neue Theologie in einer volksnahen und damit allgemein verständlichen Sprache, weil er der Überzeugung ist, daß die Frage der rechten Lehre und Verkündigung Sache der Gemeinde sei, eine Sache der Laien und »der Theologen, die zum Christenvolk gehören«.

Bischof Heuchs Forderung nach klaren Linien im Verständnis des christlichen Glaubens trifft Ole Hallesby mitten in einer Zeit, als er selbst um die Rettung seiner eigenen Seele kämpft. Er, der zunächst erstaunt darüber ist, daß ein Bischof das Kirchenvolk so sehr gegen die führenden Pfarrer und Theologen aufbringen kann, bekennt später im Rückblick auf seine geistliche Entwicklung, daß er nach seiner Bekehrung immer wieder nach Heuchs Schriften »Gegen den Strom« (1902) und »Antwort« (1903) gegriffen habe. Mit dem schriftgemäßen und lebendigen Bekenntnis des Bischofs zum Kreuz Christi weiß er sich stets geistlich verbunden: »Dulde keine Verkündigung, die das Kreuz vor dem Blick der Menschen verhüllt und verdunkelt.«

Während der Fehde zwischen Bischof Heuch und den Universitätstheologen kann Student Hallesby allerdings den Angriff des Bischofs kaum billigen, da er sich zu abhängig von seinen Lehrern fühlt, vor allem von Professor Odland, der sich zu dieser Zeit noch nicht auf die Seite des Bischofs stellt.

Am 13. Februar 1904 stirbt der Bischof von Kristiansand, dieser tapfere Glaubenszeuge, der unter den norwegischen Bischöfen immer als Persönlichkeit von besonderer Ausstrahlung in Erinnerung bleiben wird.

Der Winter, der auf das Studententreffen 1901 in Leckö folgt, bleibt für Ole Hallesby unvergeßlich, da er in seinem Leben die entscheidende Veränderung bringt.

In vier Jahren Theologiestudium hat er sich völlig von der zentralen evangelisch-lutherischen Lehre der freien Gnade Gottes entfernt. Auch jetzt noch nimmt er sich vor, seinen Willen und seine Wachsamkeit dafür einzusetzen, sich seinen eigenen christlichen Glauben zu schaffen. »Ich erinnere mich an meine eigene Umkehr. Längere Zeit hatte ich versucht, mich nach meinem eigenen Rezept zu ändern. Das ging jedoch nicht, und der Ruf verblaßte. – Aber dann kam Gott ein Jahr später erneut mit seinem Ruf.«

Von diesem zweiten, gänzlich anderen Stadium auf seinem Damaskusweg berichtet Ole Hallesby dem norwegischen Volk mit folgenden sehr persönlichen und klaren Worten: »Während meines Theologiestudiums kam ich eines Tages zu Professor Fredrik Petersen auf das Lehrerzimmer, um mir den Besuch einer Vorlesung bescheinigen zu lassen. Nun war er bekanntermaßen ein lebhafter und aufgeräumter Mann, der immer Herr der Situation war und genau wußte, was er wollte. Als ich ihn um die Bescheinigung bat, setzte er eine muntere, aber sehr erstaunte Miene auf und fragte: ›Studieren Sie Theologie?‹ ›Ja,‹ sagte ich mit aller Bescheidenheit, die ich damals aufbringen konnte, ›ich habe es gewagt.‹ ›Und Sie haben noch nicht mit mir darüber gesprochen, wie Sie Ihr Studium planen sollen?‹ - Nein, das hatte ich nicht. Nebenbei bemerkt lag mir Professor Petersens konservative Theologie und sein warmherziges Christentum während meines ganzen Studiums ziemlich fern. – ›Dann rate ich Ihnen, mich bald einmal zu besuchen‹, sagte der gute alte Mann mit seinem munteren Blick in den Augen.

Das versprach ich, und einige Tage später saß ich bei Professor Petersen in dessen geräumigem Arbeitszimmer; nun sollte ich mir also hier seine Ratschläge anhören. Indessen wußte der kluge alte Mann, der meine Wenigkeit und meine theologischen Ansichten gut kannte, sehr wohl, daß ich mir seinen Rat kaum sonderlich zu eigen machen würde. Aber es war nicht seine Absicht, mir Ratschläge für das Studium zu geben, weshalb er mir den Wink gegeben hatte, ihn aufzusuchen.

Es verging keine Minute, und schon hatte er mir seine Ratschläge gegeben. Dann wandte er sich mir zu und sah mir mit seinen warmen und milden Augen geradewegs ins Gesicht, und nach einer kurzen Pause sagte er: ›Wollen Sie denn nicht Christ werden, Hallesby?‹ Dieses Wort und diesen Augenblick vergesse ich nie, so alt ich auch werde.«

Solch eine Seelsorge hat Ole Hallesby während seiner ganzen Studienzeit noch nicht erlebt, und er ist stärker beeindruckt, als es ihm recht ist. Auf die Begegnung mit Professor Fredrik Petersen und seine herausfordernde Frage folgt eine schwierige Zeit des inneren Umbruchs; Hallesby durchlebt über mehr als sechs Monate einen heftigen inneren Kampf. Schon vor dem Besuch bei Petersen hat er mit Zweifeln, Versuchungen und Selbstanklagen zu kämpfen gehabt; nun aber ist er mit einem Mal in eine tiefe Krise geraten.

Ole Hallesby bemerkt, daß sein Verhältnis zum Theologiestudium eine neue Dimension erhalten hat. Es ist so, als hätte das Leben als Wissenschaftler etwas von seiner Anziehungskraft auf ihn verloren. Er zweifelt an seinen Zweifeln und steht vor einem Berg von unbeantworteten Fragen: Ist es vielleicht doch nicht möglich, den christlichen Glauben von der menschlichen Vernunft her zu begründen? Hat Professor Petersen vielleicht doch recht damit, daß man wirklicher Theologe nicht werden kann, ohne ein bewußter Christ zu sein?

Hallesby hat bis zu diesem Zeitpunkt schon lange genug Theologie studiert, um zu wissen, in welcher ernsten Entscheidungssituation er sich so plötzlich befindet. Obwohl er sich aufgrund seines Charakters dazu gezwungen sieht, den inneren Kampf durchzustehen und nicht der Entscheidung auszuweichen, leidet sein Stolz mehr noch als sein Denken. Er ist verzweifelt; seine eigene Theologie nützt ihm nichts, sie kann ihm keine geistliche Orientierung mehr geben, sondern endet vielmehr in einer Sackgasse. Ab und zu versucht er auch zu beten. Da er aber schon so viele Jahre lang nicht mehr gebetet hat, kommt er sich in der Welt des Gebets sehr fremd vor. Er ist einfach nicht in der Lage, das, was ihn bewegt, in Worte zu fassen.

Nun zeigt sich auch, daß er niemand hat, bei dem er sich aussprechen kann. Professor Petersen noch einmal aufzusuchen und ihn um Hilfe zu bitten, dazu fehlt ihm der Mut. In seiner inneren Not entschließt er sich, seine Menschenfurcht und seine alten Sündengewohnheiten zu besiegen, indem er sich Jesus konsequent zum Vorbild nimmt und ihm noch gewissenhafter nachfolgen will: »Und als ich das Leben Jesu als ethisches Ideal auf mein Gewissen wirken ließ, begann ich eigene Erfahrungen zu machen, die durch Verinnerlichung mein Leben und meine Lebenseinstellung veränderten.«

In dieser Situation gibt es für Ole Hallesby weder Grund zur Freude noch Anlaß zur Hoffnung. In mancher Nikodemusnacht wird ihm klar, daß ihn seine Jesus-Meditation in das durchdringende Licht des Gerichts stellt, und er erkennt, wer er wirklich ist.

Seine innere Entwicklung im Herbst 1902 führt dazu, daß sich seine Theologie völlig verändert: Sie ist nun nicht mehr nur eine theoretische Konstruktion ohne jegliche Verpflichtung; seine theologische Erkenntnis wird vielmehr zu einer ernsten Sprache des Gewissens, die ihm sagt, daß er ein Sünder ist, für den es umzukehren gilt.

Auf welche Weise diese vollständig neue Selbsteinschätzung unter dem Studium des Wortes Gottes in ihm herangewachsen ist, vermag er nicht zu erklären. Es ist ein Wunder Gottes, und so bekennt er: »Gott kam, ohne daß ich ihn darum gebeten hätte, und er wirkte in mir, bis ich selbst umgewandelt werden wollte.«

Mit diesem bewußten Wollen unternimmt Ole Hallesby den letzten entscheidenden Schritt in der Geschichte seiner Bekehrung. Jetzt will er das, was Gott will. Er weiß zwar nicht, wie Gottes Geist ihn führen wird, aber er ist fest entschlossen, gehorsam zu sein.

Im Spätherbst 1902 wird er um einen Besuch bei einer entfernten Verwandten gebeten, die schwer krebskrank ist. Obwohl weder sie noch ihre nächsten Angehörigen Christen sind, möchte die Familie gerne, daß Ole mit ihr redet. Er soll jedoch keinesfalls erwähnen, daß sie an einer unheilbaren Krankheit leidet, die sie schon bald zu Grabe bringen wird. Hallesby erzählt später einmal, daß er – obwohl er damals selbst noch nicht zum Glauben durchgedrungen war – es doch nicht über das Herz bringen konnte, die Kranke in ihrem Unglauben sterben zu lassen.

So setzt er sich zu ihr an das Sterbebett und spricht mit ihr über das Heil in Christus, über die Vergebung der Sünden und die Hoffnung auf ein ewiges Leben. Er empfindet die Situation als paradox, aber er hat keine andere Wahl, denn er sieht sich mit jener unheimlichen Macht des Todes konfrontiert, der er schon einige Male hilflos gegenüberstand: Als er vier Jahre alt war, starb seine Schwester Maren, mit zwölf führte der Tod der Mutter zu langer und schrecklicher Einsamkeit und einige Jahre später erlebte er, wie in Oslo eine Epidemie seine Schwester Karoline aus ihrer Mitte riß.

Einen Tag vor Weihnachten erhält Ole einen Telefonanruf vom Ehemann der krebskranken Frau: Sie ist gestorben. Diese Todesnachricht erschüttert ihn zutiefst. In diesem Augenblick faßt er den Entschluß, sein Leben Gott zu übergeben. Er legt den Telefonhörer auf und geht auf sein Zimmer; die entscheidende Stunde seines Lebens ist gekommen: »Ich kniete neben einem Stuhl in meinem einfachen Zimmer nieder und bekannte vor Gott alle Sünden, die mir bewußt waren: ›Gott, ich komme nicht, um mich dir gegenüber herauszureden, sondern um mit dir ins Reine zu kommen. Zeig mir nun meine Sünden, alles das, was aus meinem Leben hinaus soll; und zeig mir alles das, was in mein Leben hinein soll. Herr, rede, dein Knecht hört.‹« Er bekommt eine Antwort: »Ich wurde in diesem Augenblick bekehrt, weil ich bedingungslos kapitulierte, meine Sünden bekannte und mich Gottes Macht auslieferte.«

Im Jubiläumsbuch »Die Studenten von 1897« bekennt er: »Ich wandte mich endlich in meiner Gewissensnot an Ihn und erlebte das Wunder. Dieses Erlebnis was das Allerentscheidenste in meinem Leben.«

In einer Predigt im Jahr 1950 blickt er voll stiller Dankbarkeit auf das zurück, was in der Weihnachtszeit 1902 mit ihm geschehen war: »Das ist das Wunder, das Unfaßbarste in unserem Leben. Es ist über 48 Jahre her, daß ich dieses Wunder erlebte, und in all den Jahren habe ich oft daran gedacht. Aber noch immer ist es mir genauso unfaßbar, daß Gott mich umgewendet hat.«

DAS GUTE BEKENNTNIS

Warten auf Gottes Führung

Am Tag vor Heiligabend im Jahr 1902 erreicht Ole Hallesby mit dem Pferdeschlitten spätabends Hallesby Söndre. Noch nie hat er sich so gefreut über den Anblick des Heimatdorfes und des tiefverschneiten Waldes, der im Mondenschein in märchenhaftem Glanz erscheint.

An diesem Weihnachtsfest kann er eine frohe Botschaft mit nach Hause bringen. Wie sehr sehnt er sich schon danach, dem Vater und den anderen Bewohnern des Hofes vom Wunder Gottes zu erzählen, das er erlebt hat.

Zu Hause erwartet ihn ein herzlicher Empfang. Nach dem Abendessen sitzen Vater und Sohn noch lange beieinander – wie schon so oft zuvor, wenn Ole wieder einmal auf Besuch gekommen ist – und führen ein lebhaftes Gespräch über die Neuigkeiten im Dorf und über die Ereignisse in Oslo. Irgendetwas aber hindert Ole daran, auch nur ein einziges Wort von seiner Umkehr über die Lippen zu bringen. Tief enttäuscht über sich selbst, geht er zu Bett, jedoch nicht ohne sich vor dem Einschlafen das Versprechen abzunehmen, sich am nächsten Morgen anders zu verhalten.

Am Morgen des Heiligabends stellt der Vater ihm den Kaffee ans Bett. Beide wechseln einige Worte, aber erneut bringt Ole es nicht fertig, dem Vater von dem Erlebnis seiner Wiedergeburt zu erzählen. Bis jetzt hat er noch mit keinem einzigen Menschen über seinen neuen Glauben gesprochen, denn die Auswirkungen des wahren Glaubens sind ihm so ungewohnt, daß ihn die Angst beschleicht, seine Umkehr könne von anderen nicht anerkannt werden.

Vater und Sohn haben schon über mehrere Jahre hinweg keine geistliche Gemeinschaft mehr miteinander gehabt. Obwohl Ole mit dem festen Entschluß nach Hallesby Söndre gekommen ist, das »gute Bekenntnis« abzulegen, läßt er sich von einer inneren Furcht zurückhalten, die ihm einredet, sein neuer Glaube sei noch allzu schwach, um in einem theologischen Kreuzverhör bestehen zu können.

Schließlich kommt Ole jedoch die rettende Idee: Er erinnert sich an den alten Kleinbauern Jörn Holen, der ihm in all den Jahren ein guter Freund gewesen ist. Zwar geht Jörn, der inzwischen schon 86 Jahre alt und bettlägerig ist, seit Jahr und Tag nicht mehr außer Haus; geistig aber ist er immer noch sehr rege.

Ole erinnert sich daran, daß sie Jörn jedes Jahr beim Aufstellen der »Weihnachtsgarbe« halfen. (In Norwegen ist es Brauch, an Weihnachten als Futter für die Vögel eine Getreidegarbe aufzustellen.) Da er erkennt, daß dies eine gute Möglichkeit für einen Besuch ist, sagt er zum Vater am Frühstückstisch: »Ich denke, ich gehe zu Jörn und stelle die Garbe für ihn auf.«

So kommt es, daß der neubekehrte junge Theologe am Heiligabend 1902 in der niederen Stube des Kleinbauern sitzt und glücklich darüber ist, hier sein Bekenntnis über das neue Leben, das Gott ihm geschenkt hat, ablegen zu können. Mit großer Freude hören Jörn Holen und dessen Verwandte Marie und Anne-Stine zu, wie Ole Hallesby zum ersten Mal von seinem Glauben spricht. Als er sein Bekenntnis abgelegt hat, loben sie gemeinsam Gott für dieses Wunder. Ole weiß vor Freude kaum mehr, ob er noch auf der Erde oder schon im Himmel ist. Nun ist er innerlich gelöst, alles ist neu geworden. Er hat das »gute Bekenntnis« abgelegt. An jenem Abend entsteht auch eine tiefe bleibende geistliche Verbundenheit zwischen ihm und dem Vater.

Die einfachen Gläubigen in Aremark nehmen Ole Hallesby gerne in die Gemeinschaft der Haugefreunde auf, und überall im Dorf dreht sich nun das Gespräch darum, daß der junge Student, der bisher immer den »Frommen« so distanziert gegenübergestanden habe, jetzt selbst zu ihnen übergewechselt sei.

Glücklich reist Ole nach den Weihnachtsferien 1902 wieder zum Studium nach Oslo zurück. Da er sich vorgenommen hat, im

Mai das Examen abzulegen, liegt ein äußerst hartes und arbeitsintensives Semester vor ihm. Bevor er ernsthaft mit der Arbeit beginnt, muß er zunächst jedoch noch zwei dringende Angelegenheiten erledigen. Zum einen schuldet er Jörn Holen einen Dankesbrief; der fromme alte Mann hat ihm als erster die Hand gedrückt, nachdem er an Heiligabend auf Hallesby Söndre seinen Glauben zum ersten Mal bekannt hatte. Zum anderen muß er seine Studienfreunde so bald als möglich von seiner Umkehr benachrichtigen, die sich ereignete, als die meisten seiner Kommilitonen bereits in die Weihnachtsferien abgereist waren. Er schuldet ihnen eine persönliche Erklärung.

Der Brief an Jörn ist auf den 4. Januar 1903 datiert. Es ist einer der längsten Briefe, die Ole Hallesby in seinem Leben schreibt. Er erzählt darin offen, wie viel ihm die Stunde in der engen Bauernstube bedeute und wie er von Selbstzweifeln frei geworden sei, als er in die herrliche Gemeinschaft der Kinder Gottes auf Erden aufgenommen wurde.

Der Brief lautet ungekürzt so:

Chr.a. 4/1-03

Lieber Jörn,
ich werde nie die Stunde vergessen, die ich am Heiligabend an Deinem Bett da draußen auf Holen zubrachte. Du warst der Bote Gottes, der mich in die Gemeinschaft der Liebe aufnahm, die zwischen allen Gotteskindern auf Erden besteht. Ich kam aus Christiania (Oslo) mit dem schwachen Vorsatz hierher, in der Gemeinschaft mit Gott zu leben und der Sünde abzusagen. Aber Furcht hielt mich davon ab, dies zu bekennen. Ich hatte es noch niemandem gesagt. Doch da fühlte ich deutlich in meinem Inneren, daß Gott mir in Deinem Haus dazu die Gelegenheit geben würde. Ich wußte ja, daß dort drei echte Gotteskinder wohnten. – Ich erzählte, wie ich es erlebt hatte, mit der Befürchtung, es könnte von den Kindern Gottes nicht anerkannt werden. Ich glaubte, es fehle etwas. Aber ich berichtete doch über mein Erlebnis so, wie es war, und nie vergesse ich die tiefe Freude und das liebevolle Verständnis, mit dem Du mich aufnahmst. Ich spürte zum ersten Mal die herrliche Gemeinschaft, die zwischen den Glaubenden auf Erden besteht, und ich fühlte die verständnisvolle Liebe, die mir eine Seele entgegenbrachte, die selbst in dieser einzigartigen Gemeinschaft der Liebe lebt, wie mit Gott so auch mit den Mitchristen.

Ich, der ich mich vorher aus Menschenfurcht und Egoismus in mich selbst zurückgezogen hatte, durfte nun von Angesicht zu Angesicht einem so reichen Leben gegenüberstehen, wie ich es nie zu träumen gewagt hatte – ich durfte in die ›Gemeinschaft der Heiligen‹ hineinschauen, ja, was noch mehr ist, ich bekam etwas von der Liebe zu spüren, die dort lebt und regiert. Ja, die Stunde des Gebets, die wir dort auf Holen erlebten, machte mich stark für den Kampf, den ich zu bestehen hatte. Ich war ja so feige und wußte um alles in der Welt nicht, wie ich meine Sinnesänderung weitererzählen sollte. – Es ist wohl schwer zu sagen, wie mein Leben verlaufen wäre, wenn Gott mich nicht damit getröstet hätte, daß ich die Freude des Lebens in der Liebe spüren durfte, in der seine Kinder leben sollen. Du wirst Dich möglicherweise darüber wundern, daß ich, nachdem ich dies erlebt hatte, in den Weihnachtstagen nicht noch einmal bei Dir vorbeischaute, und deswegen klage ich mich nun selbst an. Der Grund lag teils in einer gewissen feigen Zurückhaltung, teils war ich auch sehr beschäftigt und in unangebrachter Eile, das gebe ich zu. Aber nun kann ich mich nicht länger zurückhalten; ich muß Dir schreiben, denn ich empfinde jetzt so: Wenn Gott einen Menschen gebraucht hat, meine Augen für die Schönheit und Herrlichkeit der Gemeinschaft der Liebe zu öffnen, dann hat er mir damit auch einen Wink gegeben, daß ich nicht nur ihm, dem großen Geber, sondern auch dem Werkzeug, das er gebrauchte, Dank schulde. Ich weiß, Jörn, daß Du viele Freunde hast, und ich freue mich darüber, daß auch ich einer von Deinen Freunden sein darf. – Ich weiß nicht, ob ich Dich hier unten auf Erden noch einmal sehen werde; vermutlich wirst Du schon in den Himmel versetzt worden sein, wenn ich wieder heimkomme. Es kommt mir so vor, als wenn Gott Dich nicht mehr sehr lange hier in der irdischen Hütte zurückhalten will. Es ist jedoch meine Hoffnung und meine innerste Sehnsucht, daß auch ich einmal hinüberziehen darf, so daß wir uns dort oben wiedersehen, wo die Gemeinschaft der Liebe in Vollkommenheit gelebt wird, ohne vom beschwerenden Joch der Stofflichkeit gehemmt und gehindert zu sein und ohne den bitteren Schmerz des Abschieds. Aber ich will Dich dringend darum bitten, daß Du in Deinen Gebeten an mich denkst, denn ich fühle, daß ich mit einer Macht zu kämpfen habe, die mich besiegen will – und die hat Kampfgefährten in meinem eigenen Inneren.

Ich bin ja nun hier wieder in meiner alten Umgebung und

bei meinen alten Freunden. Schon die Tatsache, daß ich hier im Internat mit denen zusammenlebe, mit denen ich vorher in Welt und Sünde lebte, gibt dem Versucher eine Waffe in die Hand, vor der mir ernsthaft bange ist. Wohl hat Gott mir Kraft gegeben, die Sinnesänderung, die an mir geschehen ist, zu bekennen – und ich danke ihm herzlich dafür. Ich habe aber auch den Eindruck, daß fortan ein Bekenntnis von mir gefordert wird, das vielleicht noch schwerer ist, ein Bekennen nicht nur mit Worten, sondern auch mit der Tat. Ich fürchte, mein Verhalten könnte dazu führen, daß sich Spott nicht nur gegen mich, sondern auch gegen Gott und das Werk, das er begonnen hat, erheben wird. Deshalb will ich Dich bitten, für mich zu beten. Als Dank kann ich dafür nichts besseres tun, als Gott zu bitten, er möge Deine letzten Tage hell und glücklich machen; er möge seinen Frieden über Dich ausgießen, der Du nun im Bett liegen mußt; er möge ein geistliches Licht über Deiner Seele ruhen lassen – bis Du dann eingehst in das Reich des Lichts, wo keine Finsternis mehr sein wird. – Damit will ich meinen Brief an Dich beschließen, indem ich auch Marie und Anne-Stine herzlich grüße und für unsere letzte Begegnung danke. Denkt doch auch Ihr an einen jungen Studenten, der hier in Christiania in seligem Frieden lebt, aber doch auch in ständiger Furcht.

Zum Schluß einen herzlichen Gruß an Euch alle,
Euer immer ergebener Ole.

Dieser einfache Brief, der der einzige an Jörn Holen bleibt, ist das erste schriftliche Bekenntnis, das von dem »neuen Menschen in Christus« Ole Hallesby abgelegt wird. Er berichtet darin ganz offen und untheologisch von dem Ereignis der Erneuerung seines Lebens, so wie er es kurz zuvor erlebt hat.

In der Folgezeit beginnt Ole regelmäßig an seinen Vetter Anders Enger zu schreiben. Durch den Briefwechsel entsteht ein tiefes Vertrauensverhältnis zwischen den beiden jungen Männern, und so überwindet Ole Hallesby seine Menschenscheu und läßt Anders an seinen Gedanken und Erlebnissen in der Hauptstadt teilhaben.

Am 10. Januar 1903 erwähnt Ole in seinem ersten Brief an Anders, wie traurig er über den Tod von Professor Fredrik Petersen sei. Er habe sich schon so auf einige segensreiche Stunden während des Winters im Haus des Professors gefreut.

Am 1. Februar hält er Rückschau auf den ersten Monat als gläubiger Theologe in Oslo und berichtet, daß es schön sei, mit Gott zu leben. Er sei glücklich darüber, daß er, der langjährige Zweifler, nun endlich verstanden habe, daß Gottes unverdiente Gnade unbegreiflich ist. Zum ersten Mal hat er nun auch am Abendmahl teilgenommen, wozu er sich im Gebet durchringen muß, »denn mir sind auch in dieser Sache Zweifel gekommen, und die lassen sich nicht mit einem Wort abschütteln. Aber ich sagte Gott, ich ginge auf sein Wort hin – und dann habe ich Frieden darüber bekommen.«

Bei seinen Freunden in der Theologiestudentenvereinigung fühlt sich Ole verpflichtet, wegen seiner früheren Verachtung der Bibel und seines theologischen Radikalismus um Verzeihung zu bitten. In seinen Redebeiträgen und Aufsätzen war er ja über mehrere Jahre hinweg in einer Art und Weise aufgetreten, die er nun bitter bereut. Über die inneren Spannungen bei der Aufarbeitung seiner Verfehlungen und Irrtümer schreibt er an Vetter Anders: »Nun sagte mir mein Gewissen, daß ich auch in der Zeitung etwas schreiben müsse, denn eine öffentliche Sünde muß auch öffentlich bekannt werden. Dagegen sträubte ich mich lange, denn Du kannst Dir denken, wie hart dies für mich war, besonders weil ich nicht bestreiten kann, daß es mir vorher verhältnismäßig gut gegangen war. Die meisten Mitglieder der Vereinigung hielten mich für eine ›leidende Größe‹.«

Bei der ersten Versammlung der Vereinigung im Februar wird Ole Hallesbys öffentliche Selbstanklage vom Redakteur der Mitgliederzeitung verlesen. Darin bittet Ole die Freunde um Vergebung dafür, daß er eine gottfeindliche Irrlehre vertreten hat. Nun erfahren alle, was mit ihm geschehen ist und welchen theologischen Standpunkt er künftig einnehmen wird. Seine radikale Umkehr hat seinem Glauben und Denken eine völlig neue Grundlage gegeben. Er ist sehr erleichtert, daß er nun über sich selbst gesiegt und öffentlich seinen Glauben bekannt hat, unabhängig davon, wie die Menschen um ihn herum darüber urteilen.

Am Sonntag nach seiner Erklärung in der Theologiestudentenvereinigung besucht Ole mit einem Freund den Universitätsgottesdienst. Dort hört er den Madagaskar-Missionar Johannes Johnson predigen, der gerade erst auf Heimaturlaub nach Norwegen gekommen ist und ein paar Monate später wieder aufs Missionsfeld zurückkehren will. Johnsons Verkündigung fesselt den Studenten Hallesby. Noch nie hat er jemand mit einem solchen Feuer des Geistes kennengelernt. Dieser Missionspfarrer strahlt einen solch außergewöhnlichen Glaubensmut auf ihn aus, daß er in den nächsten Wochen alle Gottesdienste besucht, in denen Johannes Johnson in Oslo predigt. In einem Brief an den Vater schildert Ole, wie sehr er von der Verkündigung Johnsons inspiriert wird: »Er redet von Christus – von nichts anderem –, malt ein lebendiges Bild von Jesus in den verschiedensten Situationen, die das Neue Testament erzählt, und er tut das wie einer, der Vollmacht hat – nicht wie die Schriftgelehrten und Pharisäer. Ich schätze mich glücklich, daß ich durch Gottes Gnade einer solchen Persönlichkeit von Angesicht zu Angesicht gegenübergestanden bin, nicht weil ich diesen Mann verehre, sondern weil ich dabei erfahre und mit eigenen Augen sehe, was Gott aus einem Menschen machen kann, der ganz und gar ein Christ ist.«

Im Frühjahr beginnt Ole Hallesby, sich intensiv auf sein Examen vorzubereiten. Die ganze Woche über vertieft er sich völlig in sein Studium, lediglich den Sonntag hält er sich als Feiertag frei, und jeden Dienstagabend trifft er sich in einer kleinen Gruppe von Studenten zu einem Bibel- und Gebetskreis. Die Belastungen der Prüfungen und den Druck, der auf Leib und Seele lastet, empfindet er oft als lähmend. Am letzten Tag des Examens ist er völlig ausgebrannt. Er bekennt: »Gott hat ein Ziel mit mir, das über Examen und berufliche Stellung hinausgeht – ein Ziel, das in alle Ewigkeit hineinreicht.«

Das Examen schließt Hallesby mit ausgesprochen gutem Erfolg ab; er erhält für seine Leistungen die Auszeichnung »laudabilis« (lobenswert).

Im Sommer gönnt er sich eine Ruhepause, indem er auch in diesem Jahr bei der Erntearbeit auf dem heimatlichen Hof Hallesby Söndre mithilft und zuweilen Freunde und Verwandte besucht. Gerne nimmt er auch an den Versammlungen der Haugefreunde teil.

Am 28. Juni 1903 hält Ole Hallesby in der Kirche in Enebakk, südöstlich von Oslo, seine erste Predigt, die – so ist aus dem noch vorhandenen Manuskript zu erkennen – ziemlich lang ausfällt. Er spricht über das Gleichnis vom verlorenen Sohn (Lukas 15, 11-24) und schließt mit den Worten ab:

»Du wirst ein Gastmahl erleben, das du nicht begreifen kannst, über das du dich aber dennoch mit unaussprechlicher Freude freuen wirst. – Und wenn du, mein Freund, dieses Gastmahl schon erlebt hast, halte treu an diesem Erlebnis fest. Im Leben ist es nun einmal so, daß wir nicht jeden Tag ein Gastmahl feiern können. Aber wenn du an dem Erlebnis des ersten Gastmahls, zu dem dich Gott eingeladen hat, festhältst, dann wirst du auch einmal beim himmlischen Gastmahl dabei sein, bei dem wir mit Abraham, Isaak und Jakob zu Tisch sitzen werden.«

Einige Wochen nach der Predigt in Enebakk fährt er mit ein paar Freunden nach Dänemark zum christlichen Studententreffen in Sorö. Diesmal macht er sich in froher Erwartung auf den Weg, denn seit dem letzten Treffen in Leckö ist alles in seinem Leben anders geworden.

Ole Hallesby spricht später noch oft von »Sorö 1903« und seinen Erfahrungen, als er dort zum ersten Mal die große Freude erlebt, einem Menschen seelsorgerlich helfen zu können.

Dann geht es wieder auf den Herbst zu, und ein neues Universitätsjahr steht vor der Tür. Er muß sich nun entscheiden, was er in Angriff nehmen möchte. Durch seine ausgezeichnete Examensnote, die seine Fähigkeit zu wissenschaftlicher Arbeit unter Beweis stellt, hat er die Chance, vielleicht ein Stipendium zu weiteren Studien zu erhalten. Da die Universitätsstipendien jedoch nicht vor dem Frühjahr 1904 zugeteilt werden und er nicht genügend eigene finanzielle Mittel besitzt, faßt er den Entschluß, sich zum Praktisch-Theologischen Seminar anzumelden. Dort will er zuerst die Ausbildung abschließen und dann abwarten, wie sich die Dinge weiter entwickeln. Mit einem Kredit von 125 Kronen und einem kleinen Nebenverdienst durch Privatunterricht will er sich durch das kurze Herbstsemester durchschlagen.

Zwar hat er nicht die Absicht, Pfarrer zu werden, das Praktikum könnte ihm aber vielleicht von Nutzen sein, wenn er doch nicht die wissenschaftliche Laufbahn einschlagen würde und sich seinen Lebensunterhalt als Katechet oder Lehrer verdienen müßte.

In seiner Erinnerung bleibt das Praktikumssemester später als »dunkler Herbst« haften. Das Studienprogramm hat das Ziel, den Kandidaten der Theologie eine praktische Einführung in den Pfarrdienst zu geben, aber Hallesby gewinnt den Eindruck, daß dabei vieles theologisch nicht genügend durchdacht ist. Darüber hinaus gefällt ihm nicht, daß es dem Unterricht zu den verschiedenen Themen immer wieder an einer klar erkennbaren Struktur und der richtigen Konzeption fehlt. Es ist eine harte und mühselige Zeit, da auch die Arbeit als Privatlehrer viel Zeit und Kraft kostet. Zugleich spürt er, daß ihm noch die nötige Reife für das Berufsleben fehlt.

In einem Brief vom 1. November 1903 berichtet er seinem Vetter Anders in aller Offenheit davon und fügt dann hinzu: »Was soll aus mir werden? Welche Aufgabe hat Gott für mich und mein Leben im Auge? – Du hast gehört, daß ich möglicherweise Aussicht auf ein Auslandsstipendium habe. Falls ich dies erhalte, würde ich, zumindest vorläufig, die wissenschaftliche Laufbahn einschlagen. Aber nun hat mir die kirchliche Veranstaltung, die gerade stattgefunden hat, einen bitteren Vorgeschmack von all den Streitereien gegeben, in die ich auf diesem Weg unweigerlich hineingezogen würde. Und nun frage ich ständig: Was will Gott? – Doch auch darüber bin ich jetzt ruhig geworden. Ich habe es Ihm überlassen: Durch die Zuteilung des Stipendiums möge es sich entscheiden, welchen Weg er mich führen will. Dadurch bin ich sehr erleichtert.«

Bereits kurz nach Neujahr 1904 ist Ole Hallesby wieder in Oslo, wo er für seine Bewerbung um das Stipendium eine wissenschaftliche Abhandlung anfertigt, die er den Unterlagen beifügen will, um dem Entscheidungsgremium zu zeigen, daß er genügend Begabung und Motivation für die weitere theologische Forschung besitzt. In mehreren Briefen an Vetter Anders berichtet er, er habe seine Müdigkeit überwunden und schreibe mit Freude an einer wissenschaftlichen Studie. Er setzt sich für diese wichtige und interessante Aufgabe eine Frist von zwei Monaten. Am 4. März teilt er schließlich mit, daß die Arbeit abgeschlossen sei.

Zwar erzählt Hallesby später nie, mit welcher Thematik er sich während dieser zwei Monate beschäftigt, aber es ist anzunehmen, daß es sich dabei um eine umfangreiche Rezension des 1901 in überarbeiteter Auflage erschienenen Werkes »Die Lehre Jesu« von Professor Hans Heinrich Wendt aus Jena handelt. Diese Rezension ist Ole Hallesbys erste Arbeit in Systematischer Theologie. Sie wird in Heft 1/1904 der »Norsk Teologisk Tidsskrift« (Norwegische Theologische Zeitschrift) veröffentlicht.

Im April 1904 wartet er gespannt auf die Nachricht über die

Vergabe des Stipendiums, wobei er sich stets im klaren darüber ist, daß von dieser Entscheidung seine Zukunft als theologischer Wissenschaftler abhängt.

Er ist innerlich ganz ruhig, zumal er noch kurz vor der Entscheidung über die Vergabe des Stipendiums eine unvergeßliche Passions- und Osterzeit erlebt. Zunächst bekommt er zwar eine Lungenentzündung mit hohem Fieber und denkt schon daran, die Dienste in Eidsberg, einem Ort zwischen Oslo und Aremark, abzusagen. Dann aber entschließt er sich doch zu reisen. In seinem Inneren spürt er die Aufforderung, vom Krankenlager aufzustehen, sich anzukleiden und nach Eidsberg zu fahren, um dort – wie versprochen – bis Ostern Gottesdienste und Bibelstunden zu halten.

Als er an einem der Abende in einer Versammlung auf dem Hof Kise spricht, geschieht etwas, über das er selbst wie folgt berichtet: »Auf dieser Versammlung erlebte ich etwas Entscheidendes und Unvergeßliches. Während ich redete, wurde mir eine solche Vollmacht des Geistes geschenkt, wie ich das weder vorher noch nachher erfahren habe. In diesem Erlebnis erkannte ich die göttliche Berufung und Weihe zu meinem Verkündigungsauftrag.«

Am 19. April 1904 schreibt er an seinen Vater: »Das Stipendium ist vergeben, aber ich habe es nicht erhalten. Gott will mich an einer anderen Stelle haben, und ich bin nicht unglücklich darüber.«

EINE ERWECKUNG ZIEHT KREISE

Unterwegs als junger Evangelist

Nach dem geistlichen Berufungserlebnis an Ostern 1904 ist Ole Hallesby zwar innerlich fest davon überzeugt, daß er Prediger werden soll, jedoch ist ihm noch nicht klar, in welcher Form sein Verkündigungsdienst geschehen soll. Immer wieder werden ihm Hilfspfarrstellen angeboten. Eines Tages schickt ihm sein Vater sogar einen Eilboten, um ihm mitzuteilen, daß Bischof Bang Aremark besucht und dabei Christian Hallesby gebeten habe, seinem Sohn auszurichten, er solle sich möglichst schnell ordinieren lassen. Der Bischof habe dabei versichert, er werde sich persönlich um eine gute Pfarrstelle für Ole kümmern. Aber daraus wird nie etwas. Ole läßt sich nicht zum Pfarrer ordinieren.

Am 17. Mai 1904 kommt es zu einem unerwarteten geistlichen Aufbruch und zu einer großen Erweckung, die über einen Zeitraum von fast zwei Jahren das kirchliche Leben nachhaltig beeinflußt und in Aremark und vielen anderen Dörfern in Smaalenene tiefe Spuren hinterläßt: Es geschieht bei einer Versammlung im Schulhaus von Fossby, als der Geist Gottes die Zuhörer ergreift und sie zu tiefer Erkenntnis ihrer Sünden führt. Ole Hallesby spricht an diesem Abend über das Wort Jesu »Aber am letzten Tag des Festes, der der höchste war, trat Jesus auf und rief: Wen da dürstet, der komme zu mir und trinke!« (Joh. 7,37). Die Verkündigung führt bei vielen zur Umkehr und Sinnesänderung, und die Leute aus dem Dorf bitten Ole voller Hoffnung darum, er möge doch die Versammlungen fortsetzen.

Die Besonderheit bei der Erweckung im Jahre 1904 in Aremark ist, daß sich nun auch die großen Erbhöfe des Dorfes für die evangelistischen Versammlungen öffnen, was vorher nicht der Fall gewesen ist, obwohl schon 1864, 1876 und 1896 Erweckungen stattgefunden haben. Der neue Aufbruch veranlaßt die Christen in dieser Gegend, das bodenständige haugianische Glaubenserbe mit freieren Versammlungsformen zu verbinden. Dazu gehört auch, daß ab und zu einige der neuen Erweckungslieder gesungen werden, die in dieser Zeit mehr und mehr an Beliebtheit zunehmen. Ole und Christian Hallesby ziehen jedoch die alten Gesangbuchlieder vor, womit sie bewußt geistliche Brücken schlagen zu den Erweckungsbewegungen früherer Zeiten und zur lutherischen Tradition.

Aus kirchengeschichtlicher Sicht mag es interessant sein zu beobachten, wie Norwegen in den Jahren um die Jahrhundertwende (etwa von 1890 bis 1910) von einer Welle der Erweckungen bestimmt wird. Seit der Erweckung durch Hans Nielsen Hauge sind nicht mehr annähernd so viele Menschen in allen Teilen Norwegens mit solch großem Eifer zusammengekommen, um Gottes Wort zu hören. Es ist, als habe der neuheidnische Geist der Säkularisierung eine Zeitlang den Zugriff auf das Volk loslassen müssen. Ein geistlicher Frühling hält allerorten Einzug. Von den Kanzeln der Kirchen wird das Evangelium schriftgemäß verkündigt, und in den Schulen des Landes unterrichten Lehrer, die ihre christliche Erziehungsverantwortung ernst nehmen. Der sogenannte »moderne Durchbruch« hat das christliche Erbe und Gedankengut noch nicht zu zerstören vermocht. Ohne von Menschen irgendwie geplant zu sein, wird das norwegische Volk von einer großen Erweckung erfaßt, die vergleichbar ist mit entsprechenden Massenerweckungen in England und Amerika.

Ein solches goldenes geistliches Zeitalter, in dem im ganzen Land so viele Evangelisten wirken, hat Norwegen bis heute nicht mehr erlebt.

Bezeichnend für die Erweckung um die Jahrhundertwende in Norwegen ist es, daß sie von einer ganzen Anzahl voneinander unabhängiger Erweckungsprediger ausgelöst wird; alle haben sie ihr eigenes, besonderes Berufungserlebnis und ihren eigenen, besonderen Verkündigungsstil, und jeder arbeitet am liebsten selbständig. Sie kommen aus dem Volk, aus den verschiedensten Berufen und setzen ihre natürlichen Talente und geistlichen Gaben mit großer Opferbereitschaft dafür ein, ihre Landsleute zur Umkehr und zum lebendigen Glauben zu rufen. Einer dieser »Volkserwecker«, wie sie in Norwegen genannt werden, ist der junge Theologe aus Aremark – Ole Hallesby.

Im ersten Jahr ihrer evangelistischen Tätigkeit reisen Christian und Ole Hallesby gemeinsam. Wenn jedoch die Arbeit auf dem Hof Hallesby Söndre die Anwesenheit des Vaters erfordert, setzt Ole seinen Predigtdienst alleine fort, ständig dem dringlichen Ruf in neue Dörfer folgend. Ole Hallesby weiß seit seinem Kuraufenthalt in Telemark um seinen angegriffenen Gesundheitszustand. Obwohl er sich deshalb strenge Selbstdisziplin auferlegt, sich regelmäßig in der frischen Luft bewegt und sich immer genügend Schlaf gönnt, bessert sich sein Befinden jedoch nicht, so daß er schließlich aus gesundheitlichen Gründen sogar beim Militär ausgemustert wird. Bei der Musterung sind sich die Ärzte untereinander einig, daß er wohl kaum mehr ein Jahr zu leben haben werde.

Ole kommt sehr enttäuscht nach Hause zurück. Wie gerne wäre er königlicher Soldat geworden! Aremark liegt ja so nahe an der schwedischen Grenze, und man ist in diesen Jahren in ständiger Sorge um die Zukunft des Vaterlandes.

Zuhause führt er mit seinem Vater ein Gespräch über seinen Gesundheitszustand. Beide stehen mitten in einer von Aremark ausgehenden Erweckung, und es zeichnet sich ab, daß diese Erweckung weiter um sich greifen wird. Das wird auf lange Zeit immense körperliche und geistliche Anstrengungen erfordern. Was ist nun Gottes Wille?

In dem vertrauensvollen Gespräch verspricht Christian Hallesby seinem Sohn, er werde dafür beten, daß Gott ihn ohne ärztliche Hilfe gesund mache – unter der Voraussetzung, daß Ole verspricht, Gott völlig zu vertrauen und alles, auch seine Gesundheit, für die Aufgabe einzusetzen, in die Gott sie gestellt hat. Dieses gegenseitige Versprechen besiegeln sie mit einem Handschlag.

Das Feuer der Erweckung ist in ganz Smaalenene entfacht. Ole schont sich nicht, denn er weiß, daß Zeiten geistlicher Erwekkung den Verkündigern große Verantwortung auferlegen. So wird er bis Weihnachten 1904 bereits von zwölf Dörfern zu Verkündigungsdiensten eingeladen. Niemand kann in dieser Zeit wissen, wie lange der Heilige Geist noch so große Scharen von Zuhörern vor Gottes offene Türen stellen wird. Darum müssen sich die Boten des Evangeliums ganz dem Auftrag des Herrn widmen und die geschenkte Gnadenzeit für die Verkündigung ausnützen.

Ole Hallesby ist inzwischen derart in den Dienst als Evangelist hineingewachsen, daß er sich über seine längerfristigen Berufsabsichten keine Gedanken mehr macht. Er ist deshalb völlig überrascht, als Professor Simon Michelet ihn in einem Brief vom 30. November 1904 dringend darum ersucht, sich noch einmal um ein Forschungsstipendium zu bewerben. Michelet beglückwünscht Hallesby zu seiner segensreichen Tätigkeit als Evangelist, ermahnt den jungen Mann aber gleichzeitig, die wissenschaftliche Arbeit nicht aus den Augen zu verlieren. Er wolle ihm gerne einige theologische Bücher zusenden, die Hallesby dann für die Norwegische Theologische Zeitschrift rezensieren könne.

Ole liest den überraschenden Brief mit Erstaunen. Glaubt der hilfsbereite Professor wirklich, daß man ihn zur wissenschaftlichen Arbeit zurücklocken kann, obwohl ihn doch Gott selbst davon weggeführt hat?

Es kommt das für Norwegen entscheidende Jahr 1905. Hallesby ist weiterhin ununterbrochen als Evangelist unterwegs im heimatlichen Smaalenene, das wegen seiner Grenzlage das strategisch wichtigste Gebiet des Landes ist. Ständig gibt es hier militärische Bewegungen; der Landsturm von Ostnorwegen und vier Artilleriebataillone mit achttausend Mann stehen im Grenzgebiet. Bevor das angespannte Verhältnis zwischen Schweden und Norwegen endlich eine Lösung findet, werden mehr als 20 000 Norweger zu den Waffen gerufen. Als die Auflösung der Union mit Schweden am 7. Juni 1905 bekanntgegeben wird, schreibt Ole in einem Brief an Vetter Anders, der sich bei den Grenztruppen befindet: »Ja, auch das kommt von Gott, der alle Dinge lenkt, aber noch ist alles sehr unsicher.«

Am 11. Juni 1905 – es ist Pfingsten – wird die Erklärung zur Auflösung der norwegisch-schwedischen Union von den Kanzeln verlesen. Mit dem Vertrag von Karlstad vom 23. September ist Ole Hallesby, wie viele seiner Landsleute, wenig zufrieden. Wirklich glücklich ist er erst, als der neue norwegische König am 25. November 1905 in das Land kommt; von diesem Tag an ist er ein

Verehrer des Königs, woran sich bis zum Ende seines Lebens nichts ändert.

In seiner Tätigkeit als Evangelist spricht Ole Hallesby gleich zu Beginn des Jahres 1905 in einer Reihe von Versammlungen in der 30 km von Aremark entfernten Stadt Halden. Der Zustrom suchender Menschen, unter ihnen auch viele junge Leute, ist überwältigend. Der eindringliche Ruf zur Umkehr führt zu einer tiefgreifenden Erweckung, die ihn dazu ermutigt, länger zu bleiben als ursprünglich geplant. Ähnlich geht es ihm auch auf der nahegelegenen Insel Hvaler, die er im Anschluß daran besucht. Auch dort kommt es zu einer beeindruckenden Erweckung.

Weil seine Verkündigung des Wortes Gottes in Smaalenene so gute Aufnahme findet, ist der junge Theologe Hallesby schon nach kurzer Zeit im ganzen Land bekannt. Als auch die Tageszeitung »Morgenbladet« seinen Einsatz mit überschwenglichen Worten schildert, erreichen ihn bald Einladungen aus allen Ecken und Enden des Landes; allerdings nimmt er die meisten davon nicht an.

Im März 1905 wird er innerhalb einer Woche von zwei christlichen Verbänden aus der Hauptstadt angeschrieben. Beide Verbände bieten ihm eine Aufgabe als Evangelist in Oslo an. Sekretär Ole C. Iversen schreibt im Auftrag der Norwegisch-Lutherischen Inneren Missionsgesellschaft und Sekretär Carsten Hansteen für die Vereinigung für Innere Mission in Oslo.

Beide Anfragen zeugen davon, daß Hallesby nun ein bekannter lutherischer Evangelist geworden ist. Es ist auch kein Zufall, daß der Ruf gerade im März 1905 an ihn ergeht, als Norwegens Hauptstadt am Beginn der mächtigsten Glaubenserweckung in ihrer bisherigen Geschichte steht. Durch das herrschende geistliche Klima werden viele Menschen verändert, wodurch das Leben der Hauptstadt so nachhaltig geprägt wird, daß die Folgen dieser Erweckung noch eine ganze Generation lang zu spüren sind.

Zu diesem historisch bedeutsamen geistlichen Aufbruch in Norwegen gebraucht Gott den Evangelisten Albert Lunde, einen einfachen Mann aus Lista, einem Ort an der Südspitze des Landes. Wie viele andere Norweger ist auch er nach Amerika ausgewandert und hat sich dort in der Stadt Chicago niedergelassen, um sich als Schreiner seinen Lebensunterhalt zu verdienen. Auf einer Versammlung des norwegisch-sprachigen Christlichen Vereins Junger Männer findet er im Alter von 19 Jahren zum Glauben. Seine geistliche Prägung erhält er daraufhin von dem großen amerikanischen Evangelisten Dwight L. Moody, den er häufig bei dessen Verkündigungen hört.

Bei seiner Berufung zum Prediger im Jahr 1900 erkennt Albert Lunde, daß er in seine Heimat Norwegen zurückkehren soll, obwohl er zugleich befürchtet, daß er dort Schwierigkeiten bekommen könnte, da er sich nochmals hat taufen lassen.

Es erweist sich in der Folgezeit, daß Lunde die Gnadengabe eines Evangelisten besitzt; große Scharen von Menschen strömen zu seinen Versammlungen. Mehr als drei Jahre lang reist er in Norwegen umher, von Sörlandet (Südnorwegen) bis hinauf nach Bergen und danach weiter nach Horten und Tönsberg. Oft arbeitet er auf seinen Verkündigungsreisen mit den Evangelisten Ludvig Hope und Sigbjörn Modalsli zusammen.

Am 12. Februar 1905 hält Albert Lunde zum ersten Mal eine Versammlung in Oslo und zwar in einem unscheinbaren Bethaus in der Hausmannsgate. Es ist bezeichnend, welchen Text er gewählt hat: »Aber von dem Tage an, da die Lade des Herrn zu Kirjath-Jearim blieb, verging eine lange Zeit; es wurden zwanzig Jahre. Dann wandte sich das ganze Haus Israel zum Herrn.« (1. Sam. 7,2) Dieser Abend ist der Beginn einer Erweckung in der Hauptstadt des Landes. Schon zwei Tage später ist das kleine Bethaus so überfüllt, daß mehrere hundert Menschen keinen Einlaß mehr finden. Nur einige Straßen weiter in der Calmeyergate steht aus der Zeit einer früheren Erweckung ein großes Versammlungslokal mit etwa 4000 Sitzplätzen, das einige Jahre nach seiner Einweihung im Jahr 1890 vom Vorstand der Inneren Mission in Oslo übernommen wurde, um es weiterhin für christliche Veranstaltungen zu erhalten. Als die Mitarbeiter von Albert Lunde an den Vorstand der Inneren Mission herantreten mit der Bitte, das Haus für die evangelistischen Versammlungen nutzen zu dürfen, hält man es jedoch für problematisch, als lutherischer Verband dem wiedergetauften Lunde das Haus zur Verfügung zu stellen.

Daraufhin geht Ludvig Hope, ein junger Evangelist der Inneren Mission, zu Sekretär Carsten Hansteen, um für Lunde und für die Sache der Evangelisation ein gutes Wort einzulegen. In den Jahren 1896 bis 1905 hat Hopes frische und anschauliche Art der

Verkündigung im Missionshaus in der Calmeyergate großen Anklang gefunden. Kaum einen Prediger hören die Leute lieber als den feurigen und gedankenklaren Mann, der seine Predigten auf Nynorsk, der zweiten, hauptsächlich in Westnorwegen gebrauchten norwegischen Schriftsprache, hält. Ludvig Hope hat in Bergen mit Lunde zusammengearbeitet und ist davon überzeugt, daß dessen eindeutige und direkte Verkündigung auch in Oslo die Herzen der Menschen treffen werde. Deshalb solle man die Bedenken, die man habe, weil Lunde sich als Erwachsener noch einmal taufen ließ, zurückstellen.

Carsten Hansteen, der Sekretär der Inneren Mission, hört sich Hopes positive Beurteilung von Albert Lunde an. Er ist selbst als Seemannspfarrer evangelistisch tätig gewesen und hat deshalb eher das Ziel im Auge, Menschen für das Reich Gottes zu gewinnen, als das Augsburgische Bekenntnis zu verteidigen. So fällt es ihm auch letztlich nicht besonders schwer, auf Hopes Rat zu hören.

Am 23. Februar 1905 öffnet das Missionshaus in der Calmeyergate seine Türen für Albert Lunde. Fünftausend Menschen füllen das mächtige Haus, das zwei große Galerien besitzt, und der Zustrom hält monatelang an. Vorausgegangen ist ein Brief von Sekretär Hansteen, in dem er feststellt, man wolle Lunde das Haus unter der Bedingung zur Verfügung stellen, daß er sich in seiner Verkündigung auf das Zentrum des Evangeliums konzentriere, in dem sich alle Christen einig sind, und daß er nicht über Sondererkenntnisse sprechen oder den geschätzten lutherischen Glauben angreifen würde. Ferner wünsche die Innere Mission, daß er Zuhörer, die von der Verkündigung angesprochen werden und sich daher entscheiden wollen, nicht zum Handerheben auffordere; sie sollten lieber anschließend zur Seelsorge in den kleinen Saal kommen. Carsten Hansteen ermutigt Lunde zum Abschluß seines wohlwollenden Briefes mit den Worten: »Gott lege seinen Segen auf Ihr Zeugnis und lasse es viel Frucht bringen für Zeit und Ewigkeit.«

Auf diese Weise zieht die Glaubenserweckung immer weitere Kreise: Albert Lunde predigt über das Leben mit Gott aus eigener Glaubenserfahrung und stellt die Zuhörer vor die entscheidende Wahl zwischen Tod und Leben. In den daran anschließenden Nachversammlungen suchen so viele Menschen die seelsorgerliche Hilfe, daß sämtliche Nebensäle zu klein werden und man im großen Hauptsaal bleiben muß. Eine wunderbare Ruhe und Feierlichkeit bestimmt die Atmosphäre der Zusammenkünfte: Die Leute führen Gespräche miteinander über der aufgeschlagenen Bibel, bevor sie zusammen niederknien und beten, und die Seelsorgehelfer aus den verschiedensten Gemeinden und Gemeinschaften erleben eine geistliche Allianz wie zu Zeiten der Apostel.

Die Vereinigung für Innere Mission in Oslo, in deren Haus die Evangelisationen stattfinden, will zur gleichen Zeit Ole Hallesby zum Mitarbeiter berufen. In dem oben bereits erwähnten Brief vom 13. März 1905 berichtet Sekretär Carsten Hansteen, daß man für eine große Erweckung und Erneuerung in Oslo bete und arbeite. Stiftspropst Gustav Jensen und die Innere Mission würden deshalb, so der Sekretär, für die Fastenzeit zwei parallele Vortragsreihen in der Erlöserkirche und im Missionshaus in der Calmeyergate planen. Schon lange habe es keine so deutlichen Anzeichen für einen geistlichen Aufbruch mehr gegeben wie jetzt. Gegen Ende des Briefes schreibt Hansteen: »Es würde uns freuen, wenn Sie darin einen Ruf Gottes sehen könnten. (...) Wir haben gehört, daß Ihnen Gott die Gabe der glaubensweckenden Verkündigung anvertraut hat, die früher in unserer Kirche häufig vorhanden war, aber in jüngster Zeit so selten geworden ist.«

Am 20. März antwortet Ole Hallesby auf die Anfrage, daß es ihm unmöglich sei, seine derzeitige evangelistische Arbeit einfach so plötzlich aufzugeben; deshalb könne er sich auch noch nicht zur Annahme des Rufes entschließen.

Ole Hallesby hat mehrere Gründe, sich eine Bedenkzeit zu erbitten. Während die Zeitungen aus Oslo täglich neue Nachrichten von den aufsehenerregenden Ereignissen im Missionshaus in der Calmeyergate bringen, wird in dem Schreiben der Inneren Mission mit keinem Wort erwähnt, welche Aufgabe man ihm eigentlich zuteilen will. Darüber hinaus hat er gewisse Bedenken, mit Albert Lunde zusammenarbeiten zu müssen, weil dieser wiedergetauft ist, während er selbst immer an der lutherischen Lehre von der Gültigkeit der Kindertaufe festhält.

Ole Hallesby ist sehr überrascht, als er zwei Wochen später von der Inneren Mission in Oslo nochmals ein Berufungsschreiben erhält, worin man ihn erneut bittet zu kommen, »weil es nun so aussieht, als sollte es hier in der Stadt eine große Erweckung geben.« In diesem Zusammenhang erinnert ihn die Leitung der Inneren Mission daran, daß mehr als ein Achtel der Bevölkerung Norwegens in der Hauptstadt wohne und daß das, »was im kirchlichen Leben in Oslo geschieht, für ganz Norwegen Bedeutung erlangen wird.«

In dem Brief kommt auch zum Ausdruck, daß Hallesbys erste Absage vom 20. März die Verantwortlichen der Inneren Mission irritiert habe, denn der neue Berufungsbrief schließt ein wenig vorwurfsvoll mit dem Hinweis: »Ist es denn nicht Pflicht aller akademisch gebildeten Bürger, in dieser Stadt, die ihnen in ihrer Jugend so viel gegeben hat, ihre Gaben einzusetzen – zumindest für eine gewisse Zeit – und die Fahne des Kreuzes hochzuhalten, die man selbst in seinem Herzen trägt?!«

Ole Hallesby zieht nicht in die Hauptstadt. Er verspürt keinen inneren Ruf dazu, und außerdem würde die Anstellung in einem Verband wie der Inneren Mission das Ende seiner bisherigen Tätigkeit als freier Evangelist bedeuten, zu der er sich seit seiner Berufung an Ostern 1904 verpflichtet fühlt.

Hallesby sieht es als ein besonderes Geschenk Gottes an, daß der väterliche Hof Hallesby Söndre genügend Einnahmen erwirtschaftet, so daß sein Vater und er nicht darauf angewiesen sind, von den Leuten, die die Versammlungen besuchen, Opfergaben oder andere Hilfeleistungen zu erbitten. Nicht zuletzt durch diese finanzielle Unabhängigkeit besitzen Predigt und Seelsorge des jungen Evangelisten innere Freiheit und Durchschlagskraft. Auch Paulus und Hans Nielsen Hauge, seine großen Vorbilder, haben so missioniert.

Im Mai 1905 erhält Ole Hallesby eine Einladung von der Evangelischen Vaterlandsstiftung in Stockholm. Dort sucht man für die Bethlehemskirche dringend einen Prediger, der die Arbeit von Albert Lunde weiterführen soll. Als dieser zwei Wochen in der schwedischen Hauptstadt evangelisiert hat, ist der Zustrom so überwältigend gewesen, daß man die Polizei benötigte, um einen geordneten Ablauf zu gewährleisten. In zwei Berufungsschreiben vom 20. und 29. Mai 1905 bittet man Hallesby inständig, doch nach Stockholm zu kommen und die begonnene Arbeit weiterzuführen.

Ole Hallesby reist jedoch auch nicht nach Stockholm. Er hat nun schon über ein Jahr lang pausenlos evangelistische Dienste übernommen und dabei mehr als 300 Veranstaltungen durchgeführt. Denkt er an seine gefährdete Gesundheit, dann erscheint ihm das zurückliegende Jahr als ein ständiger Beweis für Gottes wunderbare Fürsorge und Führung.

Obwohl er oft sehr lange alleine in den Dörfern umherreist, ist er doch auch immer wieder zwischendurch zu Hause auf Hallesby Söndre. Bei einem dieser Besuche erkennt der Vater, daß Ole körperlich und geistig unbedingt Erholung braucht. In einem Brief vom 31. Mai 1905 schreibt er deshalb an Ole, sie hätten für ihn um eine neue Bevollmächtigung mit dem Heiligen Geist gebetet.

So kommt es, daß Ole Hallesby, nachdem er über den Johannisfeiertag zu Hause geblieben ist, schließlich zur Erholung ins Gudbrandstal reisen kann. Wie nötig er diese Zeit gebraucht hat, spürt man besonders in den Briefen an Vetter Anders, in denen er nicht nur schreibt, daß er eine geruhsame Ferienzeit erlebe und sich deshalb gut erhole, sondern auch in poesievollen Worten überschwenglich seine stundenlangen Bergtouren schildert.

Im Herbst 1905 ist er wieder als Evangelist unterwegs, doch er spürt in den darauffolgenden Monaten mehr und mehr, daß die Zeit der großen Erweckung eigentlich schon vorüber ist. Das Resultat der Verkündigung ist von Ort zu Ort sehr unterschiedlich, und Hallesby meint zu erkennen, daß dies wesentlich vom geistlichen Zustand der örtlichen Gemeinschaft der Haugefreunde abhängt, von ihrer Treue im Gebet und ihren Bemühungen um diejenigen, die durch die Erweckung neu zu ihren Versammlungen kommen.

In mehreren Dörfern muß er mit Schrecken feststellen, daß viele der »Erweckten« wieder in ihr altes Leben zurückgefallen sind. Solche Lebenstragödien werden ihm zur Mahnung, immer zu bedenken: Wahre Seelsorge darf niemals vergessen, daß ein Mensch, der von der Verkündigung angesprochen ist, erst dann zu einem befreienden persönlichen Glauben gefunden hat, wenn er durch die enge Pforte der Umkehr gegangen ist.

Unter Ole Hallesbys Nachlaß befinden sich in einem Notizbuch vom Herbst 1905 Entwürfe von 30 Predigten und zehn Andachten, die es uns ermöglichen, einen weitgehenden Einblick in seine Verkündigung während dieser Zeit zu bekommen. Zunächst ist zu erkennen, daß Hallesbys Verkündigung und Theologie, im Vergleich zum Beginn seines Dienstes im Jahr 1903, deutlich an Tiefe gewonnen haben. Zwei Jahre Tätigkeit als Evangelist haben ihn gelehrt, daß ein Bote des Evangeliums nichts anderes als ein »Wegbereiter des Glaubens« sein darf. Auch die frömmsten Erfahrungen des Verkündigers können nicht Grundlage einer überzeugenden Predigt sein. Der Prediger muß vielmehr stets bedenken, daß die Schrift selbst zu dem Gewissen der suchenden Menschen redet und daß nichts als Gottes Wort – klar und unverfälscht – im Mittelpunkt stehen darf.

Diese Erfahrungen in der Begegnung mit tausenden von suchenden Menschen während der Erweckung in Smaalenene bestärken den jungen Theologen Hallesby, sich die evangelisch-lutherische Lehre der »sola scriptura« (»Allein die Schrift«) neu zu eigen zu machen. Deshalb und durch seine Erfahrungen während des Studiums veranlaßt, vermeidet er es, in seinen Predigten mit seinem theologischen Wissen zu glänzen, obwohl er ein hervorragendes Examen abgelegt hat.

Welche innere Not hat er selbst während seines Ringens um den Glauben unter den Kanzeln ausstehen müssen. Wie sehr ist er damals enttäuscht gewesen, daß ihm kein Pfarrer praktische Hilfen gab, wie man zum Frieden mit Gott finden kann. Vor diesem persönlichen Hintergrund wird verständlich, warum die Verkündigung des jungen Hallesby so ausgeprägt seelsorgerlich angelegt ist. In der ersten Zeit seiner Tätigkeit sind seine Predigten sehr stark von seinen persönlichen Erlebnissen bestimmt, und es scheint zunächst so, als könne er die Freude nicht in Worte fassen, die ein Sünder erlebt, wenn er durch Buße und Bekenntnis der Schuld den Weg zu Gott findet.

Mit der Zeit aber spricht Ole Hallesby in seinen Predigten immer seltener von seiner eigenen Bekehrung. Er verzichtet auch nach und nach darauf, jene bei den Evangelisten üblichen Beispiele zu erzählen, die nur an die Gefühle der Zuhörer appellieren. Vielmehr ist er nun überzeugt, daß es seine Aufgabe als Verkündiger sei, in seinen Ansprachen auf das Gewissen der Zuhörer zu zielen.

Deshalb ist es auch verständlich, daß er es nicht liebt, »Erweckungsprediger« genannt zu werden. Er sieht seinen Auftrag darin, Gläubige und Ungläubige zur Buße aufzurufen. Erfolge interessieren ihn dabei nie. Trägt die Verkündigung sichtbare

Frucht, indem Menschen umkehren, und entsteht auf diese Weise geistliches Leben, dann nimmt er das mit demütigem Staunen zur Kenntnis, denn er selbst ist ja nur ein Werkzeug.

Ole Hallesby unterscheidet stets deutlich zwischen »erweckt sein« und »umgewendet (bekehrt) sein«. Schon von der ersten Stunde seiner Tätigkeit als Verkündiger an lehnt er es ab, in den Nachversammlungen in irgendeiner Form psychischen Druck auf die Menschen auszuüben. Seine lutherische Grundüberzeugung und seine eigene Erfahrung lassen ihn ausschließlich auf die Macht der Wahrheit vertrauen: Allein das Wort der Heiligen Schrift erlöst, allein der Geist der Wahrheit schafft neues Leben.

Die »Nachversammlung« nach einer evangelistischen Veranstaltung ist für ihn kein »Sakrament«, sondern eine Einladung zu einem offenen Gespräch: Ein Gespräch über das Heil; über das, was Christus vollbracht hat; über das, was Gott von den Menschen erwartet, nämlich Aufrichtigkeit und eine ebenso ehrliche wie bedingungslose Lebensübergabe an ihn. Wenn man den Eindruck hat, daß ein Mensch wirklich den aufrichtigen Wunsch hat, von seinem alten sündigen Leben errettet zu werden, dann soll man mit ihm beten. Erkennt man jedoch, daß der Suchende sein altes Leben innerlich nicht loslassen will, dann darf man ihn nicht ermuntern, niederzuknien und sich im Gebet Gott zu übergeben, sondern man soll mit ihm über alles, was Gott in den Sinn gibt, reden und ihn schließlich nach Hause verabschieden.

Aus Hallesbys Predigtskizzen aus dem Jahr 1905 geht hervor, daß er zu dieser Zeit noch nicht zu dem präzisen, inhaltsreichen Predigtstil gefunden hat, der ihn später auszeichnet und im ganzen Land bekannt macht.

In seiner Verkündigung macht er keinen Unterschied, ob er in der Kirche oder im Bethaus spricht. Er vertritt die biblische Sicht, daß die Menschen überall die gleichen sind, wo immer man sie antrifft oder zu ihnen spricht. Ole Hallesby kennt den Menschen aus eigener Anschauung als widerspenstig und von Natur aus zu Sünde und Heuchelei neigend. Das erste Wort in der Bibel, an das er selbst glauben konnte, lautet deshalb: »Der, der seine Sünde verbirgt, wird nicht glücklich sein.« Der junge Theologe weiß jedoch zugleich um die Chance der Umkehr, die den Menschen zu einer tiefen Selbsterkenntnis vor Gott führt. Der Weg dorthin kann aber lang und ermüdend sein. »Ich weiß aus eigener Erfahrung, wie schwer es ist, an mehrere Götter zu glauben.«

Hallesby predigt gerne über das Geschenk der Taufgnade, über die Versöhnung und über die Gemeinschaft der Heiligen. Er kennt aber auch die Schattenseiten des Lebens: Sorge, Krankheit und Tod; und er scheut sich nicht, seinen Zuhörern deutlich zu sagen, daß derjenige, der Christus nachfolgt, auch die Schmach des Kreuzes auf sich nehmen muß.

Ganz selten findet man in seiner Verkündigung einen Hinweis auf die christliche Hoffnung, und nie spricht er vom tausendjährigen Reich oder von der Wiederkunft Jesu; ebensowenig beschreibt er die Herrlichkeit des Himmels. Seiner Ansicht nach sollte es einem Menschen, dem seine Sünden vergeben sind und der dadurch die Kraft zum Glaubenskampf bekommen hat, genügen zu wissen, daß er Heimatrecht in Gottes ewigem Reich hat, wenn er am Glauben festhält.

Ole Hallesbys Ruf zur Umkehr gilt allen: sowohl Unbekehrten, die in Rebellion gegen Gott leben, als auch Christen, die ständig in der Gefahr stehen, in die Fänge des Teufels zu geraten. Der junge Evangelist stellt die Menschen vor die Entscheidung und wirbt darum, daß sie das Leben wählen; und wenn sie sich durch Gottes Gnade zur Nachfolge Christi entschlossen haben, dann schärft er ihnen die Notwendigkeit der täglichen Erneuerung ein.

Für Hallesby ist das Leben in der Nachfolge geprägt von der persönlichen Verantwortung vor Gott; es bedeutet für ihn aber jederzeit auch unverdiente Freude in der Gemeinschaft der Glaubenden.

Drei Jahre lang ist er so als »lutherischer Reiseprediger« unterwegs. Die Menschen hören ihn gerne und strömen zu seinen Versammlungen. Er erfährt an allen Orten seines Wirkens viel Freude bei seiner Arbeit – und er hat keine Feinde.

Vom 5. Mai bis 7. Juni 1907 ist er bei der Inneren Mission in Bergen zu Gast, wo er fast dreißig Mal im Rahmen einer evangelistischen Versammlungsreihe Ansprachen hält. Ole Hallesby ahnt noch nicht, daß diese Reise für längere Zeit sein letzter mehrwöchiger Dienst als Evangelist sein wird.

DER RUF AN DIE GEMEINDEFAKULTÄT

Studienaufenthalt in Deutschland – Begegnung am Züricher See

Nach Professor Fredrik Petersens Tod im Jahr 1903 entbrennt in der norwegischen Kirche ein heftiger Streit um dessen Nachfolge. Die Auseinandersetzung um die Wiederbesetzung des Lehrstuhls an der Universität wird so kontrovers geführt, daß die Regierung unter Christian Michelsen sich erst nach annähernd drei Jahren entschließt, die Berufung des liberalen Theologen Dr. Johannes Ording durchzusetzen. Erst nachdem der Kirchenminister, Staatsrat Knudsen, sein Amt aus Protest niederlegt, wird Ording am 27. Januar 1906 zum Professor an der Universität Oslo ernannt.

Kurz darauf tritt Prof. Dr. Sigurd Odland von seinem Lehrstuhl für Neues Testament zurück. In der im März 1906 herausgegebenen Schrift »An Glaubensfreunde in der Norwegischen Kirche« legt er die geistlichen und theologischen Gründe dar, die ihn zu diesem Schritt veranlaßt haben. Schon 1904 hat Odland der Öffentlichkeit mitgeteilt, er könne keinen Theologieprofessor akzeptieren, der das Bekenntnis der Kirche ablehne.

Wohl auch bedingt durch die Vorwürfe des renommierten Theologen Odland zögert die Regierung die Entscheidung über die Neubesetzung des Lehrstuhls, wie bereits erwähnt, bis 1906 hinaus und trifft sie schließlich erst, als die Auflösung der Union zwischen Schweden und Norwegen unter Dach und Fach ist.

Als einstige Schulkameraden sind Ministerpräsident Christian Michelsen und Prof. Sigurd Odland miteinander im Gespräch geblieben; in ihren Überzeugungen stehen sie sich jedoch sehr fern. Michelsen hat kein Verständnis für die Kirche als geschichtlich gewachsene Größe. Er ist vielmehr – wie viele andere »moderne« Menschen dieser Zeit – Anhänger einer grenzenlosen Toleranz und hält deshalb alles Religiöse für weitgehend wertlos. Odlands Geradlinigkeit als Bekenner des Glaubens und Verteidiger der Kirche imponiert ihm zwar, aber er kann in keiner Weise nachvollziehen, warum ein so gelehrter Akademiker wie sein Jugendfreund Odland einem so alltäglichen Ereignis einer Professorenernennung einen solchen Widerstand initiiert. Vor allem sein uneingeschränkt pragmatisches Denken hindert den klugen Politiker und Diplomaten Michelsen daran, den tiefen Ernst zu verstehen, der in der folgenden Zeit hinter den Bemühungen Odlands und seiner Mitstreiter steht, eine unabhängige theologische Gemeindefakultät zu errichten.

Innerhalb weniger Wochen ist es dem Freundeskreis um Professor Odland im Sommer und Herbst 1906 jedoch durch intensive Bemühungen gelungen, eine größere Anzahl bekenntnistreuer Pfarrer und Laien zu mobilisieren. Sie sind sich darin einig, daß die Ausbildung der Pfarrer nicht mehr länger einer vom Staat abhängigen theologischen Fakultät überlassen bleiben dürfe, die auch Professoren anerkennen müsse, die mit den Grundsätzen des lutherischen Bekenntnisses gebrochen haben.

Bereits am 16. Oktober 1907 findet die konstituierende Sitzung der neuen Gemeindefakultät statt, der Odland den Namen »Det Teologiske Menighetsfakultet« (Die Theologische Gemeindefakultät) gibt.

Die spannende Geschichte ihrer Gründung und Errichtung ist in John Nomes ausgezeichneter wissenschaftlicher Studie »Brytningstid« (Umbruchszeit) dargestellt. Das 1958 erschienene Werk verfolgt die Entwicklung bis zur Verordnung Nr. 21, mit der der Gemeindefakultät 1913 auf Betreiben einer Linksregierung durch das Storting (Parlament) die Anerkennung erteilt wird. Darin heißt es: »Der König wird autorisiert, der Theologischen Gemeindefakultät in Christiania (Oslo) das Recht zur Abnahme des theologischen Amtsexamens zu verleihen.«

Die Errichtung dieser unabhängigen theologischen Fakultät ist mehr als nur ein Novum in der Geschichte der norwegischen Kirche, sie kommt vielmehr einer kirchlichen »Revolution« gleich.

Infolgedessen betritt der Arbeitsausschuß, der sich am 18. Dezember 1906 zum ersten Mal trifft, ein für alle Beteiligten neues Land. Nach intensiven Gesprächen und Beratungen über Zielsetzung und Aufgabe der neuen Fakultät wagt man schon bald den ersten Schritt: Über den Pressedienst NTB (Norsk Telegram Byraa) wird in ganz Norwegen der Aufruf zur Gründung der Gemeindefakultät verbreitet, der von 276 namhaften Persönlichkeiten unterzeichnet ist.

Das schwierigste Problem, das Odland in der Gründungsphase zu lösen hat, besteht darin, fachlich qualifizierte Professoren zu finden, von denen er sicher sein kann, daß sie in Übereinstimmung mit Schrift und Bekenntnis lehren. Überdies ist man in Zugzwang geraten, denn der Gründungsaufruf hat vorausgesetzt, daß es möglich sei, einen akademisch qualifizierten Lehrerstab für die neue Fakultät zu gewinnen. Odland betet viel dafür, wie wohl überhaupt die Gründung einer akademischen Institution selten von so viel Gebet und Fürbitte begleitet worden ist.

Aufgrund seiner Einsicht in die Belange einer theologischen Ausbildungsstätte und seiner Erfahrungen an der Universität weiß Professor Odland genau, daß das Vorhaben nur durch Gewinnung geeigneter Dozenten und Professoren gelingen kann. Er selbst steht voll hinter dem hohen Anspruch, der in dem Aufruf zum Ausdruck gekommen ist:

»An der neuen Fakultät soll auf akademischem Niveau unterrichtet und eine vollwertige wissenschaftlich-theologische Ausbildung vermittelt werden, damit die Kandidaten, die an der Gemeindefakultät studiert haben, die gleiche Qualifikation erlangen wie diejenigen, die an der Universität ausgebildet werden, daß sie nicht aus irgendeinem Grund als Theologen oder Pfarrer zweiter Klasse eingestuft werden können. Es ist unsere grundlegende Auffassung, daß wissenschaftliche Theologie für unsere Kirche nötig ist, und wir sind davon überzeugt, daß persönlicher Glaube und wissenschaftliches Studium keine Gegensätze sein müssen, sondern Hand in Hand gehen sollen.«

Odland ist sich darüber im klaren, daß es besonders schwer sein wird, den Lehrstuhl für Systematische Theologie zu besetzen, vor allem auch deshalb, weil sich durch die Ernennung eines liberalen Theologen auf diesen Lehrstuhl an der Universität Oslo der theologische Streit entzündet hat. Die Lösung des Problems erweist sich sogar als noch schwieriger als er es zu Anfang erwartet hat. Fast das ganze Jahr 1907 verstreicht ergebnislos, bis endlich ein, wenn auch sehr unsicherer, Kandidat ins Blickfeld kommt – Ole Hallesby.

Einer Einladung der Inneren Mission folgend reist Prof. Sigurd Odland nach Halden, um dort Vorträge über die aktuelle theologische Situation zu halten. Am Sonntag, dem 27. Januar 1907, spricht er vormittags in der Kirche und nachmittags im Missionshaus der Stadt. Am Abend sitzt er mit dem Leiter der Inneren Mission in Halden, Revisor Christiansen, zusammen und berichtet über die geplante Gemeindefakultät. Während der Unterhaltung kommt Christiansen auch auf Ole Hallesby zu sprechen, der schon mehrfach Verkündigungsdienste bei der Inneren Mission in Halden übernommen hat. Der Revisor weist darauf hin, daß die Zuhörer stets von den Predigten Hallesbys beeindruckt und ergriffen gewesen seien, und er empfiehlt dem Professor aus Oslo, diesen doch einmal aufzusuchen.

Bereits am nächsten Tag, am Montag, dem 28. Januar 1907, ist Odland zu Besuch auf Hallesby Söndre und trifft dort auf seinen ehemaligen Studenten, mit dem er keinerlei Kontakt mehr gehabt hat, seit dieser nach dem Examen und dem erfolglosen Antrag auf Erhalt eines Stipendiums Oslo verließ, um als freier Evangelist zu arbeiten. Odland ist sich bewußt, daß es Ole Hallesby während seiner intensiven dreijährigen Tätigkeit als Evangelist nicht möglich gewesen ist, eine theologische Weiterbildung zu erlangen. Es würde daher für ihn einige Zeit in Anspruch nehmen, die erforderliche Habilitation zum Professor in der überaus wichtigen Disziplin »Dogmatik« zu erlangen, zumal auch die Professoren Ording und Ihlen an der Königlichen Fredriks-Universität Vorlesungen in diesem Fachbereich abhalten.

Ohne die Gründe dafür zu kennen, befindet sich der junge Theologe Hallesby in dieser Zeit bezüglich seiner Berufung in einer inneren Krise: Es sieht so aus, als solle ihm gegen seinen Willen eine neue Aufgabe übertragen werden, der er sich nicht gewachsen fühlt.

So benötigt er auch nur wenige Tage, um die Anfrage mit einer deutlichen Ablehnung zu beantworten. Während der zurückliegenden drei Jahre, in denen er sich nicht mehr mit der Wissenschaft beschäftigte, hat er innerlich mehr und mehr Abstand zur theologischen Forschung gewonnen. Nun füllt ihn seine evangelistische Tätigkeit vollkommen aus, und er spürt, daß Gott seinen Dienst segnet. Darüber hinaus bezweifelt er, daß er mit seinem radikalen Kirchenverständnis – das die Priesterschaft aller Gläubigen betont und dem kirchlichen Amt wenig Bedeutung zumißt – in das konservativ-kirchliche Milieu paßt, das die neue Fakultät prägen soll.

Als er anläßlich einer Veranstaltungsreihe im Mai 1907 in der westnorwegischen Stadt Bergen ist, kommt er dort mit einigen sehr kirchenkritischen Verantwortlichen der Inneren Mission zusammen, die massive Einwände gegen die geplante Ausrichtung der Gemeindefakultät vorbringen. Sie hegen die Befürchtung, daß die neue Fakultät zu »offen« werden könnte, da deren Begründer noch nicht einmal daran denken würden, von den Studenten, die sich zum Theologiestudium anmelden, ein persönliches Glaubenszeugnis zu verlangen. Ole Hallesby ist sehr froh darüber, verantwortliche Christen zu treffen, die seine eigenen Bedenken gegenüber der geplanten Gemeindefakultät teilen.

Ermutigt von dieser Begegnung reist er im Juni zu einer großen Konferenz der Inneren Mission nach Drammen. Auch dort denkt man über konkrete Schritte zur Errichtung der Gemeindefakultät nach. Ole Hallesby jedoch hat erhebliche Einwände: Er könne nicht einsehen, weshalb eine solche Fakultät notwendig sei; vielmehr solle man sich darum bemühen, eine Predigerschule einzurichten.

Unter denen, die Hallesbys überraschende Kritik hören, ist auch Pfarrer Hartvig Halvorsen (1854-1910), der an den Vorbereitungen zur Gründung der Gemeindefakultät entscheidenden Anteil hat. Als er die negative Beurteilung hört, ist er überaus erschrocken, vor allem deshalb, weil Prof. Odland einige Wochen zuvor einem kleinen Kreis von Freunden anvertraut hat, daß der Kandidat der Theologie Ole Hallesby für den Lehrstuhl in Dogmatik in Frage komme. Nun aber steht dieser junge Mann vor ihm und bricht den Stab über die neue Fakultät. Halvorsen ist sich bewußt, daß derart rücksichtslose Äußerungen in der Öffentlichkeit bedeuten, daß Hallesby und seine Freunde aus Westnorwegen auch dann nicht mit ihrer radikalen Kritik zurückhalten würden, wenn es der geplanten Fakultät schade oder das ganze Vorhaben dadurch zum Scheitern verurteilt werde.

Aus diesem Grund lädt der Arbeitsausschuß die Gruppe aus Westnorwegen zu einer Sitzung nach Oslo ein, um – wenn irgend möglich – die bisherige grundsätzliche Uneinigkeit in Fragen der Organisationsstruktur und der Aufnahmebedingungen der Fakultät aus dem Weg zu räumen. Während der Verhandlungen, die am 4. Juli 1907 in den Räumen der Lutherstiftung in Oslo stattfinden, zeigt sich vor allem, daß die »radikalen« Westnorweger gar nicht so radikal sind, wie Ole Hallesby es erwartet hat. Überhaupt ist es für ihn erstaunlich, daß er vom Ausschuß eine Einladung zu den Verhandlungen erhalten hat, da die großen Bedenken, die er im Juni während der Konferenz in Drammen geäußert hat, Grund genug sein müßten, ihn auszuschließen.

Daß er dennoch eingeladen ist, liegt wohl daran, daß man den einzigen denkbaren Anwärter auf den Lehrstuhl für Systematische Theologie nicht verlieren möchte.

Die Verhandlungen werden trotz aller Erwartungen und Hoffnungen ohne Einigung beendet. Nach der Sitzung macht Hallesby dem Sekretär des Ausschusses Ole C. Iversen unmißverständlich klar, daß die Gruppe aus Westnorwegen nicht von ihren Forderungen abrücken könne.

Trotz des enttäuschenden Ergebnisses ihrer Bemühungen finden sich Odland und seine Freunde nicht mit Hallesbys ablehnender Antwort auf das Angebot einer Professur ab. Inständig bitten sie ihn erneut, sich die Sache noch einmal zu überlegen.

Wieder gerät Ole Hallesby in eine schwierige Situation. Einige Tage später nämlich erhält er eine Nachricht aus Aremark, die ihn veranlaßt, das Angebot der Professorenstelle an der Gemeindefakultät erneut abzulehnen.

Odland merkt nun, daß durch die Entscheidung Hallesbys die Zukunft der neuen Fakultät an einem seidenen Faden hängt. Der Ausschuß ist der einhelligen Meinung, man könne die an der Gründung interessierten Freunde erst dann zu einer konstituierenden Sitzung einberufen, wenn man die Namen von mindestens drei weiteren Professoren neben dem Neutestamentler Sigurd Odland öffentlich bekanntgeben könne. Im Laufe des Jahres 1907 haben bereits zwei Männer ihre Bereitschaft signalisiert: Peter Hognestad soll Professor für Altes Testament und Edvard Sverdrup Professor für Kirchengeschichte werden. Der fehlende dritte Mann aber – Ole Hallesby – hat nun wiederum eine Absage erteilt.

Prof. Odland läßt alles stehen und liegen und reist im August 1907 nach Hallesby Söndre; obwohl er zwei Wochen dort bleibt, hat er keinen Erfolg. Bevor Odland nach Oslo zurückkehrt, bleibt ihm lediglich übrig, den jungen Theologen Hallesby zu bitten, für die Sache weiterhin zu beten.

Im Spätherbst ist auch Pfarrer Ole C. Iversen in Aremark, um dort Grüße von Odland und dem Arbeitsausschuß zur Gründung der Gemeindefakultät auszurichten.

Über die darauf folgenden Monate harten inneren Ringens, auch im Gebet, spricht Ole Hallesby später nur selten. Schließlich hält er es aber doch für möglich, ein vorläufiges und sehr bedingtes Ja zu einem Ruf an die Gemeindefakultät in Oslo zu geben. Nach seiner Umkehr hat er in den vielen Entscheidungen, die er zu treffen hatte, immer konsequent nach Gottes Willen gefragt. Diese Abhängigkeit von Gottes Führung ist auch der Grund gewesen, weshalb er – während der Zeit der Erweckungen in Oslo und Stockholm – die ehrenden Einladungen, dort mitzuarbeiten, ausgeschlagen hat. Ole Hallesby will vermeiden, einer menschlichen Aufforderung nachzukommen, ohne dabei gewiß zu sein, daß es auch Gottes Ruf ist. Im Hinblick auf die Berufung an die Gemeindefakultät ist er unsicher und unruhig. Er sieht sich in keiner Weise veranlaßt, seine Tätigkeit als Evangelist aufzugeben, um sich wieder der theologischen Wissenschaft zu widmen. Er weiß genau, daß dies eine anstrengende und langwierige Sache werden würde. Die wissenschaftliche Aufgabe, eine bekenntnistreue Dogmatik neu zu erarbeiten, steht wie ein unüberwindbarer Berg vor ihm, zumal die radikale liberale Dogmatik, die er bis kurz vor seinem Amtsexamen vertreten hat, als Ausgangspunkt völlig unbrauchbar ist. Als Lehrer an der Gemeindefakultät wird von ihm zu Recht eine bibeltreue und bekenntnisgebundene Dogmatik erwartet, und er weiß nicht, ob er eine solche theologische Pionierarbeit überhaupt zu leisten vermag.

Ole Hallesby spricht oft mit seinem Vater über die innere Unsicherheit, die ihn bewegt. Er kann nicht klar erkennen, ob es Gottes Wille ist, seine Tätigkeit als Evangelist zugunsten einer höchst ungewissen Zukunft als theologischer Lehrer aufzugeben. Wie wir aus Berichten der Familie Hallesby wissen, verwendet Vater Christian in diesen Monaten viel Zeit und Mühe darauf, dem zweifelnden Ole aufzuzeigen, daß das Angebot der Fakultät ein neuer Auftrag des selben Herrn ist, der ihn 1904 in den Verkündigungsdienst gerufen hat und nun in die theologische Lehre und Forschung führt.

Endlich läßt Ole Hallesby sich überzeugen: »Das war befreiend für mich. Nun sah ich, daß mich Gott aufs neue berufen wollte – zu der Tätigkeit, die an der Gemeindefakultät auf mich wartete. Und als Odland beharrlich an seiner Aufforderung festhielt, gewann ich nach und nach den Eindruck, ich sollte den Schritt wagen.«

Diese kurze Zusammenfassung – viele Jahre nach dem Aufenthalt in Deutschland niedergeschrieben – läßt kaum etwas von dem vorangegangenen inneren Kampf erkennen. Es ist im Spätherbst 1907 durchaus nicht leicht, den jungen Theologen dazu zu bringen, den Ruf an die Gemeindefakultät anzunehmen, zumal er erst wenige Monate zuvor mit voller Überzeugung eine Predigerschule gefordert hat und den bekannten Professor Sigurd Odland unverrichteter Dinge von Hallesby Söndre abreisen ließ.

Ole Hallesbys Frau Mia berichtet in einer überaus interessanten und aufschlußreichen Chronik der Familie Hallesby, daß es ursprünglich geplant gewesen sei, daß ihr Mann den Erbhof übernehmen solle, um so weiterhin von dort aus seinen Dienst als freier Evangelist fortzusetzen. Der 28jährige Ole ist schließlich alt genug, um nun an eine gesicherte berufliche Stellung und an eine eigene Familie zu denken. Da er allerdings während der letzten Jahre als Evangelist kein festes Einkommen hat, ist er in bezug auf seine berufliche Zukunft an die Entscheidungen seines Vaters gebunden.

Entgegen allen Erwartungen sieht Vater Christian Hallesby, der 1907 63 Jahre alt wird, jedoch davon ab, den Hof Hallesby Söndre einem seiner Söhne zu übergeben; vielmehr führt er ihn bis zu seinem Tod im Jahr 1923 selbst weiter.

Er erklärt später, daß diese Entscheidung mit einem merkwürdigen Geschehnis in Zusammenhang stehe, das schon über 30 Jahre zurückliegt. Über das, was er damals, 1877, im Stall auf dem Hof Enger erlebte, erzählt er selbst: »In einem Winkel, dort, wo ich meinen Gebetsplatz hatte, wollte ich gerade mein Herz vor meinem himmlischen Vater ausschütten. Da war mir mit einem Mal, als hörte ich eine Stimme, die sprach. ›Du wirst einen Sohn bekommen, der mir dienen wird, und sein Name wird nicht nur hier in Norwegen, sondern auch in Schweden, Dänemark und Finnland bekannt werden.‹« – Christian und Lina Hallesby wurden drei Söhne geboren: zuerst Anders, fünfzehn Monate später Ole und nach weiteren zwei Jahren Johan.

Als eines Tages Mia Hallesby ihren Schwiegervater fragt, warum er dafür gesorgt habe, daß alle drei Söhne eine so gute Ausbildung erhalten, lautet dessen Antwort: »Ich begriff sofort: Wenn ich einen Sohn bekomme, der einmal in ganz besonderer Weise Gott dienen soll, dann muß er auch eine gute Ausbildung erhalten.« Deshalb wurden die drei Söhne zuerst durch eine Gouvernante und einen Privatlehrer auf Hallesby Söndre unterrichtet und später zur weiteren Ausbildung nach Halden und Oslo geschickt. Christian bemerkte frühzeitig, daß Ole der Begabteste seiner drei Söhne war. Als Ole dann auch noch mit dem Theologiestudium begann, sah es so aus, als würde dies gut mit der Verheißung übereinstimmen, die er auf dem Hof Enger bekommen hatte. Während der Studienzeit jedoch wurde der Sohn theologisch äußerst liberal, so daß Christian Hallesby nachträglich seiner Schwiegertochter gegenüber bekennt: »– und du verstehst, daß Gott so einen nicht gebrauchen konnte. Aber als er dann bekehrt war, da änderte sich alles für mich. Ich war mir nun sicher, daß sich das Erlebnis, das ich damals im Stall hatte, auf ihn bezog.«

Den ganzen Herbst des Jahres 1907 über ist Vater Christian in Sorge und wartet gespannt, wie sich sein Sohn entscheidet. Wenn Ole Professor Odland und damit der Gemeindefakultät eine positive Antwort gäbe, so würde er dies als die größte Gebetserhörung seines Lebens ansehen.

Ole Hallesby trifft die Entscheidung mit Nüchternheit und Ernst. Nach und nach ist in ihm der Entschluß gereift, auf das Angebot einzugehen, und so gibt er Odland schließlich Bescheid, daß er bereit sei, die erforderliche Studienreise nach Deutschland anzutreten. Ob er allerdings die Berufung auf den Lehrstuhl für Dogmatik annehmen werde, könne er der Gemeindefakultät erst zu einem späteren Zeitpunkt mitteilen.

Professor Odland gibt sich mit diesem vorläufigen Versprechen zufrieden und organisiert eine Spendenaktion zur Finanzierung der Studienreise. Da Hallesby die Entscheidung so unvermittelt getroffen hat und die Vorbereitungen noch eine geraume Zeit andauern, kann er erst Weihnachten 1907 die Reise antreten.

Ole Hallesby fährt mit dem Schiff nach Stettin und von dort aus weiter in die Universitätsstadt Greifswald. In Deutschland ist ein Studienaufenthalt an verschiedenen theologischen Fakultäten geplant. Freunde in Oslo, die sich an den deutschen Universitäten auskennen, haben ihm diesbezüglich Berlin, Leipzig, Erlangen und Tübingen empfohlen.

Zu Beginn seines Studiums in Greifswald faßt Hallesby in einem Brief mit wenigen Worten das Ziel seines Studienaufenthaltes zusammen. Danach gelte es »Lehrer an der Theologischen Gemeindefakultät zu werden, wo man wegen der rationalistischen Theologie an der Universität jetzt auf privater Basis eine Ausbildung von Pfarrern für unsere Kirche aufbaut.«

Von der ersten Stunde seines Aufenthaltes an ist sich der junge Theologe, dem einer seiner Freunde 200 Kronen für die Reise mitgegeben hat, darüber im klaren, daß seine finanzielle Situation einen sehr spartanischen Lebensstil erfordern wird. Also sieht er sich lange um, bis er ein günstiges Zimmer findet, wo er für Kost und Logie nur 80 Reichsmark im Monat bezahlen muß. Zunächst fällt es ihm nicht leicht, unter so vielen fremden Menschen zu leben, vor allem deshalb, weil er von Natur aus eher schüchtern ist.

Es sind kaum vier Wochen in Greifswald vergangen, als Ole Hallesby plötzlich erkrankt und mit hohem Fieber und starkem Husten das Bett hüten muß. Da er sich in dieser Lage an die Zeit seiner schweren Erkrankung und des sich daran anschließenden langen Kuraufenthaltes zurückerinnert, bekommt er es so mit der Angst zu tun, daß er Zuflucht bei Gott sucht und ihn im Gebet um seine Genesung bittet. Nachdem er sich von der Krankheit wieder erholt hat, drückt er deshalb in einem Brief vom 15. Februar 1908 seine übergroße Freude darüber aus, daß es »kaum einen Menschen gibt, über den der Herr so viele unverdiente Wohltaten ausgießt.«

In Greifswald ist er ein eifriger Teilnehmer an den Vorlesungen des bekannten Professors Carl Stange, der in diesem Semester über den dritten Teil der Dogmatik liest: »Der Heilige Geist und die Zueignung des Heils«. Außerdem beschäftigt sich Hallesby eingehend mit Martin Luther und der lutherischen Theologie bis 1650 sowie mit den Theologen des 19. Jahrhunderts, wobei es ihm der Erlanger F.H.R. Frank am meisten angetan hat.

In einem Brief nach Norwegen verleiht er seiner Begeisterung Ausdruck über die dem Augsburgischen Bekenntnis innewohnende Kraft. Er berichtet auch, daß die Gottesdienste in Greifswald schwach besucht seien, obschon die Pfarrer das wahre Evangelium verkündigten.

Als Norweger findet er es interessant, in Deutschland ein Christentum kennenzulernen, das noch verhältnismäßig unberührt von englischen und reformierten Einflüssen ist. Darüber hinaus glaubt er, hinsichtlich des theologischen Klimas feststellen zu können, daß der Rationalismus mehr und mehr an Einfluß verliere, und er fügt in einem Brief hinzu: »Wir hinken ja in Norwegen auf allen Gebieten hintendrein, genauso auch hier.«

Obwohl Gerüchte, die Ole Hallesby in Theologenkreisen zu Ohren kommen, besagen, daß Olaf Moe Professor für Dogmatik an der Gemeindefakultät werden soll, läßt er sich dadurch nicht aus der Ruhe bringen. Schließlich hat der unbestrittene Initiator der neuen Fakultät, Prof. Odland, dieses Stipendium und somit die Studienreise ermöglicht, um so eine Übernahme des Lehrstuhls für Systematische Theologie durch den jungen Mann aus Aremark vorzubereiten.

Unter dem Eindruck des hohen wissenschaftlichen Niveaus, mit dem er in den Vorlesungen Dr. Carl Stanges konfrontiert wird, kommen Ole Hallesby viele selbstkritische Gedanken: »Wenn ich sehe, was heute von jemand verlangt wird, der beabsichtigt, Dogmatik zu unterrichten, ja, dann sinkt mein kleiner Mut ganz tief unter meinen Schreibtisch hinunter; und wenn ich dann so dasitze und nachsinne, dann kommt der Herr und macht meine Seele stille und sagt: ›Bekümmere du dich überhaupt nicht. Halte dich nur jeden Tag ganz nah an mich und nütze die Zeit gewissenhaft, dann bin ich es, der deine Arbeit segnen und dich in deiner Ausbildung leiten wird.‹«

Der Aufenthalt in Greifswald vermittelt dem Stipendiaten aus Norwegen eine Einführung in die deutsche Universitätstheologie und gibt ihm Gelegenheit, seine deutschen Sprachkenntnisse zu erweitern. Bald steht für ihn fest, daß er das Sommersemester bei dem bekannten Erfahrungstheologen Ludwig Ihmels in Leipzig verbringen möchte.

In der Zwischenzeit soll ihm ein Besuch in Berlin Zugang zu den großen theologischen Bibliotheken verschaffen, wo er intensive persönliche Studien betreiben will. Außerdem bietet die Hauptstadt viele Sehenswürdigkeiten der deutschen Kulturgeschichte und des deutschen Geistes- und Kirchenlebens. Nicht zuletzt gibt es dort in diesen Jahren aber auch eine größere norwegische Kolonie, so daß die Stadt alles in allem gut geeignet scheint für einige Ferienwochen zwischen den Semestern.

Am Palmsonntag 1908 predigt Ole Hallesby in der norwegischen Kirche in Berlin. An den theologischen Vorlesungen nimmt er in Berlin nicht teil, er besucht jedoch die Universität, um den weltberühmten liberalen Theologen Adolf von Harnack zu hören, dessen Buch »Das Wesen des Christentums« 1901 in der norwegischen Übersetzung erschienen ist und zu einem heftigen Streit unter den Gelehrten in Oslo geführt hat. Hallesby ist erstaunt, daß Harnack, der müde und kraftlos wirkt, so wenige Zuhörer hat. Die daraufhin befragten Studenten erklären, daß Harnacks Bemühungen um eine Synthese zwischen Christentum und moderner westlicher Kultur unzeitgemäß und wirklichkeitsfern seien, da im deutschen Geistesleben immer mehr die Ideen von Karl Marx und Friedrich Nietzsche Raum gewinnen würden.

Gegen Ende seines Berlinaufenthaltes schreibt Ole Hallesby in einem Brief an seinen Vetter Anders, er fühle sich in Berlin sehr fremd. Er hat in Deutschland viele Menschen kennengelernt, ohne jedoch viele echte Freunde zu gewinnen: »Ja, es hat mich geradezu erstaunt, wie einfach es sein kann, diese Deutschen kennenzulernen. Aber tiefer geht das in der Regel nicht. Man vermißt oft auch gerade die Eigenschaften, auf die wir größten Wert legen.«

Im Laufe der folgenden Monate nimmt sein distanziertes Verhältnis zu diesen »selbstgefälligen, altklugen Deutschen« eher noch zu. Kurz vor seiner Heimreise nach Norwegen schreibt er: »Wie ist uns das deutsche Volk doch so fremd und fern.« Ole Hallesby kommt später nie mehr nach Deutschland.

Dennoch gibt es in seinen Erinnerungen eine Stadt, die eine erfreuliche Ausnahme von seinen negativen Eindrücken bildet: Leipzig. Stets denkt er gerne an das Sommersemester bei Professor Ludwig Ihmels und die damit verbundene Zeit intensiven Studiums zurück, in der bei Ole Hallesby das Fundament für eine ganz neue lutherische Bekenntnistheologie gelegt wird.

Der Weg von Berlin nach Leipzig führt ihn auch nach Wittenberg, wo der große und von ihm so sehr verehrte »Kirchenvater« Martin Luther seine arbeitsreichsten und bewegtesten Jahre verbracht hat. Die Begegnung mit der historischen Lutherstadt an einem sonnigen Frühlingstag wird für den norwegischen Theologen zu einem unvergeßlichen Erlebnis. Hier gibt es viel zu sehen: die Kanzel, von der Luther predigte; die Schloßkirche mit der Tür, an der er seine 95 Thesen anschlug; ganz in der Nähe sein Haus mit der Wohnstube, dem Studierzimmer und dem Vorlesungsraum und die Sammlung von Luthers Handschriften.

»Alles war mir so lieb! Es gingen mir viele Gedanken durch den Kopf, als ich das alles sah. Ich mußte dem Herrn danken, daß er einen solchen Mann berufen hatte, der das innere Licht, den persönlichen Mut und die Kraft des Geistes hatte, gegen die halbheidnische Finsternis der Zeit die biblische Wahrheit zu verkündigen (...), so daß wir heute die Gnade Gottes erkennen können, die wir brauchen, um Frieden für unsere Seele zu finden.«

Voll froher Erwartung beginnt Hallesby mit dem Studium in Leipzig. Obwohl er einen sehr straffen Zeitplan aufstellt, ist er immer mit Freude an der Arbeit. Um 6 Uhr steht er auf, die erste Vorlesung beginnt um 7 Uhr. Nach vier oder fünf Vorlesungsstunden an der Universität kommt er gegen 12 Uhr nach Hause, wo er sich nach dem Mittagessen ein wenig Ruhe gönnt. Um 14 Uhr beginnt er auf seinem Zimmer erneut mit dem Studium, das er gegen 20 Uhr beendet.

Die Professoren begegnen ihm verständnisvoll und hilfsbereit. Ihre Vorlesungen sind für ihn wie ein gründliches, zum Nachdenken anregendes Repetitorium in den theologischen Grunddisziplinen. Bei Ihmels hört er Vorlesungen über die christliche Erfahrungserkenntnis und nimmt an Seminarübungen über »Das Dogma von der Person Christi« teil. In einem Brief an seinen Vater schreibt er voll Begeisterung über seine Erfahrungen mit Professor Ihmels, der ihm für eine seiner Seminararbeiten ein Lob erteilt hat. Solche anerkennenden Worte von diesem gelehrten Mann geben ihm neue Motivation und vermehren die Freude an der wissenschaftlichen Arbeit.

Im Hinblick auf seine zukünftige Lehrtätigkeit als Professor für Systematische Theologie hat sich Hallesby im Mai 1908 dazu entschieden, an der philosophischen Fakultät zu promovieren, bevor er dann nach Norwegen zurückkehren will. Er reist deshalb kurzerhand nach Erlangen, um sich zu einer Doktordisputation anzumelden, die zu Beginn des kommenden Jahres 1909 stattfinden soll. Während des Semesters in Leipzig arbeitet er wie gewohnt fleißig und beginnt, das Material zu sammeln, das er für die geplante Doktorarbeit benötigt. Nach Verhandlungen mit den Professoren Dr. jur. Richard Falchenberg und Dr. theol. Reinhold Seeberg einigt man sich schließlich darauf, als Thema die Erkenntnistheorie des Philosophen Johannes Volkelt zu wählen. (Volkelt

(1848-1930) lehrt seit 1894 als Philosophieprofessor in Leipzig und ist Vertreter eines »kritischen Ideal-Realismus«.)

Ole Hallesby hält sich nun schon ungefähr ein halbes Jahr in Deutschland auf. Diese sechs Monate sind eine vor allem geistlich bereichernde Zeit für ihn, in der er erfüllt ist von einer Freude und einem tiefen Frieden, wie er es noch nie ähnlich erfahren hat. Er ist sehr gespannt, worauf der Herr ihn vorbereitet; auch wenn er es selbst noch nicht weiß, ist er sich doch sicher, daß der Herr den Weg weiß.

Im Verlauf der nächsten beiden Monate ereignen sich zwei Begegnungen, die zu Marksteinen in Ole Hallesbys Leben werden sollen; eine findet Anfang Juli 1908 in Leipzig statt, die andere folgt im August in dem kleinen schweizerischen Ort Männedorf am Züricher See.

In Leipzig erhält der junge Theologe in den ersten Julitagen Besuch von Pfarrer Edvard Sverdrup und Stipendiat Peter Hognestad; beide sind designierte Professoren der neuen Gemeindefakultät, deren Eröffnung für den 3. September 1908 vorgesehen ist. Ole Hallesby hat sie bisher noch nicht persönlich kennenlernen können.

Nur zwei Wochen vor dieser wichtigen Begegnung schildert Ole Hallesby seinen inneren Kampf in einem Brief, den er am 14. Juni 1908 aus Leipzig an seinen Vetter Anders sendet: »Sobald etwas geschah, womit ich nicht gerechnet hatte und das ich nicht gleich zu überschauen imstande war, wurde ich innerlich unruhig. Ach, was für Qualen habe ich auf diese Weise erlitten! Wie habe ich meinen lieben Vater dadurch betrübt! Wie wurde mein Leben auf diese Weise zerrissen und freudlos! Nun will mir der Herr sagen: »Was macht es aus, wenn es nicht immer nach deinen Plänen und Gedanken geht?«

Die drei Norweger erleben in Leipzig zwei Wochen froher Gemeinschaft, in denen sie jede Gelegenheit zum gegenseitigen Austausch ihrer Erfahrungen und Zukunftshoffnungen wahrnehmen. Sie lesen miteinander Gottes Wort und treffen sich zu Gebetsgemeinschaften, in denen sie um Gottes Segen für sich selbst und besonders für die künftige Arbeit an der neuen Pfarrerausbildungsstätte bitten.

Alle drei sind sich darin einig, daß der Herr sie zu einer äußerst schwierigen Aufgabe berufen hat. Ole Hallesby empfindet die Begegnung mit Peter Hognestad und Edvard Sverdrup als Bestätigung seines Gebets, der Herr möge doch in seiner Gnade selbst die Verantwortung für die neue Fakultät und ihre Lehrer übernehmen.

Vor ihrer Weiterreise begleitet Hallesby seine künftigen Kollegen, die noch in die Lutherstadt Eisenach wollen, mit der Bahn bis nach Bonn. Bevor sich die Wege der drei Männer vorerst voneinander trennen, lassen sie ihr Zusammentreffen auf einem Erinnerungsfoto festhalten. Es ist, als wollten sie damit demonstrieren, daß sie nun als Mitglieder des künftigen Lehrerrats der Gemeindefakultät zusammengehören.

Während der Monate in Leipzig nimmt die Freude des Theologen aus Aremark an der Beschäftigung mit der theologischen Wissenschaft immer mehr zu, so daß er sich schließlich sicher ist, daß seine Aufgabe in Zukunft darin bestehen wird, eine neue schriftgemäße Theologie zu vermitteln. Sein früherer Lebensplan, nach haugianischer Art als Bauer auf Hallesby Söndre zu leben und von dort aus als freier Evangelist zu wirken, hat nun gänzlich an Bedeutung verloren. Obwohl er sich diese Wandlung seines einstigen Lebensideals nicht erklären kann und er sich oft fragt, ob alles nur ein Traum sei, hat er doch stets das wunderbare Gefühl, von Gott geführt zu werden, was ihn umso mehr darin bestärkt, auf Gottes guten Willen zu vertrauen.

Als es dem Ende des Sommersemesters zugeht, wird Ole Hallesby klar, daß er geistlich und körperlich dringend Erholung nötig hat. Das intensive Studium und die vielen Reisen in Deutschland haben ihn sehr angestrengt. Darüber hinaus vermißt er auch die Gemeinschaft mit einfachen Christen, die einander auf dem Weg zum ewigen Leben helfen wollen, so wie er es bei den Haugefreunden erlebt hat.

Irgend jemand hat ihm von einem evangelischen Erholungsheim im schweizerischen Männedorf erzählt, einem kleinen Ort am Züricher See. Da dieses Heim, das ungefähr 300 Gäste aufnehmen kann, nur etwa 45 Kronen im Monat kostet, ist Hallesby in der Lage, sich für einen dreiwöchigen Aufenthalt anzumelden, der ihm bei dem alten »Patriarchen« Samuel Zeller einige der gesegnetsten Tage seines Lebens bringen wird.

Das Erholungs- und Ferienheim in Männedorf ist 1852 von der Krankenschwester Dorothea Trudel, genannt Jungfer Trudel, gegründet worden. Sie war eine frohe Christin, die ihren Auftrag darin sah, Menschen in schweren seelischen Krankheiten zu helfen. Durch ihre persönliche Ausstrahlung und ihre Opferbereitschaft schuf sie eine Atmosphäre, in der viele Menschen Heilung und Hilfe finden konnten. 1857 kam der deutsche Lehrer Samuel Zeller, der psychisch angeschlagen war, nach Männedorf. Er fand dort Heilung und wurde 1860 Mitarbeiter von Schwester Trudel. Als der junge Theologe aus Norwegen nach Männedorf kommt, ist Zeller schon ein alter Mann, der seit beinahe 50 Jahren mit der geistlichen Leitung des Erholungsheimes betraut ist.

In einem Brief vom 15. August 1908 teilt Ole Hallesby seinem Vater mit, er durchlebe gerade eine entscheidende Phase seines Lebens, wobei er schon seit der ersten Stunde in Männedorf wisse, daß Gott ihn hier mit einem besonderen Erweis seiner Gnade und seines Segens überraschen wolle.

Er bleibt 23 Tage bei Samuel Zeller und erlebt eine für sein geistliches Leben bedeutungsvolle Zeit. Die Atmosphäre des Hauses ist von Frieden und Freude, Harmonie und Ruhe erfüllt. Zeller, der als Mensch und als geistliche Persönlichkeit den Mittelpunkt der Heimgemeinschaft darstellt, erreicht mit seiner Offenheit, seiner Mitmenschlichkeit und seinem ansteckenden Humor, daß sich jeder einzelne hilfesuchende Gast in der großen Familie des Hauses wohlfühlt. So schreibt Ole Hallesby in tiefer Anerkennung: »Er geht unter uns einher als eine plastische Verkörperung lebendigen Christentums.«

Dem aus diesen Wochen stammenden Brief Hallesbys an den Vater können wir entnehmen, daß Samuel Zeller schon bald entdeckt, welche Möglichkeiten für Gottes Reich in dem jungen norwegischen Theologen verborgen liegen. Zwei Wochen lang darf Hallesby im Speisesaal an Zellers Tisch sitzen, und aufgrund der Unterhaltung bei Tisch kommt es auch zu persönlichen Gesprächen unter vier Augen.

Unter Zellers Kanzel ist Ole Hallesby immer wieder aufs neue beeindruckt von der Verkündigung dieser prophetischen Gestalt, die gekennzeichnet ist von einer eigenartig einfältigen, geistgewirkten Vollmacht. Seine Ausführungen, die das Gewissen, den Willen und den Verstand gleichermaßen ansprechen, bestechen durch Klarheit und geben nachdenkenswerte Anstöße. Es ist, als würde die ganze Heilige Schrift vor dem inneren Auge des Predigers aufgeschlagen daliegen.

Plötzlich wird sich Hallesby bewußt, daß die Tage bei Zeller in Männedorf ihrem Ende entgegengehen. Diese Zeit hat zu seiner geistlichen und körperlichen Erholung geführt; zugleich spürt er, daß etwas für sein Leben ganz Bedeutendes noch aussteht.

Als er Samuel Zeller um ein persönliches Beichtgespräch bittet, erlebt er im Bekennen seiner Schuld eine tiefe innere Verwandlung. So klein und leer hat er sich bisher noch nicht gefühlt. Aber dann erfährt er im persönlichen Zuspruch der Vergebung den Segen Gottes: »Und ich habe es gewiß nicht oft in meinem Leben erfahren, daß mich ein so sanftes und seliges Glück berührte wie in jenem Augenblick, da er mir aufgrund des Wortes Gottes die Absolution erteilte.«

Einige Tage später fragt er Zeller, ob dieser ihn ordinieren könne. Hallesby ist zu der Auffassung gelangt, daß nicht nur Pfarrer, sondern auch theologische Lehrer zu ihrer Tätigkeit ordiniert werden sollten. Zeller erklärt sich bereit, und so betet er nach apostolischem Vorbild mit dem künftigen Theologieprofessor und legt ihm dabei die Hände auf.

Es wird viele Jahre dauern, bis die Öffentlichkeit in Norwegen von dem denkwürdigen Besuch bei Samuel Zeller erfährt. Die engsten Freunde und Mitarbeiter merken dennoch sehr schnell, daß ein neuer, charakterfester Ole Hallesby von der Auslandsreise zurückgekehrt ist, der in einem Brief an den Vater die Überzeugung ausspricht, Gott selbst habe ihn zum Studium nach Deutschland geschickt.

Sein zukünftiger Lebensweg ist nun abgesteckt: Er will dem Leben in Demut und Gehorsam begegnen.

Der Aufenthalt in Männedorf hat Ole Hallesby eine neue Lebensperspektive gegeben. Darin liegt wohl auch der Grund dafür, daß er viele Jahre später den vollmächtigen Seelsorger Samuel Zeller folgendermaßen skizziert: »Das, was ihn in meinen Augen als Verkündiger am meisten auszeichnete, war dies: Mich umgab sogleich Gottes Gegenwart, wenn ich Zeller hörte. Ich sah mich selbst, und ich sah Gott so deutlich, wie ich es – wenn ich mich recht erinnere – sonst nie erlebt habe. Nie habe ich deutlicher erfahren, was geschrieben steht: ›Gottes Wort dringt durch, bis es scheidet Mark und Bein und ist ein Richter der Gedanken und Sinne des Herzens.‹ Ich glaube nicht, daß ich übertreibe, wenn ich sage, nie jemand gehört zu haben, der gebetet hat wie er. Ich hatte noch nie jemanden gekannt, der soviel von Gott erwartete und so wenig von seinem eigenen Gebet. Er erzählte Gott nur, was nötig war, und war gewiß, daß Gott alles übrige tun würde. Sein Gebet war ein ehrfürchtiges, aber natürliches Gespräch mit Gott.«

Nach dem Erlebnis in Männedorf wendet sich Hallesby wieder völlig seiner Dissertation zu, die er einreichen muß, um den philosophischen Doktorgrad zu erlangen. Für einen Theologen, der einen Lehrstuhl in Dogmatik übernehmen soll, ist es sicherlich von Vorteil, wenn er mit einem sichtbaren Zeugnis seiner akademischen Qualifikation wieder nach Hause zurückkommt. Nach dem aufsehenerregenden Streit um den theologischen Kurs an der Universität Oslo und der Entscheidung zugunsten einer liberalen bekenntniswidrigen Theologie steht zudem fest, daß dort niemals eine schriftgemäße dogmatische Arbeit mit der Verleihung eines theologischen Doktortitels ausgezeichnet würde.

Ole Hallesby arbeitet deshalb umso intensiver an seiner philosophischen Abhandlung. Er ist schon lange genug in Deutschland, um zu wissen, daß die Promotion in Deutschland eine Art »akademische Gesellenprüfung« ist, in der der Doktorand zeigen soll, daß er selbständig wissenschaftlich arbeiten kann. Er freut sich, daß er mit der Arbeit rascher vorankommt als er anfangs gedacht hat. Bereits am 20. November 1908 reicht er die in deutscher Sprache verfaßte Dissertation ein, deren Titel lautet: »Johannes Volkelts Erkenntnistheorie. Eine Darstellung und Kritik«.

Um das Ergebnis macht er sich keine Sorgen; er weiß, daß er das beste gegeben hat, was ihm mit seinen momentanen Kenntnissen möglich ist. »Es ist ein eigenartiges Gefühl, wenn ein so großes und schweres Stück Arbeit hinter einem liegt und – man beachte – wenn der Herr mitgearbeitet hat und man weiß, daß es der Gnade des Herrn zu verdanken ist, daß sie nun fertig ist.«

Am letzten Tag des Jahres 1908 benachrichtigt ihn Professor Falchenberg, daß die Doktorarbeit angenommen sei. Am 9. Februar 1909 findet die mündliche Prüfung statt, gefolgt von der Promotion am 12. Februar. Ole Hallesby wird der philosophische Doktortitel mit der Auszeichnung »magna cum laude« (mit besonderem Lob) verliehen.

Drei Tage später verläßt er Erlangen, um die Heimreise nach

Norwegen anzutreten. Rückblickend kann er feststellen, daß sein Auslandsaufenthalt alles in allem gut verlaufen ist und daß die Besuche der deutschen Universitäten und damit die Vorlesungen bei führenden Gelehrten wie Carl Stange, Reinhold Seeberg, Julius Kaftan, Ludwig Ihmels und Ernst Troeltsch wesentlich zur Erweiterung seiner wissenschaftlich-theologischen Kenntnisse beigetragen haben.

Auf der Heimreise verbringt er auch noch eine Woche an der Universität Halle, um den hervorragenden Theologen Martin Kähler zu hören, der vor einem vollen Auditorium spricht. Hallesby meint jedoch zu bemerken, daß der redegewandte Professor mit den silbergrauen Haaren seine Worte mehr nach dem Geschmack der Galerie wählt. In einer seiner Vorlesungen spöttelt Kähler sogar über die lutherische Sakramentslehre, so daß die Zuhörer laut auflachen. Eine derart respektlose Haltung dem Sakrament gegenüber kann der Theologe aus Norwegen nicht akzeptieren, und er ist überzeugt, daß der »Kirchenvater« Martin Luther mit seinen deutschen Nachfolgern wohl ein ernstes Wörtchen zu reden hätte.

Die verbleibenden zwei Wochen in Deutschland nutzt Dr. phil. Ole Hallesby dazu, die Luther-Gedächtnisstätten in Eisenach zu besuchen. Mit den bewegenden Eindrücken, die er dort besonders bei der Besichtigung der Wartburg gewinnt, tritt er schließlich den letzten Teil seiner Heimreise an, in der sicheren Gewißheit, daß Gott ihn während der Zeit in Deutschland reich gesegnet hat.

Als er am 17. März 1909 wieder in Oslo eintrifft, fährt er sofort weiter nach Hallesby Söndre, wo sein Vater und seine Freunde gespannt den Ausführungen folgen, in denen der frisch promovierte Doktor über seine Erlebnisse im »großen Ausland« berichtet. Die Leute im Dorf merken, daß ihr Mitbewohner im Begriff steht, eine Lebensaufgabe anzunehmen, die ihm einen größeren Horizont und ein weiteres Wirkungsfeld eröffnen wird.

Im Laufe der Jahre wird sich jedoch zeigen, daß sich Ole Hallesby innerlich niemals wirklich von Aremark trennt. Jeden Sommer zieht es ihn zurück auf den Erbhof und in die Wälder der Umgebung. Er ist mit Stolz ein Bauernsohn, dem es zugefallen ist, Professor der Theologie zu werden. Aber immer, wenn die Sommerferien vor der Tür stehen, ist es, als würden ihn die väterliche Erde und der Wald auf den heimatlichen Hof Hallesby Söndre zurückrufen.

ANNE MARIE (MIA) RIDDERVOLD

Eine glückliche Familie in Vinderen

Ungefähr eine Woche nach seiner Rückkehr aus Deutschland fährt Ole Hallesby nach Oslo, um dort ein Gespräch mit Sigurd Odland zu führen. Der einst an der Universität tätige Theologe, der mehr als jeder andere zur Gründung der Gemeindefakultät beigetragen hat, hat trotz aller Widerstände stets an seinem ehemaligen Studenten als möglichem Professor für Systematische Theologie festgehalten, obwohl dies zuweilen recht unsicher erschien.

Hallesby weiß, daß er für das Vertrauen, die Geduld und die materielle Hilfe, die ihm entgegengebracht wurde, zu großem Dank verpflichtet ist. Es ist nicht nur sehr großzügig gewesen, daß Dr. Odland eine Spendenaktion initiierte, um den Aufenthalt in Deutschland zu ermöglichen, ohne dafür von Ole das bindende Versprechen zu verlangen, daß er nach dem Studienaufenthalt Professor für Dogmatik werde. Darüber hinaus hat Odland den Stipendiaten Hallesby auch während der Studienzeit in Leipzig und Erlangen mehrfach finanziell unterstützt; der letzte Betrag wurde für die anfallenden Druckkosten der Dissertation verwendet.

Zwischen den beiden Männern bestand in den 14 Monaten, die Hallesby in Deutschland verbracht hat, ein reger Briefwechsel. Nun aber können sie endlich ein langes und offenes Gespräch miteinander führen, in dem es auch um Hallesbys Treue zum lutherischen Bekenntnis geht. Zweifellos ist Sigurd Odland selbst kein Vertreter der »hochkirchlichen Richtung«, aber andere – mehr die Bedeutung des kirchlichen Amts betonende – Mitglieder des Vorstandes und des Kuratoriums der Gemeindefakultät haben gegen die Berufung von Ole Hallesby noch Bedenken. Einige von ihnen haben den radikalen Erweckungsprediger noch nicht persönlich kennengelernt, und niemand weiß, welchen theologischen Standpunkt er nach seinem Deutschlandaufenthalt einnimmt. Zwar haben Peter Hognestad und Edvard Sverdrup über ihre Begegnung mit Hallesby in Leipzig sehr Erfreuliches berichtet, aber die für die Fakultät Verantwortlichen wollen die Gewißheit haben, daß sie für den äußerst wichtigen Lehrstuhl in Dogmatik den richtigen Mann anstellen.

Nachdem das für die weitere Entwicklung der Gemeindefakultät so bedeutungsvolle Gespräch mit beiderseits gutem Ergebnis geführt worden ist, betont Sigurd Odland in der darauffolgenden Vorstandssitzung, er sei nun völlig sicher, daß Ole Hallesby in seiner geistlichen und theologischen Grundhaltung ganz auf dem Boden des lutherischen Bekenntnisses stehe. Die Kritik an dessen distanzierter Haltung zur Amtskirche verstummt, als Odland einsichtig darlegt, daß sich eine freie evangelisch-lutherische Fakultät nicht an ein spezielles Kirchenverständnis binden lassen dürfe. Das offizielle Berufungsschreiben ergeht am 24. April 1909.

Nur wenige Tage später nimmt Ole Hallesby den Ruf im Vertrauen auf Gottes Gnade an, woraufhin er am 1. Mai 1909 zum Professor für Systematische Theologie an der Theologischen Gemeindefakultät in Oslo ernannt wird. Diese Funktion übt er aus, bis er am 20. Mai 1952, also 43 Jahre nach seinem Amtsantritt, in den Ruhestand geht. Von der ersten Stunde an lebt er dabei in der Gewißheit, daß Gott seiner Berufung ein festes Fundament gegeben hat.

Durch den Studienaufenthalt in Deutschland gereift, kann er nun seine Lehrtätigkeit aufnehmen. Zu seinem ersten Vorlesungssemester im Herbst 1909 äußert er sich: »Ja, Gott hat mich wunderbar geführt. Ich liebe meine Arbeit mehr als je zuvor, und nie empfand ich eine solche Freude, mit allem Freimut die Wahrheiten unseres christlichen Glaubens den jungen Männern anschaulich zu machen, nachdem ich nunmehr Ruhe und Zeit dazu habe, mich in den Spezialbereich der Dogmatik zu vertiefen.«

Der Sommer 1909 ist eine frohe und bereichernde Zeit für Hallesby, in der er sich ganz auf die Vorbereitung seiner ersten

Dogmatik-Vorlesungen konzentriert. Als er allerdings die Einladung erhält, bei einem christlichen Studententreffen zu sprechen, nimmt er gerne an. Das Treffen, das von Halvor Riddervold geleitet wird, soll in dem seit der verfassunggebenden Versammlung von 1814 berühmten Ort Eidsvoll stattfinden.

Unter den Teilnehmern ist auch die Lehrerin Mia Riddervold, die Zwillingsschwester Halvors, die später erzählt, daß sie in Eidsvoll während einer eindringlichen und leidenschaftlichen Predigt von Gustav Jensen den Entschluß gefaßt habe, mit ihrem Christsein endlich Ernst zu machen. Der alte Stiftspropst habe seine Ansprache mit der Frage abgeschlossen: »Und nun, meine jungen Freunde: Was wollt ihr heute auf Gottes Ruf antworten?« – Mia Riddervold erzählt weiter: »Darauf sagte ich ein deutliches Ja in meinem Herzen, und ich habe im Rückblick dieses Ja immer als Wendepunkt meines Lebens verstanden.«

Den sicherlich stärksten Eindruck auf die Studenten hinterläßt aber der junge Professor Ole Hallesby, der über das Thema »Gottes Kraft« spricht. Gegen Ende des Treffens führt Mia ein kurzes persönliches Gespräch mit ihm, das ihr unvergeßlich in Erinnerung bleibt. Dennoch ist sie immer dankbar dafür, daß sie einen Anfang im Glauben gemacht hat, noch bevor sich eine nähere Beziehung zu Ole anbahnt.

Nachdem Hallesby den Ruf zu einer akademischen Lehrtätigkeit angenommen hat, stellt er mit Erstaunen fest, daß Gott ihm eine zweifache Aufgabe anvertraut hat: Er wird Professor und bleibt doch zugleich wie bisher Evangelist, denn den Verkündigungsdienst kann und will er keinesfalls aufgeben. Sobald er am Samstagabend die Arbeit der Woche abgeschlossen hat, setzt er sich in den Zug und fährt in das geliebte heimatliche Smaalenene. Dort hält er am Sonntag mehrere Predigten, um sich dann in der kommenden Woche wieder seinen Vorlesungen an der Gemeindefakultät zu widmen. Es dauert nicht lange, bis sich die Predigtreisen ausdehnen und er regelmäßig auch in andere Städte und Dörfer eingeladen wird.

Im Juli 1910 nimmt er als Hauptredner an einer Landestagung für christliche Lehrer in Voss (bei Bergen) teil; innerhalb von acht Tagen hält er acht Referate und sieben Bibelstunden. Trotz dieser enormen Anstrengung ist es für ihn eine erfüllte Zeit, in der er vor allem die Gemeinschaft mit den vielen Lehrern als sehr bereichernd empfindet. Diese 560 Teilnehmer auf der Tagung zu erleben, läßt Ole Hallesby im Hinblick auf die christliche Erziehung an norwegischen Schulen neue Hoffnung schöpfen. Auch er will sich fortan mit praktischen Vorschlägen und konkreten Konzeptionen verstärkt dafür einsetzen.

Eine besondere Freude ist es für ihn, daß Mia Riddervold ebenfalls nach Voss gekommen ist. Vor einem Jahr, auf dem Treffen in Eidsvoll, hatte er den Eindruck, als sagte der Herr selbst zu ihm: »Hier ist die Frau, die Gott für dich bestimmt hat.« – Aber erst seit Anfang dieses Jahres treffen sie einander häufiger auf den Zusammenkünften des »Freundeskreises der Lehrer«, dessen Mitglieder sie sind. Nach den Versammlungen begleitet Ole die junge Mia Riddervold meist nach Hause, da sie beide in der Eilert-Sundts-gate wohnen. Mia findet es dabei immer sehr angenehm, wenn der Heimweg an den hellen Frühjahrstagen etwas länger wird, und es ist ihr ganz recht, auf einer Bank im Frognerpark eine kleine Ruhepause einzulegen.

Die Liebe zwischen beiden reift heran, und so entschließt sich Ole Hallesby ungefähr in der Zeit der Lehrertagung in Voss, Mia Riddervold zu bitten, seine Frau zu werden. Am 7. Oktober 1910 verloben sie sich in aller Stille, denn sie wollen ihr Glück gern noch einige Tage für sich behalten. Am Abend der Verlobung schreibt Ole den folgenden Brief an seinen Vetter Anders:

Lieber Anders,
ich habe Dir eine ganz wichtige Neuigkeit mitzuteilen: Ich bin seit heute verlobt. Die Verlobung ist also noch nicht alt. Ich bin glücklich wie ein Vogel, und ich will es Dir nun schreiben, nachdem ich es auch meiner Familie geschrieben habe. Ich bin nicht in der Lage, Dir heute abend viel zu schreiben, denn Kopf und Herz sind übervoll. Aber ein wenig muß ich mit Dir reden. Du denkst vielleicht, ich hätte es schon eher tun sollen, aber ich konnte es nicht. Du hast gewiß Verständnis dafür, daß ich darüber nicht mit Dir sprach. Erst im Sommer habe ich mich entschieden, mich ihr zuzuwenden. »Aber wer ist sie,« fragst Du, »und wie sieht sie aus?« Sie heißt Anne Marie Riddervold und ist die Tochter von Pfarrer Julius Riddervold. Sie ist 28 Jahre alt, blond und blühend wie eine Rose. Sie ist zu Gott bekehrt, das ist das Wichtigste. Auf dem Treffen in Eidsvoll im letzten Jahr wurde sie zum Glauben erweckt, und sie hat seitdem zum vollen Frieden mit Gott gefunden.

Als ich das sicher wußte, entschloß ich mich, sie zu bitten, meine Frau zu werden. Aber erst im Sommer bekam ich Klarheit darüber. Wir haben die Verlobung noch nicht öffentlich bekanntgegeben, weil wir gerne mit unserem Glück noch eine Weile allein sein wollen, einige Tage jedenfalls, bis es dann alle Welt kommentieren mag. Deshalb sei bitte so lieb und schweige darüber. Erzähl bitte niemandem davon, bis es in den Zeitungen zu lesen ist. Aber Dir mußte ich es doch schnell schreiben und Dich an meiner Freude und meinem Glück teilhaben lassen. Ach, ich bin Gott so dankbar für all das Gute, das er an mir getan hat. Er führt alles so wunderbar.

Liebe Grüße
Dein ergebener Ole

Anne Marie Riddervold, die aus einer bekannten Beamtenfamilie stammt, ist am 24. Februar 1882 in Ullensvang, am Hardangerfjord bei Bergen, geboren. Mit ihrem Zwillingsbruder Halvor verbindet sie lebenslang eine innige Beziehung und tiefe Freundschaft.

Julius Riddervold (1842-1921), der Vater von Anne Marie (Mia), ist außerordentlich begabt und hat schon mit 21 Jahren ein hervorragendes theologisches Examen abgelegt. Er hat ein friedfertiges und stilles Wesen, ist ein Mann des Gebetes, aber auch ein packender Verkündiger. 1888 wird er zum theologischen Lehrer am Praktisch-Theologischen Seminar der Universität Oslo berufen. Da er jedoch an den Spätfolgen einer in der Jugend erlittenen Tuberkuloseerkrankung leidet, muß er sich schon sechs Jahre später, 1894, auf eine ruhige Pfarrstelle versetzen lassen. Er wird Pfarrer in Holla, und so darf Mia einige unvergeßliche Jahre ihrer Kindheit und Jugend in der schönen Provinz Telemark erleben.

Im Jahr 1900 ist Julius Riddervold aus gesundheitlichen Gründen gezwungen, in den Ruhestand zu gehen, so daß sich die Familie in Hövik, in der Nähe von Oslo, niederläßt. Nun kommt Mia häufiger mit den zahlreichen Vettern und Cousinen und den älteren Verwandten der großen Riddervold-Familie zusammen.

Schon früh entschließt sie sich, Lehrerin zu werden, und so bewirbt sie sich erfolgreich am Lehrerseminar in Oslo. Den Unterricht dort findet sie zwar geistig wenig anregend, aber das hindert sie nicht daran, das Studium ernst zu nehmen. Im Abschlußzeugnis erhält sie in sieben Fächern die Note »besonders tüchtig«;

vor allem ist sie stolz darauf, diese Note auch in praktischer Pädagogik erhalten zu haben.

Mia Riddervold hat Glück, denn sie kann ständig auf Aushilfestellen an verschiedenen Schulen in Oslo unterrichten. Die tägliche Arbeit mit den Schülern bereitet ihr dabei ungemein viel Freude. Als sie 1909 zum Studententreffen in Eidsvoll fährt, hat sie gerade ihre erste feste Anstellung erhalten.

Für Ole bedeutet die Liebe zu Mia das Tor zu einer neuen Welt. In einem Brief an einen Freund schildert er diese Veränderung in seinem Leben mit folgenden Worten:

»Gott hat mir in dieser Zeit so viele Dinge geschenkt, von denen ich vorher nicht wußte, daß ein Mensch sie erleben kann. Jetzt verstehe ich das biblische Wort besser: ›Es ist nicht gut, daß der Mensch allein sei.‹ Nein, das ist wirklich nicht gut. Die Freude, die jemand erlebt, der sein ganzes inneres und äußeres Leben mit einem anderen teilen kann, bleibt einem unbekannt, solange man allein ist. Es ist außerdem merkwürdig, wie jetzt alles, was man sich vornimmt und erlebt, in einem völlig neuen Zusammenhang erscheint. Das Leben hat nun einen bestimmenden Mittelpunkt bekommen, um den sich alles dreht.«

Am 15. Juni 1911 werden Ole und Anne Marie Hallesby von Pfarrer Olaf Riddervold-Olsen getraut. Die sich daran anschließende Hochzeitsreise führt mit einem Frachtschiff den weiten Weg hinauf nach Tromsö, wo Hallesby auf einer Lehrerkonferenz sprechen soll. Das frisch vermählte Paar wohnt im Haus des Bischofs P. Böckman, der sich als ein Freund der Gemeindefakultät besonders darüber freut, den neuen Dogmatikprofessor dieser Fakultät kennenzulernen. Rechtzeitig zum Semesterbeginn im September 1911 ist das Ehepaar Hallesby wieder in Oslo zurück.

Seit frühester Kindheit ist Ole Hallesby damit aufgewachsen, daß Ordnung und Sparsamkeit in finanziellen Dingen unbedingt erforderlich sind. Jetzt aber steht ihm ein Jahresgehalt von immerhin 3200 Kronen zur Verfügung, das ihm ermöglicht, sich zusammen mit Mia ein gemeinsames neues Heim einzurichten.

Im Jubiläumsjahr 1914 (100 Jahre norwegisches Grundgesetz) beziehen sie ein Haus im Vorort Vinderen am nordöstlichen Stadtrand von Oslo, wo sie ihr ganzes Leben verbringen werden. Der Preis für das Haus beträgt 27 000 Kronen, weit mehr als die

Eheleute Hallesby besitzen, so daß der größte Teil davon mit einem Kredit finanziert werden muß. Zum Haus gehört ein 20 Ar großes Landstück mit gutem Boden, aus dem Hallesby einen Mustergarten macht, der bei einem Wettbewerb der Stadtverwaltung sogar mit einem Preis ausgezeichnet wird.

Durch ihren Wegzug aus dem Stadtzentrum von Oslo verlassen die Hallesbys die unangenehme Atmosphäre der Großstadt. Oslo ist zu dieser Zeit gekennzeichnet von einer tiefen Kluft zwischen Weststadt und Oststadt, zwischen den Wohnvierteln der Bürger und denen der Arbeiter.

In der kalten Jahreszeit wohnen sie nun in einer friedlichen Abgeschiedenheit in ihrem eigenen Heim in Vinderen, und im Sommer ziehen sie mit Beginn der Ferien auf den väterlichen Hof Hallesby Söndre. Die gesellschaftlichen Umwälzungen im Norwegen der ersten Hälfte des 20. Jahrhunderts erleben sie so nur aus der Ferne.

Ole Hallesby weiß, daß der Kampf, zu dem er berufen ist, anderen wichtigeren Zielen gilt als politischen oder gesellschaftlichen Reformen. Er hat am eigenen Leib erfahren, wie schwer es ist, sich in einer Umgebung behaupten zu müssen, die allem Christlichen abgeschworen hat. Im Gymnasium und an der Universität wird die Heilige Schrift kaum beachtet oder ganz verworfen. Das geistige Leben und die Kultur in Norwegen orientieren sich immer mehr an Vorbildern aus einem säkularisierten Europa, das den christlichen Glauben und die christliche Moral ablehnt. In seiner rationalistischen Verblendung ist er ja selbst einmal ein Leugner des christlichen Glaubens gewesen; den modernen Kulturverfall hat er jedoch nie gutgeheißen.

Als Norwegen im Jahr 1905 die Unabhängigkeit erlangt und es überall im ganzen Land mächtige Erweckungen gibt, hegt Hallesby große Hoffnungen für eine umfassende geistliche Erneuerung des norwegischen Volkes. Seine Hoffnungen erfüllen sich jedoch nicht; 1910 schreibt er an einen Freund in Schweden: »Ich beobachte hier in meinem geliebten Vaterland, wie die Entwicklung nach 1905 weitergeht. Die nationale Unabhängigkeit, die Gott uns schenkte, haben wir bereits in mehrfacher Hinsicht zu falscher Selbstsicherheit und Gottesverachtung mißbraucht. Das kann auf lange Sicht nicht ungestraft bleiben. Denk nur an Björnsons Begräbnis (Björnson: bekannter norwegischer Dichter). Wie haben da die Menschen Gott die Ehre geraubt und sie dem Geschöpf gegeben – auf eine Art und Weise, wie das in unserem Land bisher noch nie der Fall war.«

In dem Jahr, in dem die Familie Hallesby ihr neues Haus in Vinderen bezieht, beginnt der Erste Weltkrieg. Der Kriegsausbruch ist ein Schock für das norwegische Volk, das nie gelernt hat, in weltpolitischen Kategorien zu denken. Erst neun Jahre zuvor hat das Land – ohne Waffeneinsatz und ohne Blutvergießen – die nationale Unabhängigkeit errungen. Man lebt in Norwegen nicht nur in der friedlichsten Ecke Europas, sondern vertritt weithin auch die völlig wirklichkeitsferne Auffassung vom Sieg der menschlichen Vernunft: Wie kann der moderne Mensch überhaupt noch Krieg führen?

Dann aber beginnt in den Augusttagen 1914 dennoch der Krieg, der Norwegen dazu zwingt, eilig die großartige Jubiläumsausstellung abzubrechen, die aus Anlaß des märchenhaften Aufstiegs der Nation seit der verfassunggebenden Versammlung 1814 organisiert worden war.

Die Menschen ahnen noch nicht im geringsten, was die Zukunft Europa in den nächsten Jahren bringen wird. Es gibt zwar – neben Panikeinkäufen von Lebensmitteln – auch einen gewissen religiösen Aufbruch, aber man hält den Krieg allgemein für eine Dummheit und denkt nicht, daß er lange dauern wird; und falls doch: Norwegen werde sicher von dem Völkerkonflikt »draußen in der großen bösen Welt« verschont bleiben.

Das Verhalten seines Volkes während des Ersten Weltkrieges bleibt Ole Hallesby zeit seines Lebens in schmerzlicher Erinnerung. In einem Brief vom 7. Juni 1945 äußert er rückblickend die Ansicht, Norwegen habe in dieser Zeit seine moralischen Ideale vergessen: »Während des Ersten Weltkrieges schonte Gott Norwegen. Wir befanden uns damals abseits vom Kriegsgeschehen und bekamen die kriegsbedingten Schwierigkeiten nur bei der Beschaffung von Nahrung und Kleidung zu spüren. Das ernste Wort, das Gott in den Jahren 1914 bis 1918 in unserer Welt sprach, blieb in Norwegen ungehört. Das Gegenteil war der Fall: Nie hat wohl unser Volk zügelloser gelebt als in diesen Jahren; und das übersteigerte Streben nach Wohlstand, das damals unser Volk ergriff, brandmarkte uns mit einem unauslöschlichen Schandfleck.«

In all den Jahren, im Krieg ebenso wie im Frieden, lebt die

Familie Hallesby still und bescheiden in ihrem Haus im Haakon-der-Gute-Weg 1 in Vinderen. Oles Tagesablauf ist äußerst streng geregelt; in seinem Lebensstil soll sich widerspiegeln, daß er an Gottes Schöpferwillen gebunden ist. Er weiß, daß er im Dienst eines guten und mächtigen Herrn, eines milden und fürsorglichen Heilands steht. Sein Arbeitstag während eines Winterhalbjahres sieht regelmäßig so aus: Nachdem er gegen 7.00 Uhr aufgestanden ist, verläßt er nach dem Frühstück und der Andacht um 8.15 Uhr das Haus und geht zu Fuß zur Gemeindefakultät, wo im Anschluß an eine Gebetsversammlung die Vorlesungen um 9.15 Uhr beginnen. Eine Stunde später findet der Unterricht in Glaubenslehre an der Bibelschule statt. Um 11.00 Uhr geht er wieder zurück nach Vinderen, wo er gegen 11.40 Uhr eine kleine Zwischenmahlzeit einnimmt. Dadurch, daß er jeden Tag und bei jedem Wetter den Weg zwischen Heim und Gemeindefakultät zu Fuß zurücklegt, verschafft er sich die für ihn notwendige körperliche Bewegung. Der weitere Tag von 12 bis 21 Uhr ist ausgefüllt mit theologischen Studien, literarischer Tätigkeit, Korrespondenz, Gebet und Zeiten persönlicher Stille vor Gott. Zwischendurch nimmt die Familie die Hauptmahlzeiten gemeinsam ein, wobei sich stets die Gelegenheit zum Gespräch miteinander ergibt. Um 22 Uhr geht Ole Hallesby zu Bett. Nach den Anstrengungen des Tages fällt er rasch in einen tiefen und erholsamen Schlaf.

Hallesby erledigt die anfallenden Arbeiten nicht einfach aufs Geratewohl, sondern er bemüht sich immer darum, nichts unerledigt auf seinem Schreibtisch liegen zu lassen. Das gilt besonders für die persönlichen Antwortbriefe auf zumeist seelsorgerliche Fragen, die er all denen schreibt, die Rat und Hilfe bei ihm suchen. Auf die Beantwortung der Briefe bereitet er sich gewissenhaft im Gebet vor, und nie fertigt er Kopien von seinen vielen persönlichen Schreiben an. In manchen Jahren sind es bis zu 2000 Briefe, die vom Schreibtisch in Vinderen aus Menschen in ganz Norwegen und darüber hinaus erreichen.

Mia und Ole Hallesby führen ein sehr gastfreundliches Haus, auch wenn dies weniger durch Einladungen zu großen gesellschaftlichen Feiern sichtbar wird. Mia ist eine liebenswürdige und offene Christin, die gerne als Hausfrau an der Seite ihres Mannes steht, den sie, wo immer es möglich ist, unterstützt, damit er seinen Dienst für Gottes Reich ausüben kann. Mit ihrer ansteckenden Fröhlichkeit, die aus ihrem Glauben entspringt, und ihrer Freude an der Arbeit schafft sie das, was sie als ihre Aufgabe ansieht: ein behagliches Zuhause, in dem sich ihr Ehemann und die drei Kinder Christen, Helge und Anne Marie wohlfühlen sollen.

Die Erziehung der Kinder liegt in deren ersten Lebensjahren vorwiegend in den Händen der Mutter, die als Lehrerin die besten Voraussetzungen dafür besitzt. Ole arbeitet zumeist im Studierzimmer, wo er die nötige Zeit und Ruhe findet, sich auf seine Gedanken zu konzentrieren. Bei der Abendandacht ist er jedoch stets wieder mit der Familie zusammen, und dann singen sie fröhliche Lieder miteinander. In der Erinnerung an die frühe Kindheit bleibt bei den Kindern der Eindruck haften: »Vater kam aus seiner Welt, wir spielten in unserer.«

Als die Kinder heranwachsen, entsteht immer mehr ein enges Vertrauensverhältnis zwischen den Jugendlichen und ihrem Vater. Sohn Christen hat das fröhliche Familienleben in Vinderen einmal so skizziert: »Wenn der Vater am Abend des Tages die Füllfeder aus der Hand gelegt hatte und die Familie in seinem Arbeitszimmer gemütlich beisammensaß, erwies sich Vater als begabter Erzähler, der selbst gerne erzählte und der einen ausgeprägten Sinn für Humor besaß. Er hatte ein ausgezeichnetes Gedächtnis und so berichtete er aus seiner Kindheit auf dem Dorf, von Hausierern, Waldarbeitern, Kleinbauern und Hauslehrern, von starken Männern und tüchtigen Bauersfrauen und von so manchen Dorforiginalen. Einen besonders warmen Ton bekam seine Stimme, wenn er von den alten Haugianern erzählte. Kam er von seinen Reisen zurück, wußte er immer interessante Reiseberichte zu geben. Wenn Vater erzählte, rauchte er eine lange Pfeife, und dann fühlte er sich richtig wohl.«

In einem Punkt allerdings unterscheidet sich das harmonische Familienleben in Vinderen von anderen christlichen Familien in Norwegen: Der Professor, der so gerne zu Hause ist, ist jeden Sonntag unterwegs. Solange die Kinder zurückdenken können, erinnern sie sich, daß ihr Vater immer samstags mit seinem braunen Koffer, der berühmten Wolldecke und dem Schirm verreist, um in Stadt und Land das Wort Gottes zu verkündigen; erst am Sonntagabend oder am Montagmorgen kommt er wieder zurück nach Oslo. Dennoch klagt er nie darüber, daß er deshalb keinen einzigen freien Tag in der Woche hat, sondern er ist immer wieder froh und ermutigt über die Begegnung mit den Freunden der Gemeindefakultät, die ihm sein ganzes Leben lang sein »liebstes Herzenskind« ist.

Bei seinen vielen Reisen ist er Verkündiger des Evangeliums und zugleich auch »Bettelmönch«, der immer wieder große Spenden für die wichtige Arbeit der Gemeindefakultät anvertraut bekommt. Für viele tausend Christen in Norwegen ist er der Mann, der die Sache der Theologischen Gemeindefakultät verkörpert und der die Verantwortung für die Finanzen dieser akademischen Institution trägt. Wenn man ihm für seinen Einsatz dankt, dann gibt er diesen Dank stets an die Freunde im ganzen Land weiter, die die Gemeindefakultät mit ihrem Gebet und ihrem Opfer nie im Stich lassen.

Zuweilen spricht er auch im kleinen Kreis in großer Dankbarkeit von seiner treuen Frau Mia, die Jahr für Jahr geduldig damit lebt, daß sie die einsamste »Sonntagsehefrau« des Landes ist.

DIE ERSTEN JAHRE ALS PROFESSOR AN DER GEMEINDEFAKULTÄT

Pionierarbeit für die christliche Schulbewegung

Als Ole Hallesby im Herbstsemester 1909 seine erste Vorlesung als Professor für Systematische Theologie hält, spricht er vor 16 Studenten über spezielle Fragen der Dogmatik. Erst zwei Jahre später wagt er es, das Thema der dogmatischen Prinzipienlehre innerhalb einer Vorlesung zu behandeln. Diese Zurückhaltung ist sicher ein Anzeichen für Hallesbys bescheidene Selbsteinschätzung als Akademiker, denn er fühlt sich den Erwartungen an einen Theologen und Lehrer anfänglich noch nicht ganz gewachsen. Die radikale Entfremdung vom christlichen Glauben im Verlauf seines Studiums hat ihn nicht nur wertvolle Zeit und Kraft gekostet, sondern führt auch dazu, daß er sich nach seiner Umkehr, die sein ganzes bisheriges Denken auf den Kopf stellte, zunächst in einem theologischen Niemandsland befand. Weder während des anstrengenden Examensjahres noch während des Studienaufenthaltes in Deutschland hat er genügend Zeit zu Stille und Konzentration gefunden, die er zur Bildung einer eigenständigen und zutiefst persönlichen Theologie benötigt.

Ole Hallesby hat Freude an seiner theologischen Lehrtätigkeit, und er empfindet seine Arbeit als eine unbeschreiblich schöne Aufgabe, die ihm von Gott anvertraut ist. In den Anfangsjahren widmet er sich hauptsächlich der Arbeit mit den Studenten. Die großzügigen Arbeitsmöglichkeiten an der Gemeindefakultät geben ihm jedoch auch die Gelegenheit zu intensiver wissenschaftlicher Forschung und schaffen somit die Voraussetzung dafür, daß Hallesby zu dem qualifizierten Bekenntnistheologen wird, den die norwegische Kirche in den ersten Jahrzehnten des 20. Jahrhunderts braucht.

Weil er weiß, daß die erforderliche wissenschaftliche Vertiefung noch einige Zeit in Anspruch nehmen wird, hält er sich mit theologischen Publikationen für die Öffentlichkeit zurück. In den Jahren 1910 und 1911 läßt er lediglich seine Vorträge auf dem Lehrerkongress in Voss in der populärtheologischen Reihe »Zeitfragen – christlich beleuchtet« abdrucken. Sein eigenes theologisches Profil wird erst deutlich sichtbar, als es in der Tagespresse zu einer Auseinandersetzung mit dem Dogmatiker der Universität Oslo, dem Liberalen Johannes Ording, kommt.

In der Zeitung »Aftenposten« (Abendpost) erscheint am 25. September 1910 ein Artikel von Ording mit der Überschrift: »Die Gemeindefakultät und die Theologie«, auf den am 1. Oktober die Erwiderung von Ole Hallesby mit dem Titel »Der Unterschied zwischen positiver und liberaler Theologie« folgt.

Ordings größter Vorwurf an die neue Fakultät ist der, daß sie aufgrund ihrer Prinzipien nicht in der Lage sei, ihren Studenten eine wissenschaftlich-theologische Ausbildung zu geben. Es sei nämlich nicht die Aufgabe eines Theologieprofessors »praktisch-religiöse Inhalte« zu vermitteln, sondern es gehe im Gegensatz dazu bei der Theologie um eine rein wissenschaftlich-intellektuelle Arbeit.

Noch bevor Hallesbys Antwort auf Ordings Beschuldigungen veröffentlicht wird, hat der Dekan der Gemeindefakultät, Edvard Sverdrup, bereits in zwei scharfsinnigen Erwiderungen (»Aftenposten«, 27. und 28. September 1910) darauf hingewiesen, daß der durch den Universitätsprofessor vertretene Rationalismus ohne Zweifel deutlich mache, wie notwendig es gewesen sei, die unabhängige Gemeindefakultät zu gründen und zu fördern, um die Theologie und die Ausbildung der Pfarrer vor der Irrlehre der liberalen Theologie zu bewahren.

Ole Hallesby nimmt Ordings Betonung der exzeptionellen (ausschließlichen) Wissenschaftlichkeit der liberalen Theologie zum Ausgangspunkt seiner Antwort. Er vertritt die Auffassung, daß beide theologischen Richtungen in gleicher Weise mit den übrigen Wissenschaften und ihren neuesten Resultaten vereinbar sind. Der Unterschied zwischen positiver und liberaler Theologie liege also nicht auf der Ebene der Wissenschaftlichkeit, sondern er sei zurückzuführen auf den fundamentalen Unterschied im Verständnis des Glaubens und der Bibel.

Unter Hinweis auf seine eigene liberale Vergangenheit betont Hallesby, Ording und seine Freunde seien der Meinung, daß die biblische Offenbarung an zeitbedingte Vorstellungen gebunden sei; deshalb müsse die Gemeinde jeder Zeitepoche neu zwischen Schale und Kern, zwischen dem Zeitbedingten und dem ewig Unveränderlichen unterscheiden. In striktem Gegensatz zu dieser Auffassung bekennt sich der Dogmatikprofessor der Gemeindefakultät zum »Gotteswort der Bibel« als »einer ewigen göttlichen Wahrheit, unfehlbar und auf ewig für uns verpflichtend«. Schon zu diesem frühen Zeitpunkt seiner theologischen Laufbahn findet man also bei Hallesby die Überzeugung, die sein späterer Kollege Olaf Moe als »biblizistische Schriftauslegung« bezeichnet.

In diesem Zusammenhang ist es jedoch besonders bemerkenswert, daß der noch junge Theologe 1910 seine Erlösungstheologie nicht mit dem Hinweis auf das Wort der Schrift begründet, sondern diesbezüglich die Erfahrung des Glaubenden zugrundelegt. Die wissenschaftliche Aufgabe der Theologie besteht nach seiner Ansicht darin, das, was der Christ in seinem Glauben von Gott erkannt hat, darzustellen, zu analysieren und in einen größeren Zusammenhang einzuordnen. Diese Aufgabe der Theologie habe ihren Ursprung in dem Wunder der Wiedergeburt, die dem Glaubenden Anteil an den Heilstatsachen der biblischen Offenbarung gibt. In dieser Sichtweise folgt Hallesby, ohne es ausdrücklich zu erwähnen, dem Denken von Männern wie Bischof J.C. Heuch und Prof. Sigurd Odland, denen es darum ging, der humanistisch-liberalen Theologie eine kirchlich-bekenntnisorientierte Theologie entgegenzusetzen.

Ole Hallesby läßt es während der scharfen Pressefehde im Herbst 1910 bei dieser einen Erwiderung bewenden und schweigt auch, als Ording ausfällig wird und die Gemeindefakultät auf beleidigende Weise angreift, indem er behauptet, die neue Fakultät entwickle und verbreite eine verkrüppelte lutherische Orthodoxie. Von derart unqualifizierten Vorwürfen fühlt sich Hallesby nicht getroffen, ist er doch sicher, auf dem Boden einer lebendigen Theologie zu stehen, die sich auf die christliche Glaubenserfahrung und das Bekenntnis der Kirche gleichermaßen stützen kann.

Die Auseinandersetzung mit Professor Ording hat ihm aber erneut ins Bewußtsein gerufen, daß er an einer Ausbildungsstätte lehrt, die dazu verdammt scheint, verachtet von der akademischen Welt ihr Dasein zu fristen. Daran ändert sich auch in der Folgezeit nichts, denn die zahlreichen Gegner gießen weiterhin Spott und Hohn über der Gemeindefakultät aus. Schon Otto Jensen, der Kirchenminister in der Regierung Michelsen, hat spöttelnd prophezeit: »Da bekommen wir ein Seminar, wo die Wahrheit mit Löffeln eingetrichtert wird, Hausaufgaben auswendig gelernt werden müssen und jede aufkommende Frage mit Ausschluß und Entlassung bedroht wird. Am glücklichsten sind dort die Unwissenden, denn ihnen fällt es am leichtesten, orthodox zu sein.«

Als einer der Professoren an der neuen Gemeindefakultät sieht es Hallesby als seine Aufgabe an, das Gegenteil dieses weit verbreiteten, aber vollkommen ungerechtfertigten Vorurteils zu beweisen. Es wundert ihn sehr, daß die Theologische Fakultät der Universität zu ihrem hundertjährigen Jubiläum im Jahr 1911 ausgerechnet dem bekannten erzliberalen Theologen Dr. Adolf von Harnack die Ehrendoktorwürde verleihen will. Er kann sich noch gut daran erinnern, wie ihn in Berlin die geringe Zuhörerzahl bei dessen Vorlesungen erstaunt hat. Ole Hallesby ist überzeugt: Wenn die Theologische Fakultät der Universität der aktuellen Entwicklung so sehr hinterher hinkt, dann kann die Gemeindefakultät durchaus einmal einen "Platz an der Sonne" in der norwegischen Kirche bekommen, vorausgesetzt, man überläßt Gott die Verantwortung. Trotz seiner kritischen Haltung betet Hallesby dennoch jeden Tag auch für die Professoren der Theologischen Fakultät der Universität.

In den ersten zehn Jahren bleibt die Gemeindefakultät ein zartes Pflänzlein. Im Lehrerrat sind verschiedene kirchliche Strömungen vertreten, wobei das Spektrum von einem puritanischen Pietismus bis zu einem großzügigen, volkstümlichen und kulturoffenen Christentum reicht. Die vier an der Fakultät tätigen Professoren haben einen höchst unterschiedlichen kirchlichen und kulturellen Hintergrund. Sie sind alle ausgeprägte Individualisten, die sich in bezug auf Frömmigkeitsstil und persönliche Lebensgestaltung erheblich voneinander unterscheiden, wobei sie Luthers Prinzip von der Freiheit eines Christenmenschen in Anspruch nehmen. In den theologischen Grundfragen wissen sie sich jedoch alle ganz der Heiligen Schrift und dem lutherischen Bekenntnis verpflichtet. Sie leben täglich miteinander in geistlicher

Gemeinschaft, und ihr Verhältnis zueinander ist von ausgeprägtem gegenseitigen Vertrauen gekennzeichnet.

Noch bis 1923 ist die Gemeindefakultät in der dritten Etage eines ärmlichen Mietshauses in der Kristian-August-gate untergebracht. Diese Unterbringung drückt der Fakultät auch nach außen hin einen Stempel der Armut auf, der an den Tag zu legen scheint, daß eigentlich niemand weiß, wie lange dieses Experiment noch am Leben bleiben wird. Der Optimismus der Anfangszeit ist immer mehr im Schwinden. Leider fehlt von seiten des Vorstandes und des Kuratoriums die Initiative, die erforderlich ist, um die Gemeindefakultät als alternative theologische Ausbildungsstätte zu einer anerkannten akademischen Institution zu machen. Darüber hinaus beginnt, aufgrund der Kriegszeit und der aufkommenden finanziellen Schwierigkeiten, das Wachstum der Fakultät schon wenige Jahre nach ihrer Gründung zu stagnieren.

Es scheint, als würde auch Professor Odland müde. Seine Unzufriedenheit über die kirchliche Lage kommt schon 1911 bei der Generalversammlung der Inneren Missionsgesellschaft in Arendal zum Ausdruck, wo er als der amtierende Vorsitzende die Hauptreferate zu halten hat. Zur Beratung liegt ein Antrag vor, Männer und Frauen hinsichtlich des Stimmrechts und der Wählbarkeit in die Organe der Inneren Missionsgesellschaft – mit Ausnahme der Mitgliedschaft im Hauptvorstand – künftig gleichzustellen. Nach heftigen Auseinandersetzungen stimmt schließlich eine überwältigende Mehrheit für die vorgeschlagene demokratische Reform. Odland aber fühlt sich daraufhin auf einsamem Posten, da er meint, das Vertrauen der Freunde der Inneren Mission verloren zu haben. Die Niederlage, die er sehr persönlich nimmt, trifft ihn schwer, und so verständigt er den Vorstand der Inneren Missionsgesellschaft über seinen Rücktritt vom Amt des Vorsitzenden, das er 19 Jahre lang innegehabt hat. Nicht weniger als der Abstimmungsausgang schmerzt ihn die Tatsache, daß die Generalversammlung in Arendal seinen Fakultätskollegen Edvard Sverdrup zu seinem Nachfolger bestimmt.

Für Sverdrup und die Freunde der Inneren Mission bleibt es immer unverständlich, warum Odland das aktive und passive Wahlrecht für Frauen innerhalb der Missionsgesellschaft zu einer theologischen Kardinalfrage gemacht hat. Aber wenn sich der verdiente Theologe Odland einmal in einer Sache entschieden hat, dann ist nichts mehr daran zu ändern.

Es wird in dieser Zeit überdies immer deutlicher, daß Odland sich auch aus der Verantwortung für die Gemeindefakultät, die sein großes Lebenswerk ist, zurückziehen will. Als Geistesaristokrat und Junggeselle lebt er in einer eigenen Welt. Selten bittet er jemanden um Rat, und er sucht nie Vertraulichkeit. Trotz seiner Andeutungen ist es dennoch für alle überraschend, als Sigurd Odland 1915 ankündigt, zum Ende des Sommersemesters am 30. Juni 1916 von den Ämtern als Dekan und Professor an der Gemeindefakultät zurückzutreten. Sein Ausscheiden erklärt er vordergründig mit dem Hinweis auf eine königliche Verordnung von 1911, die Frauen das Recht zuerkannt hat, an kirchlichen Sitzungen teilzunehmen und Vorträge über äußere und innere Mission zu halten. Er könne deshalb nicht mehr guten Gewissens die innerhalb der Kirche arbeitende Gemeindefakultät leiten. Da diese vom Parlament gebilligte Verordnung jedoch bereits fünf Jahre in Kraft ist, scheint es viel wahrscheinlicher, daß der wahre Anlaß für Odlands Rücktritt darin besteht, daß er nach der großen Enttäuschung bei der Generalversammlung der Inneren Missionsgesellschaft in Arendal amtsmüde geworden ist. Auch von der theologischen Diskussion zieht er sich nun ganz zurück.

Das geschichtliche Verdienst von Professor Dr. Sigurd Odland um die Gemeindefakultät ist völlig unbestritten. Er, der auch die Belange der Inneren Missionsgesellschaft mit seiner ganzen Person zu vertreten suchte, wird immer »als ein großes und besonderes Geschenk an unsere Kirche« (Ole Hallesby, 1937) in Erinnerung bleiben.

Edvard Sverdrup, der besonnene Kirchengeschichtler, der 1911 bereits das Amt des Vorsitzenden der Inneren Missionsgesellschaft übernommen hat, wird auch als neuer Dekan der Gemeindefakultät Nachfolger von Sigurd Odland. Es soll sich bald herausstellen, daß er in dieser doppelten Führungsfunktion einen harten Kampf um die geistliche Linie in der norwegischen Kirche zu führen hat. Seine wichtigsten Mitstreiter sind bis zu seinem Tod im Jahr 1923 Ole Hallesby und Olaf Moe, der 1916 von der Universität auf den freigewordenen neutestamentlichen Lehrstuhl an der Gemeindefakultät überwechselt.

Hallesby nennt später einmal die Verbesserung seiner schriftlichen und mündlichen Ausdrucksfähigkeit als die wichtigste Aufgabe zu Beginn seiner Professorenlaufbahn. Er sieht es in diesen Jahren als seine Pflicht an, mit dem allgemein üblichen akademischen Vorlesungsstil zu brechen, der den Zuhörern durch eine schwer verständliche akademische Sprache und vieldeutige Ausdrucksweise imponieren will. Als evangelischer Theologe hat er erkannt, daß sowohl die klare Redeweise der Bibel als auch die reformatorische Botschaft Martin Luthers eine solche sprachliche Verdrehung und Verschleierung verbieten.

Da er in seiner Person logischer Denker und engagierter Erweckungsprediger zugleich ist, möchte er in seinen Vorlesungen eine Form der Darstellung finden, die dem Zuhörer eine reale Begegnung mit dem lebendigen Wort Gottes ermöglicht. Für ihn ist es eine existentielle Grundforderung, daß die Verkündigung der christlichen Wahrheit immer glaubensweckend sein muß.

Nach mehrjähriger intensiver Arbeit hat Ole Hallesby in bezug auf Sprache und Stil seiner Predigten, Vorträge und Veröffentlichungen wesentliche Fortschritte erzielt. Der entscheidende Durchbruch, so berichtet er selbst, sei 1912/1913 beim Abfassen einiger einfacher Andachten gekommen, die er für die Zeitschrift »For Fattig og Rik« (Für Arm und Reich, Zeitschrift der Inneren Mission) schreibt.

In den ersten zehn Jahren des Bestehens der Gemeindefakultät machen lediglich die Professoren Hallesby und Sverdrup mit populärtheologischen Schriften auf sich aufmerksam. So erscheint 1918 Edvard Sverdrups ebenso tiefgründiges wie fesselndes Buch »Vom christlichen Leben in Norwegen – die norwegische Lutherstiftung und die Norwegisch-Lutherische Innere Missionsgesellschaft von 1868 bis 1918«.

Ole Hallesby hat bis zu diesem Zeitpunkt bereits die folgenden Schriften veröffentlicht:

»Über das Wunder« (1910)
»Die christliche Lehre von der Sünde« (1911)
»Sünde und Gnade. Kurze Betrachtungen« (1913)
»Sünde und Gnade. Kurze Predigten« (1915)
»Die Versöhnung« (1917)
»Taufe – Kindertaufe« (1918)
»Vor dem Angesicht des Herrn« (1918).

In den ersten drei Jahren an der Gemeindefakultät muß Hallesby den größten Teil seiner Arbeitszeit für die Vor- und Nachbereitung von Vorlesungen aufwenden. Bereits 1912 aber hat er sich schon so gut eingearbeitet, daß er es sich erlauben kann, auch Aufgaben außerhalb der Fakultät – wie etwa den Vorsitz der Santalmission (Missionsarbeit in Indien) – zu übernehmen. Darüber hinaus sieht er immer mehr seinen besonderen Auftrag im Bereich der christlichen Pädagogik, und so wird es sich in den folgenden Jahren erweisen, daß er auf diesem Gebiet zum größten Bahnbrecher dieses Jahrhunderts in Norwegen wird.

Während seiner jahrelangen Tätigkeit als freier Evangelist lernt Ole Hallesby hunderte von christlichen Familien kennen. Er ist überall ein gerngesehener Gast, der nur geringe Ansprüche stellt, und er zeigt stets waches und warmherziges Interesse für die gastgebenden Familien, besonders für die Jugendlichen. Wann immer die Sprache auf die Schulbildung kommt, hört er ständig die Sorgen der Eltern, wenn sie ihre Kinder zur weiteren Schulbildung weggeben müssen. Fern von Zuhause erhalten die Kinder zwar eine bessere Schulbildung, aber sie stehen in Gefahr, ihren christlichen Glauben zu verlieren. Außerdem ist das Schulwesen zur damaligen Zeit so dürftig ausgebaut, daß die Kinder der Bauern große Schwierigkeiten haben, den Anforderungen der weiterführenden Schulen gewachsen zu sein.

Hallesby nimmt immer wieder diese Sorgen geduldig zur Kenntnis und denkt dabei an seine eigenen Schuljahre zurück, die ihm einsam und unausgefüllt erschienen sind. Er kennt auch die Gefahren und Versuchungen, in die man als junger Mensch in einer fremden städtischen Umgebung geraten kann. Zugleich aber stellt er mit Bedauern fest, was für einen unersetzlichen Verlust es für die Familien, für die Jugend und für ganz Norwegen bedeutet, daß viele hochbegabte Jungen und Mädchen nicht die Entfaltungsmöglichkeiten und Chancen bekommen, die ihnen eine bessere Ausbildung eröffnen könnte. Aus diesem Grund versucht Ole Hallesby, wenn er zu Verkündigungsreisen unterwegs ist, christlichen Familien in Ausbildungsfragen mit Rat und Tat zur Seite zu stehen. Er beobachtet dabei auch, daß das norwegische Volk von einem großen Wissensdurst erfaßt ist, der gestillt werden will.

Einige Jahre später, als er Professor an der Gemeindefakultät wird, hat er eine Eingebung: Gott, der Herr, ruft ihn zur Mitarbeit in der Schulbewegung, die die Gründung von christlichen Schulen anstrebt. Mia Hallesby erinnert sich noch viele Jahre danach, mit welcher Begeisterung ihr Mann 1910 zur Lehrerkonferenz nach Voss gekommen ist und wie überzeugend er dort dargelegt hat, welche große Bedeutung ein christliches Schulprogramm für die Jugend in Norwegen haben könnte.

Im darauffolgenden Jahr macht er sich zusammen mit Pfarrer Johan M. Wislöff und Freunden der Inneren Mission daran, im Bezirk Borge (Ostnorwegen) eine christliche Schule aufzubauen. Er freut sich sehr darüber, daß nun endlich das Interesse an einem christlichen Schulwesen erwacht ist. Dazu ist es allerdings unbedingt erforderlich, eine sorgfältig durchdachte Konzeption zu entwickeln, die den Erfordernissen der Zeit entspricht. Alles deutet darauf hin, daß es nicht genügen wird, ein Netz freier christlicher Schulen auf rein privater Basis aufzubauen; vielmehr ist es unerläßlich, die großen christlichen Verbände um ihre Mitarbeit zu bitten.

Schon Ende des 19. Jahrhunderts hat die christliche Schulbewegung erste Blütezeiten erlebt. Christian Bruuns (1839-1920) Reformideen, die er 1887 der Öffentlichkeit vorgestellt hat, fanden immer größere Zustimmung bei Politikern und Pädagogen. Auch die damals neu gegründeten christlichen Schulen in Notodden (Telemark) und Framnes (südwestlich von Oslo) zeugten davon, daß man zunehmend die Freiheit errang, für ein christliches Menschenbild in der Pädagogik einzutreten. Noch vor der Jahrhundertwende gelang der christlichen Schulbewegung die Gründung privater Lehrerseminare in Notodden und Volda (Westnorwegen), denen schon 1898 das Examensrecht zuerkannt wurde.

Im Jahr 1912 ist es dann Ole Hallesby, der ein Strategiepapier vorlegt, das frischen Wind und neue Ideen in die christliche Schulbewegung in Norwegen bringen soll. Seine Vorschläge werden in Form einer sechsteiligen Artikelserie zur selben Zeit in sämtlichen Zeitschriften der verschiedenen christlichen Verbände veröffentlicht, wodurch nicht zuletzt signalisiert wird, daß diese Sache nach Hallesbys Auffassung alle Christen in Norwegen angeht. Die Artikelserie trägt die beinahe lapidare Überschrift: »Die Innere Mission und die neue Zeit«. In den ersten drei Artikeln schildert Hallesby das christliche Erbe des norwegischen Volkes. Seit der Gewährung der uneingeschränkten Versammlungsfreiheit, so stellt er darin fest, habe sich das christliche Leben frei entfalten können; nun aber, einige Generationen später, lasse es sich nicht leugnen, daß sich geistliche Stagnation und Gleichgültigkeit bei den Gläubigen breitgemacht haben. Man weigere sich, neue Gedanken aufzunehmen und ungewohnte Wege zu gehen. Die Zurückhaltung gegenüber neuen Methoden habe beispielsweise dazu geführt, daß die Leute in der Inneren Mission eine bessere Ausbildung ihrer Verkündiger verhindert hätten. So dürfe man sich auch nicht wundern, daß man den Kontakt zu den Gebildeten ebenso verloren habe wie zur jungen Generation Norwegens. Nicht von ungefähr höre man überall die Klage: »Die Jugend kommt nicht!«

Nachdem Ole Hallesby die Situation schonungslos, aber sachlich angemessen, offengelegt hat, fährt er plötzlich überraschend optimistisch fort, indem er seinen Lesern versichert, ein möglicher und verheißungsvoller Weg aus dieser schwierigen Situation, der zugleich zu neuem Wachstum für die Erweckungsbewegung führe, sei die Förderung und der Ausbau der christlichen Schulen. Man müsse diesbezüglich sogar die Gründung eines christlichen Gymnasiums erwägen, das Jugendliche auf das Theologiestudium an der Gemeindefakultät und auf andere gehobene Berufe vorbereiten könne.

Hallesbys Ausführungen werden überall mit großer Aufmerksamkeit gelesen. Sein Appell kommt überdies gerade zur rechten Zeit, denn am 4. Mai 1912 hat das Parlament beschlossen, großzügig Mittel zum Ausbau des norwegischen Schulsystems zur Verfügung zu stellen. Im Hinblick auf die Lehrerseminare wünscht sich Hallesby, die Innere Mission solle das Ziel ins Auge fassen, in jedem der sechs Bistümer des Landes ein christliches Lehrerseminar zu errichten.

Von seiner epochemachenden Artikelserie sagt Hallesby später: »Hier brachte ich die ganze Schulproblematik zu Papier. Ich habe selten etwas mit solcher Begeisterung und solchem Eifer geschrieben. Der Gedanke fiel in den Herzen der Gläubigen im ganzen Land auf fruchtbaren Boden. Er stieß dabei nicht nur auf Zustimmung und Begeisterung, sondern rief auch Opferwillen und aktiven Einsatz hervor.«

Professor Ole Hallesby ist damals 33 Jahre alt und fest dazu entschlossen, sich zielbewußt und aufopferungsvoll für die christliche Schulbewegung einzusetzen. Dennoch kann er zu diesem Zeitpunkt kaum ahnen, daß er sich mit seinem aufrüttelnden Aufruf zu lebenslanger Mitarbeit in der Führung der christlichen Schulbewegung Norwegens verpflichtet hat. Es ist ein Wunder,

»daß der Appell eines einzigen Mannes überall eine so positive und umfassende Reaktion auslöste«. (Ivar Seierstad)

Der Gedanke, christliche Schulen zu gründen, findet in ganz Norwegen breite Zustimmung. Landesweit entsteht ein Netz lokaler Initiativen, die alle das Ziel haben, christliche Privatschulen zu gründen. Zwischen 1912 und 1923 kann dieses Vorhaben bereits an zwanzig Orten verwirklicht werden, und in den Folgejahren kommen weitere Schulen hinzu. Der stärkste Aufbruch in der christlichen Schulbewegung nimmt somit gerade in den Jahren seinen Anfang, die auf Ole Hallesbys wegweisende Artikelserie von 1912 folgen.

Später ist Hallesby immer ein willkommener und hochgeachteter Gast bei Besuchen in den christlichen Schulen, die im Laufe der Jahre eine geistliche und pädagogische Wirkung entfalten, wie sie 1912 keiner zu träumen gewagt hat. So werden dort in den beiden folgenden Generationen über 100 000 junge Norweger unterrichtet.

Bei der Gründung zweier christlicher Einrichtungen – eines Lehrerseminars und eines Gymnasiums – in der Hauptstadt des Landes im Jahr 1912 bestätigt sich einmal mehr, daß Ole Hallesby ein ungewöhnlich konsequenter Mensch ist. Wenn er ein landesweites Schulkonzept entwickelt und vorlegt, dann fühlt er sich auch dazu verpflichtet, den Worten Taten folgen zu lassen:

Im Frühjahr 1912 kursiert in Oslo das Gerücht, daß ein privates Lehrerseminar geschlossen werden soll. Hallesby erkennt diese Neuigkeit als einen direkten Fingerzeig Gottes, und so lädt er für den 20. März 1912 zu einer Besprechung in seine Wohnung ein, um zu klären, welche Möglichkeiten sich damit ergeben, ein christliches Lehrerseminar zu gründen.

Nach einer Gebetsgemeinschaft und eingehenden Beratungen kommt man überein, bei den sechs großen christlichen Verbänden Hilfe zu erbitten und diese aufzufordern, Repräsentanten aus deren Reihen zur konstituierenden Sitzung des Seminars zu entsenden. In zwei Beratungen an der Gemeindefakultät am 11. und 25. April 1912 werden die Satzung für das neue Lehrerseminar beschlossen und Vorstand sowie Ausschuß gewählt. Ole Hallesby, der Initiator, wird Mitglied in beiden Gremien.

Als man mit den Plänen zur Gründung des Christlichen Lehrerseminars an die Öffentlichkeit tritt, ruft dies bei den Gebildeten und vermeintlich Sachkundigen wie erwartet nur Spott und Hohn hervor. Aber Hallesby läßt sich dadurch nicht davon abhalten, ganz Ostnorwegen zu bereisen, um überall Spenden für das neue Seminar zu erbitten. Man will das Seminar noch im Herbst eröffnen und benötigt deshalb Lehrkräfte, Wohnraum und finanzielle Mittel. Ein Freundeskreis begleitet das Vorhaben im Gebet, vor allem in den Sommermonaten vor der Eröffnung.

Im Juni kann Ole Hallesby bekanntgeben, er habe mittlerweile auch einen leitenden Direktor für das Seminar gefunden. Der Ausschuß hat sich auf A.E. Leere als Wunschkandidat festgelegt. Der ehemalige Lehrer an der Missionsschule in Framnes scheint geeignet, diese schwierige Pionieraufgabe zu übernehmen. Er ist Pfarrer in Haugesund und zunächst eigentlich nicht gewillt, die Stelle aufzugeben. Als Hallesby gerade in Westnorwegen ist, benachrichtigt er Leere, er werde mit dem Schiff auf der »Nachtroute« Haugesund passieren; sie könnten sich doch dort an der Landebrücke treffen, um sich über seine Berufung zum Direktor des Lehrerseminars in Oslo zu unterhalten. Das Gespräch nimmt einen positiven Verlauf, und Pfarrer A.E. Leere (1869-1945) zieht noch im Herbst in die Hauptstadt um. Seinem außerordentlichen Einsatz ist es schließlich zu verdanken, daß das Christliche Lehrerseminar ab 1916 das Examensrecht und damit auch seine staatliche Anerkennung und Förderung erhält.

Kaum hat Ole Hallesby den geeigneten Direktor für das neue Lehrerseminar gefunden, hegt er bereits neue Pläne: Am 25. September 1912 trifft er sich mit einigen persönlichen Freunden zu einer Besprechung an der Gemeindefakultät, bei der es um die Gründung eines christlichen Gymnasiums geht. Im Gegensatz zu dem Aufbau des Seminars ist allerdings bei dieser Aufgabe davon auszugehen, daß weitaus mehr Schwierigkeiten entstehen werden; so ist etwa zu befürchten, daß viele Christen, die das Lehrerseminar so bereitwillig und opferfreudig unterstützt haben, zu einem ähnlichen Einsatz für ein christliches Gymnasium nicht bereit sind. Es ist durchaus einsichtig, daß das Land gläubige Lehrer braucht, um der Verweltlichung der Schulen entgegenzutreten und die christliche Pädagogik an den Schulen wieder zu stärken, etwas anderes ist es jedoch, ein Gymnasium finanziell zu fördern, das nur einem sehr geringen Teil der norwegischen Jugend zugute kommen kann. »Aber trotz aller Befürchtungen wurden wir uns darin einig, im Glauben an Gott damit zu beginnen.« (Ole Hallesby)

Nachdem fünf christliche Verbände zugesagt haben, sich hinter die Ziele des geplanten Gymnasiums zu stellen, verschickt man 10 000 Spendenaufrufe in alle Teile Norwegens. Hallesby, der Vorsitzender des neugegründeten Schulvorstandes wird, weiß, wie schwierig es ist, christliche Lehrer zu finden, die engagiert und mutig genug sind, sich bitten zu lassen, an einem christlichen Gymnasium zu unterrichten, das einer sehr unsicheren Zukunft entgegengeht. Es ist für ihn deshalb eine große Gebetserhörung, als er schließlich zwei qualifizierte Lehrer gewinnen kann. Ihre Zusage macht es möglich, 1913 mit dem Unterricht an dem neuen Gymnasium zu beginnen. Schon drei Jahre später kann die Schule einen Neubau beziehen, der bessere Möglichkeiten des Lehrens und Lernens bietet.

Mit seinem umfassenden Schulprogramm beweist Ole Hallesby, daß er ein vorausschauender Mann ist, der mit prophetischem Blick bereits frühzeitig erkennt, daß in der kommenden politischen Ära Norwegens ein heftiger Angriff gegen die in der Verfassung festgelegte christliche Erziehung in der Schule und gegen die Freiheit des Bürgers in Ausbildungsfragen geführt werden wird.

Inmitten dieser Auflösungstendenzen der »modernen« Zeit hält Hallesby stets an der Überzeugung fest, daß jeglicher schulische Unterricht an den ethischen Prinzipien der Bibel orientiert sein müsse, weil sich auch das norwegische Grundgesetz – und damit die verfassungsmäßige Grundlage des gesellschaftlichen Lebens – eindeutig zum Christentum bekenne. Diese klare Haltung ruft natürlich auch eine Vielzahl von Gegnern auf den Plan; sie aber können ihn zu keiner Zeit dazu veranlassen, sich vom Kampf um die Schule und um die Erziehung zurückzuziehen, denn seine Liebe zur Jugend und sein tiefer Glaube bleiben immer die Motivation seiner Arbeit.

Bis 1922 ist Ole Hallesby Mitglied im Vorstand des Lehrerseminars, das später von der Norwegisch-Lutherischen Inneren Missionsgesellschaft übernommen wird. Da er ab 1923 Vorsitzender der Gesellschaft ist, kann er die Entwicklung des Seminars bis 1946 mitgestalten. Darüber hinaus nimmt er seine Tätigkeit als Vorstandsmitglied des Christlichen Gymnasiums von 1913 bis 1950 wahr.

Aus innerer Berufung arbeitet Professor Ole Hallesby über viele Jahre hinweg aufopferungsvoll und ohne zu ermüden an der Verwirklichung seines Schulprogramms. In unzähligen Sitzungen, in vielen persönlichen Gesprächen und durch ebenso beeindrukkende wie mitreißende Appelle leistet er dabei einen Einsatz für die Menschen des Landes, der seinesgleichen sucht. Es ist nicht seine Aufgabe, pädagogische Detailfragen zu klären; sein Blick gilt vielmehr in erster Linie den geistlichen Auseinandersetzungen, die sich hinter den Problemen und Nöten im Bereich des Bildungswesens verbergen.

Den Kritikern eines für die christliche Erziehung aufgeschlossenen Bildungswesens, die sich für die Säkularisierung der Schule einsetzen, hat Ole Hallesby mit seinem umfassenden Schulprogramm erfolgreich Widerstand geleistet. Seine Initiative setzt eine Gegenbewegung in Gang, die zukünftig eine entscheidende Rolle im norwegischen Schulwesen spielen wird.

IM KAMPF FÜR DAS BEKENNTNIS

Die Calmeyergate-Konferenz

War die Zeit um die Jahrhundertwende noch von heftigen theologischen Konfrontationen und landesweiten Erweckungen geprägt, so scheinen nun in der Kirche Windstille und Burgfrieden eingekehrt zu sein. Dies führt dazu, daß in den Jahren 1914, 1916 und 1918 konservative Theologen ebenso zu den Fortbildungskursen für Pfarrer eingeladen werden wie die Vertreter der liberalen Theologie. Als schließlich Professor Odland 1916 überraschend sein Amt an der Gemeindefakultät niederlegt, hegen viele die stille Hoffnung, die »schlimmen Jahre der Auseinandersetzungen« seien nun vorüber. Man liebäugelt mit einer kirchlichen Verbrüderung und bemüht sich deshalb um eine Zusammenarbeit der verschiedenen theologischen Richtungen. Es seien doch ohnehin nur Kleinigkeiten – so denkt man –, die die Fraktionen voneinander trennen, und angesichts des in Europa wütenden Weltkrieges erscheint es geradezu als eine Sünde, den Streit über »theologische Bagatellen« unter dem Dach der Kirche weiterzuführen.

Dieses Klagelied wird innerhalb der Pfarrerschaft immer lauter, besonders auf der theologisch liberalen Seite, die sich 1913 als »Progressive Gruppe« innerhalb der norwegischen Pfarrervereinigung formiert hat. Unter Federführung ihres äußerst aktiven Vorsitzenden Professor Lyder Brun betreibt diese Gruppe anhaltend Propaganda für die von ihr vertretene wissenschaftliche Theologie und die Geistesfreiheit in der Kirche. Zwar stoßen die so proklamierten Zielvorstellungen und Grundsätze bei vielen Pfarrern auf

Ablehnung oder sogar aktiven Widerstand. Ein Bischof, der bereit ist, in den Fußtapfen von Bischof I.C. Heuch den Forderungen der Liberalen entgegenzutreten, findet sich jedoch nicht.

So bricht das Jahr 1919 an, das als das »große Jahr des Aufbruchs« in die norwegische Kirchengeschichte eingehen wird. Der Kampf in der Kirche geht fortan nicht mehr nur um das Festhalten an der Wahrheit der biblischen Botschaft; jetzt sind vielmehr die Verkündiger selbst gefordert, »aus der Wahrheit« zu sein.

Im Frühjahr 1919 erscheinen mehrere Vorträge und Aufsätze, in denen von bekenntnistreuer Seite die aktuelle kirchliche Situation beurteilt wird. In der Zeitschrift »For Fattig og Rik« (Für Arm und Reich) greift Pfarrer Karl Schreiner seine liberalen Kollegen scharf an, indem er ihnen vorhält, auf der Kanzel genau das zu verleugnen, was sie zuvor am Altar im Glaubensbekenntnis bekannt hätten: »Die Kluft zwischen bibeltreuer und moderner Theologie, die zur Errichtung der Gemeindefakultät geführt hat, ist in der letzten Zeit nicht schmäler geworden. Sie wurde eher noch breiter. Das ›moderne Christentum‹ weiß in Wirklichkeit von Sünde und Gnade nur sehr wenig und kann deshalb auch nicht mit Vollmacht von ›dem einen, das not ist‹ zeugen. Es verkündigt hauptsächlich Religiosität und Moral, nicht aber die Rettung durch das Blut Jesu von der Sünde, vom Tod und aus der Gewalt des Teufels. Die moderne Theologie ist deshalb eine tödliche Gefahr für alles, was kirchliches Leben und Handeln heißt.«

Zur gleichen Zeit ergeht eine Einladung zu einer kirchlichen Konferenz in Drammen, südwestlich von Oslo. Die Initiatoren der Veranstaltung, die liberalen Theologen Erik Veel und Lyder Brun, kündigen an, dadurch einen Versuch zu unternehmen, moderate Vertreter aus beiden theologischen Lagern auf einer gemeinsamen christlichen Basis zusammenzuführen, um als Kirche den Herausforderungen der modernen Zeit begegnen zu können. Die Zeit sei reif für eine überlegte und brüderliche Zusammenarbeit über die Grenzen der theologischen Fronten hinweg. Veel und Brun sind positiv überrascht, als der Bischof von Oslo seine Bereitschaft signalisiert, die Leitung der Konferenz zu übernehmen. Diese Zusage ist wohl der deutlichste Hinweis darauf, daß es auch in theologisch konservativen Kreisen führende Personen gibt, die die Ansicht vertreten, der Kirchenkampf habe nun lange genug angedauert.

Der Bischof von Oslo, Jens Frölich Tandberg (1852-1922), ist zu dieser Zeit Vorsitzender des Kuratoriums der Gemeindefakultät, so daß sich die leitenden Vertreter der konservativen Richtung sofort bewußt sind, daß die Anwesenheit des Bischofs auf der Konferenz in Drammen vom 7. bis 8. September 1919 einer öffentlichen Anerkennung der theologisch rationalistischen Strömung gleichkommen würde; damit würden die Liberalen zukünftig als gleichwertige und vollgültige Partner im Bereich der Volkskirche zu akzeptieren sein.

Der Kirchenkampf wäre dann lediglich ein reaktionärer Rückschritt gewesen, angetrieben von »querköpfigen Männern« wie Bischof Heuch und Professor Odland; und der Einsatz der großen Gruppe von Pfarrern und Laien, die für die theologische Gemeindefakultät gekämpft und ihr – dank des Wohlwollens einer toleranten Regierung – das Examensrecht erstritten haben, würde durch diese theologische Zusammenarbeit als völlig unnötig hingestellt.

Der Kampf um die Gemeindefakultät flammt noch einmal neu auf. Während des Ersten Weltkrieges hat die Fakultät verhältnismäßig ungestört arbeiten und sich weiter ausdehnen können. Von seiten der rationalistisch-liberal geprägten Universität ist ihr zwar stets Hohn und Spott entgegengebracht worden; aber etwas anderes haben die Professoren und Freunde der Gemeindefakultät auch gar nicht erwartet. Sie sehen in der strikten Ablehnung einer schrifttreuen Bekenntnistheologie eine logische Konsequenz des unüberbrückbaren Gegensatzes zwischen modernem Rationalismus und apostolischer Christustheologie.

Die Wortführer der liberalen Theologie haben sich seit dem Sieg, den sie mit der Berufung von Professor Johannes Ording errungen haben, bemüht, ihre Machtposition in der Kirche weiter auszubauen. So gelingt es ihnen beispielsweise, die bereits erwähnte »Progressive Gruppe« innerhalb der Pfarrervereinigung zu etablieren. Bei dieser unfairen Aktion am 17. Oktober 1913 wurde erklärt, die Progressiven wollten sich dafür einsetzen, den Einfluß der liberalen Theologie innerhalb der Vereinigung zu vergrößern.

Bei der Konferenz in Drammen geht es den Veranstaltern jedoch um die Durchsetzung weitaus wichtigerer Ziele: Man will sich durch eine Zusammenarbeit der Vertreter beider theologischer Positionen zu einer größtmöglichen gemeinsamen Aktionsbasis der Christen zusammenfinden. Es ist nun nicht mehr länger vorrangig die Rede davon, die Kluft zwischen den beiden Lagern zu überwinden und eine Verbrüderung der verschiedenen Richtungen zu erreichen; ebensowenig stehen theologische Fragen im Vordergrund der Bemühungen. Vielmehr sollen Ansatzpunkte geschaffen werden für eine konkrete Zusammenarbeit bei den praktischen kirchlichen Aufgaben, um auf diese Weise zu einem besseren gegenseitigen Verständnis zu finden. Die von Karl Schreiner formulierten Vorwürfe gegen die liberalen Theologen lösen in den Kreisen, die zur Konferenz nach Drammen eingeladen haben, großes Entsetzen aus. So vermag der Hauptinitiator des Treffens, Lyder Brun, nicht daran zu glauben, daß besonnene konservative Theologen die »fanatischen Aussagen« Schreiners gutheißen würden.

Wie sich jedoch bald zeigt, schätzt Professor Brun die kirchliche Situation im Land falsch ein, denn er hat seit Jahren in akademischer Isolation gelebt, ohne am allgemeinen kirchlichen Leben teilzunehmen. Als Redakteur der liberalen Zeitschrift »Norsk Kirkeblad« (Norwegisches Kirchenblatt) fordert er nämlich den Dekan der Gemeindefakultät, Edvard Sverdrup, auf, sich von Schreiners »ungehörigem Stil« zu distanzieren. Sverdrup jedoch stellt seinerseits durch die Forderung, Brun solle selbst eine klare Stellung in dieser Sache beziehen, diesen vor ein existentielles Entweder-Oder, das zwangsläufig das Ende von dessen kirchenpolitischem Vereinigungsbestreben bedeutet.

Sverdrup bringt deutlich zum Ausdruck, er habe Bruns »Schalmeien« von einem Zusammenspiel der verschiedenen theologischen Richtungen wohl gehört, er müsse ihm aber antworten, »daß es nur einen einzigen Weg gibt, der zu einer inneren kirchlichen Sammlung führt, und zwar den, daß man sich in der jetzigen Theologischen Fakultät an der Universität klar und unzweideutig entschließt, als Lehrer der Kirche den christlichen Glauben nach dem apostolischen Glaubensbekenntnis Wort für Wort zu unterschreiben und ebenso – ohne Abstriche zu machen – das evangelisch-lutherische Bekenntnis abzulegen. Hier geht es nicht um Theologie, sondern um den innersten Kern des christlichen Glaubens.«

Die Antwort von Lyder Brun läßt nicht lange auf sich warten. Die Liberalen können Sverdrups Forderung nach einer wortwörtlichen Anerkennung des apostolischen Glaubens und Bekenntnisses keinesfalls akzeptieren. Sich einer solchen »ungeistlichen« Forderung zu beugen, wäre für sie nichts anderes als ein Verrat an der Aufgabe, von der sie als Liberale behaupten, sie »von Gott bekommen zu haben, um in unserer Kirche die historische Wahrheit über Schrift und Bekenntnis und das evangelische Verständnis des Verhältnisses zwischen Glaube und Theologie geltend zu machen.«

Indem Edvard Sverdrup persönlichen Glaubensgehorsam gegen Schrift und Bekenntnis fordert, hat er erneut deutlich aufgezeigt, wo die Grenzlinien innerhalb der norwegischen Kirche verlaufen; er folgt darin der Überzeugung, zu der bereits Bischof Heuch in seiner Kampfschrift »Gegen den Strom« (1902) gekommen ist.

Im Jahr 1919 kann Ole Hallesby bereits auf eine zehnjährige Erfahrung als Professor für Dogmatik zurückblicken. Obwohl gerade er – aufgrund seiner eigenen Erfahrungen während des Studiums und der schweren inneren Kämpfe jener Zeit – mit der liberalen Theologie besser vertraut ist als die meisten anderen norwegischen Theologen, greift er dennoch, von wenigen Ausnahmen abgesehen, zunächst nicht in den Kampf gegen diese moderne Irrlehre ein. Hallesbys feste Absicht ist es, den Streit nicht zu suchen, und so beschließt er, sich in der öffentlichen Debatte vorläufig nicht zu Wort zu melden.

Gegen Ende des Ersten Weltkrieges befindet sich auch Norwegen in einer von revolutionären Umbrüchen bestimmten Epoche der politischen und gesellschaftlichen Entwicklung. Seit mehr als einer Generation kann man nicht mehr von einer einheitlichen christlichen Kultur des Landes sprechen, was nicht zuletzt darauf zurückzuführen ist, daß die allgemeinen Auflösungstendenzen auch ein sinkendes Interesse für den Glauben und das kirchliche Leben zur Folge haben. Zwar gibt es noch den bekenntnisorientierten Religionsunterricht an der Grundschule, und es ist auch weiterhin üblich, das Angebot der kirchlichen Dienste – Taufe, Trauung und Beerdigung – in Anspruch zu nehmen. Oberflächlich betrachtet scheint also alles nach wie vor in bester Ordnung zu sein. Aber hinter der Fassade ist ein tiefgreifender Verlust der christlichen Werte zu erkennen.

Die Bindung an allgemeine religiöse Traditionen bewirkt sowohl bei eher weltlich gesinnten als auch bei frommen Norwegern, daß niemand wirklich erkennt, wie wenig sich das Volk über seine Stellung zur christlichen Botschaft Gedanken macht. Während bei den »Frommen« ein romantischer kirchlicher Optimismus den Blick für den Ernst der Lage vernebelt, können die »Weltlichen« mit einem Unterton der Gleichgültigkeit durchaus einräumen, daß der Volksglaube nicht völlig wertlos sei.

In dieser Situation tritt die prophetische Gestalt Ole Hallesby an die Öffentlichkeit, um den christlichen Glauben zum Gegenstand einer leidenschaftlichen Diskussion zu machen, wobei er die Menschen mit der Wahrheit konfrontieren und sie dadurch vor die Entscheidung stellen will. Damit werden zum ersten Mal im 20. Jahrhundert das Volk und die Kirche in Norwegen zu einer Begegnung mit dem Evangelium herausgefordert.

Seinen eigenen Darstellungen zufolge greift Hallesby erst dann in die öffentliche Auseinandersetzung mit der liberalen Theologie ein, als er sieht, daß für ihn als Christ und Theologe kein Weg mehr daran vorbei führt. Auf diese Weise will er den Herrn der Wahrheit bestimmen lassen, was geschehen soll. In einem Brief vom 21. Dezember 1938 weist er mit Nachdruck darauf hin, daß er sich in jener Zeit dazu berufen sah, den wahren christlichen Glauben mit ganzer Kraft zu verteidigen: »Überhaupt habe ich niemals irgendeinen Streit angefangen. Ich nahm erst am Kampf teil, als Gott mich in ihn hineinwarf.«

Im Sommer 1919 hat der Streit zwischen bekenntnistreuen und liberalen Theologen noch ganz den Charakter einer rein innerkirchlichen Auseinandersetzung. Die Diskussion wird hauptsächlich in christlichen Zeitschriften geführt, so daß der überwiegende Teil der norwegischen Bevölkerung wenig darüber informiert ist, zumal es ja weder Radio noch Fernsehen gibt.

Im Gegensatz dazu wählt Ole Hallesby bewußt ein größeres Forum für den Kirchenkampf, indem er die meistgelesene Zeitung der Hauptstadt, die »Aftenposten« (Abendpost), als Plattform für die Diskussion benutzt. Chefredakteur Diesen, dessen Bruder zur Zeit der großen Erweckungen durch Christian und Ole Hallesby Pfarrer in Aremark war, ist es schon lange ein Dorn im Auge, mit welcher Verachtung die liberalen Theologen Professor Hallesby begegnen.

In einem ersten äußerst schlagfertigen Artikel in der »Aftenposten« vom 21. August 1919 verlangt Hallesby, die Verantwortlichen der Konferenz in Drammen sollten darüber Auskunft erteilen, wie sie sich eine Zusammenarbeit mit Theologen vorstellen, die die apostolische Lehre verleugnen. Wenige Tage später greift Hallesby sachlich, aber mit schlagenden Argumenten auch die inkonsequente Position an, die Bischof Jens Tandberg eingenommen hat, der einerseits Vorsitzender des Kuratoriums der Gemeindefakultät ist, andererseits aber zugleich mit den Leugnern des Bekenntnisses gemeinsame Sache macht, als er seine Zusage gibt, die Leitung der Konferenz in Drammen zu übernehmen.

Bischof Tandberg kann Hallesby nur darum bitten, seine Antwort abzuwarten; er werde beim Abschlußgottesdienst der Konferenz eine Erklärung abgeben. So kommt es, daß Tandberg schließlich in einem kurzen Abschnitt seiner Predigt auf die sich ständig verschärfenden Auseinandersetzungen verweist, in die das Christentum während des Weltkrieges und in den Nachkriegsjahren hineingedrängt worden sei. Es sei deshalb für Christen das Gebot der Stunde, auf diese Verhältnisse Rücksicht zu nehmen, indem sie ihre internen Streitigkeiten in den Hintergrund treten lassen.

Bischof Tandbergs Predigt macht klar, daß er seine eindeutig konservative Position aufgegeben hat. Er läßt seine Mitarbeiter daher wissen, daß er sein Amt als Vorsitzender des Kuratoriums der Gemeindefakultät niederlegen werde, falls die Fakultät in dem Geist geführt werden solle, der aus Hallesbys Artikel in der »Aftenposten« spricht.

Am 16. September, eine Woche nach der Konferenz, wird Bischof Jens Tandberg von einer Erklärung des Vorstandes und Lehrerrates der Gemeindefakultät überrascht, in der unmißverständlich zum Ausdruck kommt, daß man eine kirchliche Zusammenarbeit in der Weise, wie es die Konferenz in Drammen beabsichtige, zu keinem Zeitpunkt billigen könne. Am 15. Oktober 1919 wird auf einer Tagung des Kuratoriums der Gemeindefakultät der Diakonissenpfarrer August B. Jahnsen zum neuen Vorsitzenden gewählt.

Ole Hallesby steht also nicht allein mit seiner Ablehnung dieser »gemeinsamen christlichen« Zusammenarbeit von bibeltreuen und liberalen Theologen, die nur zur theologischen Verwirrung beiträgt. Innerhalb der Pfarrerschaft des Landes hat die Zeitungsdebatte 1919 zu großer Besorgnis und Nervosität geführt. Viele Pfarrer teilen den dringenden Wunsch von Bischof Tandberg nach einem kirchlichen Burgfrieden als Voraussetzung für ein missionarisches Engagement aller Christen – Laien und Theologen – in der Volkskirche. Unter den gegebenen Umständen könne es sich für die Kirche nur negativ auswirken, wenn die Frage der theologischen Wahrheit so stark betont würde, daß sich die Pfarrerschaft in zwei feindliche Lager spalte.

Während der Tagung der Norwegischen Pfarrervereinigung im Oktober 1919 steht dieses Problem im Zentrum aller Gespräche und Diskussionen, und so lautet das Thema dem äußeren Anlaß entsprechend: »Kirche und Theologie mit besonderer Berücksichtigung der Ausbildung der Pfarrer«. Da der Vorstand die Professoren Brun und Hallesby darum gebeten hat, die einführenden Referate zu halten, warten die Tagungsteilnehmer, unter ihnen auch der schwedische Erzbischof Dr. Nathan Söderblom, voller Spannung auf die Vorträge und die sich daran anschließende Diskussion.

Zunächst hält Professor Lyder Brun einen eher langweiligen akademischen Vortrag, in dem er hervorhebt, wie wichtig der wissenschaftliche Charakter und das wissenschaftliche Niveau der Pfarrerausbildung seien. Der subjektive Glaube des Theologen und sein Recht zu selbständigem Denken dürfe nicht durch irgendeinen orthodoxen Bekenntniszwang eingeengt oder reglementiert werden.

Es ist während der ganzen Zeit deutlich zu spüren, daß Brun noch ganz unter dem Eindruck der Konferenz in Drammen steht. Dort ist immer wieder mit Nachdruck betont worden, ein »Abgrund zwischen liberaler theologischer Redlichkeit und bekenntniskonservativer Gedankentyrannei« – wie einst vom radikalen liberalen Professor Johannes Ording behauptet – sei in keiner Weise vorhanden.

Der Vortrag von Lyder Brun findet kein besonderes Echo. Er ist so vorsichtig formuliert, daß er nach den heftigen theologischen Auseinandersetzungen im Spätsommer und Herbst bereits überholt erscheint.

Das gleichfalls einführende Referat Hallesbys ist weitaus einsichtiger aufgebaut und versetzt die Zuhörer von Beginn an in großes Erstaunen. Der Systematiker der Gemeindefakultät bekennt sich zu einer Wissenschaft, die auf dem Fundament einer »Theologie der Wiedergeborenen« und unter Berufung auf das evangelisch-lutherische Bekenntnis bestrebt ist, den angehenden

Pfarrern einen lebendigen Glauben und eine schriftgemäße Verkündigung zu vermitteln.

Die Zuhörer sind von Ole Hallesbys persönlicher Überzeugungskraft und seiner klaren Argumentation gefesselt. Einem Teilnehmer der Tagung fällt auf, daß auch Erzbischof Söderblom dem Vortrag Hallesbys aufmerksam und interessiert folgt, wobei er häufig - was immer das bedeuten mag – mit dem Kopf nickt.

Einer der schärfsten Gegner der Gemeindefakultät, Pfarrer Jens Gleditsch, hat sehr rasch bemerkt, daß für die »Progressiven« die Gefahr besteht, auf dieser Tagung eine katastrophale Niederlage zu erleiden. Aus diesem Grund steht er zornentbrannt auf und beginnt, den, wie er sagt, »orthodoxen Sturmlauf gegen die Geistesfreiheit« aufs schärfste anzugreifen, wobei er über alle Maßen unverschämt und beleidigend wird. Als Gleditsch sich zu der Äußerung hinreißen läßt, daß die Konservativen mit allen Mitteln die Macht in der Kirche an sich reißen wollten, sieht sich der besonnene Gesprächsleiter, Bischof Böckman, schließlich gezwungen, ihm das Wort zu entziehen.

Noch lange Zeit danach spricht man in der Pfarrerschaft des Landes über diese denkwürdige Tagung der Pfarrervereinigung, auf der ein so leidenschaftlicher Streit entbrannt ist. Das Barometer in der Kirche steht auf Sturm!

Ganz unerwartet gewinnt die bisher verachtete Gemeindefakultät plötzlich eine zentrale Bedeutung im norwegischen Geistesleben, und im Laufe einiger weniger Herbstmonate wird der bislang unbekannte Theologieprofessor Ole Hallesby in ganz Norwegen so bekannt wie König und Ministerpräsident.

Hallesbys Artikelserie in der »Aftenposten« leistet einen wichtigen Beitrag zur Information der Öffentlichkeit über den Streit in der Kirche. Die Überschriften der fünf Artikel lauten dabei im einzelnen: Worum der Streit geht! (13.9.1919) – Was wir nun wissen! (16.9.1919) – Was wir nun wollen! (17.9.1919) – Was uns der Streit zeigt! (13.10.1919) – Was wir nun tun müssen! (15.10.1919)

Damit hat Hallesby die theologische und kirchenpolitische Grundlage für eine Bewegung geschaffen, die sich in den folgenden Monaten in den norwegischen Gemeinden ihren Weg bahnt.

Am 15. Januar 1920 kommen 948 gewählte Delegierte aus allen Teilen Norwegens zu einer landesweiten lutherischen Bekenntniskonferenz in die Calmeyergate nach Oslo. Es sind Männer und Frauen aus den verschiedenen freien Verbänden innerhalb der Kirche, die – ungeachtet aller unter ihnen bestehenden Unterschiede im Kirchenverständnis – ein gemeinsames Bekenntnis ihres christlichen Glaubens im Einklang mit der Heiligen Schrift und den lutherischen Bekenntnisschriften ablegen wollen.

Eine solche kirchliche Bekenntniskonferenz hat es bis zu diesem Zeitpunkt in Norwegen noch nie gegeben. Als Pfarrer Johan M. Wislöff das große Treffen eröffnet, ist das Missionshaus in der Calmeyergate bis auf den letzten Platz mit Delegierten, Journalisten und interessierten Zuhörern besetzt.

Die organisatorische Leitung liegt in den Händen von Professor Edvard Sverdrup, die geistlich und theologisch führende Persönlichkeit ist jedoch ohne Zweifel Professor Ole Hallesby. Er ist es auch, der den Delegierten und damit der ganzen Bevölkerung des Landes erklärt, es gehe in diesem Geisteskampf nicht um irgendwelche theologischen Theorien, sondern es stehe vielmehr der wahre christliche Glaube auf dem Spiel. Da man eine derart furchtlose und sachlich überzeugende Verteidigung des Glaubens in der Öffentlichkeit bisher noch nicht gehört hat, wird das Evangelium in Norwegen plötzlich wieder zu einem aktuellen und brisanten Gesprächsthema. Mit seiner einzigartigen Redegabe und seiner kristallklaren Gedankenführung gibt Ole Hallesby der norwegischen Geschichte in diesen Januartagen 1920 eine entscheidende Wende.

Die Teilnehmer der Bekenntniskonferenz erklären einstimmig, daß sie alle der Offenbarung, wie sie Gott in seinem Wort gegeben hat und wie sie von den Vätern überliefert ist, treu bleiben wollen. Im Verhältnis zu den Vertretern der liberalen Theologie wird als Richtlinie festgelegt: Bibeltreue Christen sollen keine »freiwillige Zusammenarbeit mit denen eingehen, die mit der Autorität der Bibel gebrochen haben«.

Die praktische Direktive in Fragen der Zusammenarbeit mit den liberalen Theologen hat folgenden Wortlaut: »Innerhalb der freien christlichen Arbeit wollen wir darüber wachen, daß als Vertrauensleute und Mitarbeiter nur solche gewählt werden, die sich vorbehaltlos auf die Grundlage der Schrift nach dem Bekenntnis unserer Kirche stellen.«

In den beiden letzten Artikeln der Serie in der Zeitung »Aftenposten«, die die Öffentlichkeit über die kirchliche Lage aufklären soll, hat Hallesby konkrete Maßnahmen vorgeschlagen, um der Kirche zu lehrmäßiger Klarheit zu verhelfen und so die ungehinderte Verkündigung des Evangeliums zu sichern. Die große Bekenntniskonferenz folgt ihm nicht nur in seiner klaren Abweisung der liberalen Theologie, sie beschließt – auf seinen Vorschlag hin – auch die Forderung, daß einer einzelnen Kirchengemeinde die Möglichkeit eingeräumt werden müsse, auf eigene Kosten einen bekenntnistreuen Pfarrer einzustellen. Darüber hinaus will man für das Recht der Eltern eintreten, ihre Kinder vom Religionsunterricht an der Schule abzumelden, um so der neo-rationalistischen Welle begegnen zu können, die in den Schulen des Landes Einzug hält. Von noch weit größerer Bedeutung ist jedoch, wie positiv die Konferenz die christliche Schulbewegung bewertet. Professor Hallesby ist mehr als irgendein anderer die treibende Kraft dieses Schulwerks, zu dem er folgende Institutionen zählt: »(...) unsere Schulen, Bibelschulen, Lehrerseminare, das Gymnasium, die Gemeindefakultät und die pädagogischen Einrichtungen, die zusammen das Rückgrat der christlichen Schularbeit bilden.«

Die Delegierten der Konferenz ahnen wohl kaum, daß diesem einmütigen Bekenntnis zur Entfaltung eines freien Unterrichtswesens später große Bedeutung für die christlichen Schulen zukommen soll. Das gilt in besonderem Maße für die Theologische Gemeindefakultät, die sich in den folgenden Jahren zur wichtigsten Ausbildungsstätte für Pfarrer der Norwegischen Kirche entwickelt.

Hallesbys gewagter Vorschlag, zusätzlich noch die Frage einer möglichen Auflösung der Staatskirche aufzugreifen, findet bei den Delegierten kein großes Echo. Nachdem am 27. Oktober 1919 bereits der Vorstand der Gemeindefakultät seine Bedenken gegen solche radikalen Reformpläne angemeldet hat, zeigt sich nun auch auf der Bekenntniskonferenz, daß man es vorzieht, einen eher vorsichtigen Kurs im kirchenpolitischen Fahrwasser zu steuern und deshalb keinen Antrag zur Auflösung der Staatskirche zur Abstimmung vorzulegen. Dennoch verabschieden die Teilnehmer der Konferenz eine mutige Resolution, die dazu auffordert, sich auf eine Zukunft vorzubereiten, in der sich die kirchlichen Rahmenbedingungen grundlegend verändern werden.

Die Konferenz wendet sich zudem mit einer scharfen Protestresolution an die verantwortlichen Staatsmänner: »Unser ganzes kirchliches Leben ist auf dem Weg, so unglaubwürdig zu werden, daß viele Christen in ihrem Verständnis von Wahrheit und Recht völlig verunsichert werden. Die liberalen Pfarrer bekennen in der Liturgie der Kirche und im Glaubensbekenntnis mit ihrem Mund Dinge, die sie – wie man weiß – in Wirklichkeit gar nicht glauben.«

Die große Bekenntniskonferenz, die später »Calmeyergate-Konferenz« genannt wird, vermittelt ihren Teilnehmern eine überaus starke Motivation und neue Hoffnung. In völliger Einmütigkeit geloben sie, immer und überall für den Glauben und das Bekenntnis einzustehen und das Wächteramt in der Kirche wahrzunehmen, womit auch die Ablehnung einer Zusammenarbeit mit liberalen Theologen verbunden ist. Die Delegierten besiegeln ihr Gelöbnis mit einem Handschlag, den sie als eine lebenslange heilige Verpflichtung empfinden, die keiner Wiederholung bedarf.

Für Professor Ole Hallesby führt die Bekenntniskonferenz, die ein einmaliges Ereignis in der norwegischen Geschichte bleibt, zu einer erneuten Veränderung in seinem Leben. Auf einen Schlag steht er als der norwegische Christusbekenner im Rampenlicht der Öffentlichkeit – bei Freunden wie bei Feinden. Er selbst ist der Meinung, daß seine Teilnahme an der »Calmeyergate-Konferenz« nichts anderes als eine Folge des Gehorsams und der Verantwortung gegenüber dem Evangelium gewesen sei. Schon seit Jahren hat er persönlich sehr darunter gelitten zusehen zu müssen, wie die Wahrheit des Wortes Gottes in Gefahr stand, von der »Nacht der Irrlehre« verdrängt zu werden. Er war jedoch stets sicher, daß der Herr der Kirche die Gläubigen eines Tages zum Kampf gegen die liberale Theologie aufrufen würde. Als wiedergeborener lutherischer Theologe wollte er sich dann in der zu erwartenden Auseinandersetzung als sachkundiger Zeuge zu Wort melden. Er ist ja selbst einmal einer der fanatischsten liberalen Irrlehrer gewesen.

Die sachliche Argumentationsweise von Professor Ole Hallesby ist so überzeugend, daß die Sprecher der liberalen Theologie oft in große Verlegenheit geraten. Während er sich stets an einen akademisch einwandfreien Ton hält, glauben seine Gegner, durch persönliche Angriffe die Gunst der Öffentlichkeit gewinnen zu können.

»Es ist wahrlich nicht einfach«, schreibt Hallesby später über die Art und Weise, wie die Debatte von liberaler Seite aus geführt wird, »mit Leuten zu diskutieren, die mit der Wahrheit so leichtfertig umgehen. Es sieht so aus, als würden sie immer gerade das sagen, was ihnen im jeweiligen Augenblick am besten ins Konzept paßt. Wann werden die Liberalen diesen so unverantwortlichen und unwahrhaftigen Stil endlich aufgeben?«

Zuversichtlich fahren die Teilnehmer der Calmeyergate-Konferenz wieder nach Hause, zumeist in der Überzeugung, einen Sieg für den rechten Glauben in der Kirche errungen zu haben. Da sie sich nicht vorstellen können, daß sich irgendeine Richtung in der Kirche der Mehrheit des Kirchenvolkes widersetzen werde, glauben sie, den Einfluß der liberalen Theologie nun zurückgedrängt zu haben.

Dennoch ist auch den beinahe tausend Delegierten aufgefallen, daß es lediglich zehn Pfarrer gewagt haben, an der Konferenz teilzunehmen und sich dem mutigen Bekenntnis für die Sache des Glaubens anzuschließen. Man muß sich damit trösten, daß Bischöfe und Pfarrer erst dann Farbe bekennen würden, wenn sie entdeckten, wie ernst es die Laien mit der Bekenntnisfrage meinen.

In den darauffolgenden Jahren zeigt es sich, daß die Laien in der Kirche mit ihren verschiedenen freien Verbänden und Initiativen immer dann wie ein Mann zusammenstehen, wenn es um das Vertrauen zur Heiligen Schrift und um eine klare Verkündigung geht. Im Gegensatz dazu kommt man in der Auffassung vom Wesen und der Struktur der Kirche nie ganz zu einer Einigung

In der Pfarrerschaft herrscht in dieser Zeit ein ausufernder Individualismus in Theologie, Verkündigung und Kirchenverständnis, und es gibt verschiedene untereinander zerstrittene oder miteinander konkurrierende Gruppierungen, denen sich ein Pfarrer – je nach theologischem oder kulturellem Hintergrund – anschließen kann.

Seinen Teil an der Erneuerung dieser Pfarrerschaft will Ole Hallesby dadurch beitragen, daß er sich nach der großen Bekenntniskonferenz mit neuem Eifer seiner Lehrtätigkeit an der Gemeindefakultät zuwendet. Nach inzwischen mehr als zehnjähriger Tätigkeit an der Fakultät steht für ihn fest, daß viele Bereiche der Pfarrerausbildung gründliches Umdenken und radikale Veränderungen erfordern.

In einer kleinen Schrift mit dem Titel »Die Ausbildung der

Pfarrer« (1919) fällt er ein vernichtendes Urteil über die bisherige Praxis. Er hält sie für erstarrt und gefangen in einem alten »Köhlerglauben«, der tatsächlich davon ausgehe, schon allein durch die Vermittlung von Wissen könnten die Studenten zu guten Pfarrern ausgebildet werden. In seiner äußerst kritischen Beurteilung spricht er eine deutliche Sprache: »Einen hartgekochteren Intellektualismus als den, der unsere Pfarrerausbildung beherrscht, finden wir in kaum einem anderen Bereich. Unsere jetzige Ausbildung hat sich ein falsches Ziel gesteckt, indem sie die jungen Leute eher zu wissenschaftlichen Theologen als zu Pfarrern heranbildet. Das geistliche Leben der jungen Leute gerät gänzlich aus dem Blickfeld. Daß norwegische Pfarrer, nachdem sie achtzehn Jahre lang in größere oder kleinere Bücherschränke eingesperrt waren, als geistliche Mißgeburten in die Gemeinden kommen, kann niemanden wundern: Ein überlasteter Kopf und ein vertrocknetes Herz.«

In Professor Ole Hallesby ist der norwegischen Kirche ein unerschrockener und redegewandter Streiter geschenkt worden, der mehr und mehr zum Anwalt der Bibeltreue und des Bekenntnisses wird. Die älteren Teilnehmer der Calmeyergate-Konferenz ziehen deshalb Parallelen zwischen Bischof Heuchs Kampfschrift »Gegen den Strom« (1902) und Hallesbys Verteidigung des wahren Glaubens vor und während der Konferenz achtzehn Jahre später: Beide sind Sprachrohr der Gemeinschaft der Glaubenden, die an der Heiligen Schrift als Gottes Wort festhalten; für beide sind die theologischen Auseinandersetzungen nichts anderes als ein Kampf zwischen zwei verschiedenen Religionen.

Es ist erstaunlich und vielsagend zugleich, daß im Kirchenverständnis sowohl von Bischof Heuch als auch von Professor Hallesby eine besondere Bedeutung die Laien einnehmen und »diejenigen Theologen, die sich zum Christenvolk dazuzählen«. (I.C. Heuch)

Da Hallesby eine »theologia crucis« (Kreuzestheologie) vertritt, deren Ausgangspunkt die objektive Versöhnung ist, kann er Bischof Heuchs Appell von ganzem Herzen zustimmen: »Steht auf der Wacht für das Kreuz, alle Gläubigen des Herrn! Duldet keine Verkündigung, die das Kreuz vor dem Blick der Menschen verhüllt oder verdunkelt!«

DER BUCHAUTOR

Das Buch »Vom Beten« geht um die Welt

Als Professor Ole Hallesby im Sommer 1920 ein Freisemester erhält, ist ihm sofort klar, daß er in dieser Zeit ins Ausland gehen muß, wenn er genügend Ruhe zum Arbeiten finden will. In zehn arbeitsreichen und anstrengenden Vorlesungsjahren hat er eine vollständige christliche Glaubenslehre erarbeitet, und nun ist es sein Wunsch, diese der Kirche und dem ganzen norwegischen Volk vorzulegen. Die Irrlehre der liberalen Theologie soll von seiten der bekenntnistreuen Theologen nicht unwidersprochen bleiben.

Mit seinen Vorlesungsmanuskripten im Koffer reist er schließlich nach Kopenhagen, um sich dort intensiven Studien zu widmen. Die Bearbeitung des Manuskripts geht rasch voran, und so kann bereits im Laufe des Winters 1920/21 sein zweibändiges Werk »Die christliche Glaubenslehre« herausgegeben werden. Schon beim Erscheinen der beinahe 1000 Seiten starken theologischen Arbeit wird von vielen die Meinung vertreten, die positive Theologie in Norwegen habe nun in Hallesbys Lehrbuch eine Dogmatik bekommen, die eine ganze Generation lang die schriftgemäße Theologie bestimmen werde.

Die »Prinzipienlehre« (Band I) muß bereits nach fünf Jahren, der »Spezielle Teil« (Band II) nach siebzehn Jahren neu aufgelegt werden, wobei beide Neuauflagen nur geringfügige Bearbeitungen erfahren. Hallesby erklärt in diesem Zusammenhang, seine Auffassungen hätten sich seit Erscheinen der ersten Auflage der Glaubenslehre im großen und ganzen nicht geändert. Als Autor läßt er sich in seinen theologischen Lehrbüchern auch nicht von der neuaufblühenden Lutherforschung beeinflussen, die nach dem Ersten Weltkrieg das theologische Klima grundlegend verändert. Als schließlich Karl Barths umfassende Erneuerung der reformierten Theologie die theologische Debatte in Europa bestimmt, verweist Hallesby lediglich darauf, es handle sich bei Barth und der Schule Barths um ein Phänomen innerhalb der reformierten Theologie, das daher für den lutherischen Glauben und das lutherische Denken kaum eine Rolle spiele.

Ole Hallesby nimmt an der theologischen Forschung und der aktuellen wissenschaftlichen Diskussion nicht aktiv teil. Er ist davon überzeugt, daß sein Auftrag darin besteht, ein vertrauenswürdiger und verantwortungsvoller theologischer Lehrer der künftigen Pfarrer zu sein. Darüber hinaus will er durch populärtheologische Literatur und missionarische Verkündigung den biblischen Glauben den Menschen seines Landes nahebringen.

Während seiner literarischen Tätigkeit (von 1910 bis 1949) verfaßt Hallesby insgesamt 67 Bücher und Schriften, darunter theologische Lehrbücher ebenso wie allgemeinverständliche Abhandlungen zu aktuellen Fragen und eine umfangreiche Sammlung von Werken zu geistlichen Themen. Alles, was er schreibt, zeichnet sich stets durch eine klare Gedankenführung und das nie nachlassende Bemühen aus, die Hauptpunkte der Argumentation deutlich hervorzuheben; Weitschweifigkeiten kann er nicht leiden, und so arbeitet er auch nicht mit Fußnoten oder dergleichen. Hallesby wird jedoch kein ausgesprochen volkstümlicher Schriftsteller, da manchen Lesern der sachliche Stil der literarischen Erzeugnisse zu trocken und wenig fesselnd erscheint.

Seine ersten drei Bücher – »Vom Wunder« (1910), »Die christliche Lehre von der Sünde« (1911) und »Die Versöhnung« (1917) – werden in der populärtheologischen Reihe »Zeitfragen christlich beleuchtet« herausgegeben. Leider findet diese Reihe nur wenig Anklang, was vor allem darauf zurückzuführen ist, daß die Laienchristen in dieser Zeit nur wenig Interesse an theologischen Fragen haben.

Erst infolge seines mutigen Kampfes für den wahren Glauben und die rechte Lehre in der norwegischen Kirche erlebt Hallesby einen Durchbruch als christlicher Schriftsteller. Im Jahr

1919 erscheinen von ihm nicht weniger als sieben Bücher, wovon drei unmittelbar mit den Auseinandersetzungen zwischen bekenntnistreuen und liberalen Theologen zu tun haben: »Vom Kirchenstreit«, »Die Kirche und die Theologie« und »Die Ausbildung der Pfarrer«. Bei diesen Schriften handelt es sich im wesentlichen um Nachdrucke von Zeitungsartikeln, die sich mit dem theologischen Streit innerhalb der Kirche befaßt haben.

Bemerkenswert ist, daß Hallesby schon sehr früh den Versuch unternimmt, die lutherische Sakramentslehre in den beiden Schriften »Taufe – Kindertaufe« (1918) und »Das Abendmahl« (1920) allgemein verständlich darzustellen. Aus dieser Zeit stammt auch das sehr persönlich gehaltene Buch »Die christliche Familie« (1919), das im Laufe der Jahre sechs Neuauflagen erfährt.

Um den Erwartungen eines treuen Leserkreises gerecht zu werden, bemühen sich der Verlag und der – inzwischen überaus beliebte – Autor Ole Hallesby, jedes Jahr ein weiteres Werk zu einem aktuellen geistlichen Thema zu veröffentlichen. Von 1917 bis 1936 ist deshalb regelmäßig zu Weihnachten ein neues Hallesby-Buch in den Schaufenstern der Buchhandlungen des Landes zu finden. Die meisten norwegischen Leser werden sich dabei an die folgenden Titel wohl besonders gern erinnern: »Geist und Leben« (1919), »Ein geisterfüllter Christ« (1919), »Im Licht des Kreuzes« (1922), »Warum ich ein Christ bin« (1925), »Vom Beten« (1927), »Die Temperamente in christlichem Licht« (1927), »Religiosität und Christentum« (1929), »Im Schlupfwinkel des Höchsten« (1931) und »Tägliche Erneuerung« (1932).

Sowohl seine theologischen Lehrbücher als auch seine Schriften für die Gemeinde sind von einer Erfahrungstheologie bestimmt, die ein Spiegelbild »der überwältigenden Begegnung mit dem lebendigen Gott in Jesus Christus« sein möchte. Ausgangspunkt ist dabei stets die Glaubensgewißheit des wiedergeborenen Menschen in Übereinstimmung mit den Aussagen der Heiligen Schrift. Seit seiner Bekehrung hat Hallesby ein jederzeit ungebrochenes Vertrauensverhältnis zur Schrift, und er bekennt einmal, daß der Herr ihn bei seiner Umkehr diesbezüglich von allen Zweifeln und Anfechtungen befreit habe.

Der lutherische Theologe Hallesby, der »die Tatsache des eigenen Erlebens« zur theologischen Grundlage macht, muß zwangsläufig mit der streng konfessionellen Theologie in Konflikt geraten. So kommt es schließlich zu dieser voraussehbaren Auseinandersetzung, als er 1920/21 seine Glaubenslehre veröffentlicht.

Das Werk findet ein sehr unterschiedliches Echo. Den Kritikern fällt es vor allem schwer, das neue Lehrbuch theologisch einzuordnen, und so wird der Verfasser mal als Pietist und Haugianer, mal als Biblizist und Sektierer oder auch als »Neulutheraner mit einer unsystematischen Theologie« bezeichnet. Der zeitgenössische dänische Theologe Dr. Alfred Th. Jörgensen kommt nach der Lektüre zu dem Schluß, Hallesby habe seine Gedanken über das Verhältnis von Glauben und Schrift noch nicht ganz zu Ende gedacht. »Aber das wird schon noch kommen.«

Mit der Veröffentlichung von drei bedeutsamen Büchern bildet das Jahr 1928 einen Höhepunkt seines literarischen Schaffens; es handelt sich dabei um: »Die christliche Morallehre«, »Die letzten Dinge« und »Über das Arbeitsfeld. Ein Wort an die Freunde der Inneren Mission«.

Die drei Werke umfassen zusammen immerhin 800 Seiten, so daß Hallesby diesen Umstand in einem selbstironischen Kommentar als eine rein quantitativ entsetzliche Leistung bezeichnet, die ihn zu der Vermutung veranlaßt, es werde nun wohl längere Zeit dauern, bis wieder etwas von ihm erscheine: »Vielleicht beurlaubt mich unser Herr auch ganz davon.« Diese Äußerungen sind erste Anzeichen einer aufkommenden Müdigkeit, und Ole Hallesby muß eingestehen: »Ich weiß wohl, daß meine Bücher nicht so gut sind, wie sie eigentlich sein sollten. Aber ich kann es nicht besser. Deshalb bitte ich Gott, meine Bücher so zu segnen, wie sie herausgegeben werden.«

Trotz jener selbstkritischen Beurteilung seiner literarischen Tätigkeit ist er immer besonders froh über das von ihm 1927 verfaßte – und bis heute klassisch gewordene – Werk »Von der Welt des Gebets« (deutscher Titel: »Vom Beten«), das ihn zu einem weltberühmten christlichen Schriftsteller macht.

Beim Schreiben des Buches spürt er vom ersten Augenblick an, wie ihn der Geist Gottes in besonderer Weise leitet. Am 27. Januar 1927 berichtet Hallesby schwedischen Freunden, er habe gerade ein neues Buch begonnen, für das er jede freie Minute seines ohnehin anstrengenden Tages verwende. Er richte deshalb die Bitte an sie, das Entstehen und Vorankommen des Buches im Gebet zu begleiten, damit seine Botschaft müde Beter erreichen und neu ermutigen möge.

Ole Hallesby ist zu dieser Zeit bei bester Gesundheit. Gott erfüllt ihn mit einer Freude, die ihm die Arbeit leicht werden läßt. Seinen nächsten Angehörigen vertraut er an, es sei ihm noch nie so leicht gefallen, einen Text zu schreiben, und er betrachte dessen Inhalt als ein Geschenk Gottes. Als dann das Manuskript druckfertig vorliegt, ist er überzeugt davon, daß dieses Buch auch dann noch gelesen werde, wenn alle seine anderen Bücher in Vergessenheit geraten seien. Ein Jahr später, am 30. Januar 1928, dankt er den Freunden in Schweden für die erwiesene Fürbitte. Gleichzeitig kann er berichten, sein Buch »Von der Welt des Gebets« habe in Norwegen bereits die fünfte Auflage erreicht, und es seien schon 10 000 Exemplare verkauft worden. »So ist es bisher noch keinem meiner Bücher ergangen.«

Bereits 1931 erscheint das Buch auf dem amerikanischen Markt. Dort findet es in vielen christlichen Kreisen so große Beachtung, daß mehr als eine Million Exemplare von Hallesbys »Prayer« den Weg zu den Lesern finden. Kein Buch eines anderen norwegischen Autors hat je in Amerika eine ähnlich hohe Auflage erreichen können.

Während des Zweiten Weltkrieges ist es Ole Hallesby nicht mehr möglich, seine literarische Arbeit fortzusetzen. Als er dann 1949 70 Jahre alt wird, erkennt er, daß er seine schriftstellerische Tätigkeit abschließen sollte. Aus diesem Grunde schlägt er dem Verlag die Herausgabe seiner »Ausgewählten Schriften I-XIV« (1948-1949) vor.

Bezeichnenderweise ist sein letztes Werk, das er dem norwegischen Volk widmet, ein Predigtband, der den markanten Titel »Lichte Aussichten in einer dunklen Zeit« (1949) trägt. Im Vorwort dieses Bandes weist er darauf hin, daß alle darin enthaltenen Predigten auch tatsächlich auf einer Kanzel gehalten worden seien. Dabei handle es sich durchweg um persönliche Zeugnisse aus der bewegten Kriegs- und Nachkriegszeit.

Da Ole Hallesby in den Jahren zwischen den beiden Weltkriegen zahlreiche Evangelisationsreisen ins Ausland unternommen hat, werden auch viele seiner Bücher in andere Sprachen – vor allem die der nordischen Länder – übersetzt. Es erscheinen auf diese Weise Hallesbys Bücher in der jeweiligen Landessprache in

Schweden (38 Bücher), Finnland (15 Bücher), USA (11Bücher), Dänemark (9 Bücher), Deutschland (6 Bücher), Island (4 Bücher), England (4 Bücher) und in den Niederlanden (2 Bücher).

Insgesamt sind von seinen Schriften im Laufe der Jahre in 34 Sprachen Übersetzungen angefertigt worden, darunter auch: französisch, italienisch, spanisch, portugiesisch, jugoslawisch, ungarisch, rumänisch, tschechisch, slowakisch, hebräisch, arabisch, bengali, indonesisch, chinesisch, koreanisch, japanisch, madagassisch, amharisch, suaheli. In einigen Ländern – insbesondere in Deutschland und Amerika – erreichen seine Bücher beeindrukkend hohe Auflagen. Hallesby freut sich sehr darüber, denn so können seine Bücher weiterwirken, auch wenn sein eigener »Arbeitstag« zu Ende geht.

PREDIGT:
»WIR WOLLEN JESUS GERNE SEHEN«

Mit der Predigt »Wir wollen Jesus gerne sehen« aus seinem bereits erwähnten letzten Buch, dem Predigtband »Lichte Aussichten in einer dunklen Zeit«, soll nun Ole Hallesby selbst zu Wort kommen.

> Es waren aber einige Griechen unter denen, die heraufgekommen waren, um anzubeten auf dem Fest. Die traten zu Philippus, der von Betsaida aus Galiläa war, und baten ihn und sprachen: Herr, wir wollten Jesus gerne sehen. Philippus kommt und sagt es Andreas, und Philippus und Andreas sagen's Jesus weiter. Jesus aber antwortete ihnen und sprach: Die Zeit ist gekommen, daß der Menschensohn verherrlicht werde. Wahrlich, wahrlich, ich sage euch: Wenn das Weizenkorn nicht in die Erde fällt und erstirbt, bleibt es allein; wenn es aber erstirbt, bringt es viel Frucht.
>
> Joh. 12,20-24

Es war nichts Ungewöhnliches, daß Griechen nach Jerusalem kamen. Die Juden betrieben eine umfangreiche Missionsarbeit und gewannen unter den Griechen viele Proselyten, die oft während der großen Festzeiten die heilige Stadt besuchten.

Ungewöhnlich war jedoch, daß diese Griechen Jesus sehen wollten. Das machte natürlich einen mächtigen Eindruck auf die Jünger. In den letzten Versen unseres Textes und noch deutlicher im darauffolgenden Abschnitt aber sehen wir, daß dieser Umstand einen noch stärkeren Eindruck auf Jesus selbst machte.

Als die Griechen zu ihm kamen, hörte Jesus nun die Heiden an der Pforte des Reiches Gottes anklopfen. Da erkannte er, daß Leiden und Tod nahe bevorstanden. Das Weizenkorn mußte in die Erde fallen und sterben, bevor er alle – auch die Heiden – zu sich ziehen konnte.

Wir hören später nichts mehr von den Griechen. Der Evangelist hat kein Interesse an den äußeren Details der Begebenheit, dafür aber an ihrer tiefen inneren Symbolik: Die Bitte der Griechen war für ihn die Bitte der Menschheit um einen Retter. Er hört hier das sehnsüchtige Seufzen der Menschen nach Hilfe im Kampf des Lebens und in der Not des Todes.

Hörte er richtig? – Ist das die Bitte der Menschheit: Wir wollen Jesus gerne sehen? Auf jeden Fall müssen wir fragen: Ist das *heute* die Bitte der Menschheit? Sieht es nicht eher so aus, als wären die meisten Menschen mit Jesus fertig?

Manche hassen ihn mit unerbittlichem Haß. Andere verspotten ihn mit dem Mund oder mit der Feder. Sehr viel mehr Menschen zweifeln an ihm. Solange sich die Gelehrten uneinig sind, können wir als gewöhnliche Menschen doch nicht glauben – sagen sie.

Ja, sicher, es gibt viele, die ihn weder hassen noch verspotten und auch nicht an ihm zweifeln. Viele von diesen Leuten gehen sogar in die Kirche. Fragten wir sie aber, ob sie in die Kirche gehen, um Jesus zu sehen, würde sie das gewiß sehr erstaunen.

Ja, es leben heute viele Menschen in Norwegen, die mit Jesus und dem Christentum Schluß gemacht haben. Das war zunächst gar nicht so leicht, aber Freunde und Bekannte halfen einem schon dabei. Und wenn man das Christentum erst einmal hinter sich gelassen hat, dann fühlt man sich glücklich und erleichtert. Früher lag oft ein dunkler Schatten über den Freuden und Vergnügungen des Lebens. Früher sündigte man mit einem schlechten Gewissen, jetzt aber »mit glücklichen Augen«.

Aber das Leben ist nicht so einfach, wie es erscheint, wenn man einen gesunden Körper hat und noch junges Blut in den Adern fließt.

Da liegt das Leben dann noch vor einem und glänzt im Licht der Sonne. Vater und Mutter leben noch und tragen in jeder Hinsicht die volle Verantwortung. Man fühlt sich so stark, daß man Berge versetzen könnte. Ja, man will geradezu auf Schwierigkeiten stoßen, um die eigenen Kräfte daran zu messen.

Aber das Leben nimmt wenig Rücksicht auf uns, und mit einem Schlag kann sich das Blatt im kleinen Schicksalsbuch unseres Lebens völlig wenden.

Meine Mutter starb, als ich zwölf Jahre alt war. Es war kurz vor Weihnachten, und die Beerdigung fand zwischen Weihnachten und Neujahr statt. In einem fürchterlichen Schneesturm standen wir draußen auf dem Friedhof. Nach altem norwegischem Brauch schaufelten die sechs Träger das Grab wieder zu, während wir dabeistanden und zuschauten, und bei jedem Spaten Erde, den sie auf den Sarg hinunterwarfen, hatte ich das Gefühl zu ersticken. Endlich waren sie fertig. Der Pfarrer sprach den Segen, und wir konnten wieder nach Hause fahren. Aber mir schien, als gäbe es gar keinen Grund mehr, jetzt nach Hause zu fahren, denn Mutter war nicht mehr dort.

Eine solche Erschütterung in unserem Leben lenkt unseren Blick zu Gott. Dann wollen wir Jesus gerne sehen.

Ich erinnere mich an einen Tag in Grini. Wir saßen im kleinen Kreis zusammen und unterhielten uns. Unter anderem kamen wir darauf zu sprechen, wie es uns damals ergangen war, als wir inhaftiert wurden. Wir tauschten uns intensiv über unsere Gedanken und Gefühle aus, die uns in der ersten Nacht im Gefängnis beschäftigt hatten. Wir mußten zugeben, daß wir damals einen mächtigen Schock bekommen hatten. Das Schlimmste war dabei gewesen, daß wir nicht wußten, wie gut die Deutschen über unsere Mitarbeiter informiert waren. Wartete Folter, wartete der Tod oder sogar beides? Einige von uns sagten es geradeheraus, daß wir damals keinen anderen Ausweg mehr wußten, als Gott anzurufen und uns mit Leib und Seele seiner schützenden Hand anzuvertrauen.

Einer aber unter uns meinte: »Es ist wahr, auch ich bekam einen schweren Schock. Aber es kam mir überhaupt nicht in den Sinn zu beten. Ich biß die Zähne zusammen und wollte kalt und hart sein.«

Da fragte ihn ein anderer ganz direkt: »Stimmt das wirklich, was du da sagst?« Zuerst brachte der so Angeredete kein Wort heraus, dann aber sagte er leise: »Nein! Jedes Wort, das ich vorher sagte, war gelogen. Die Wahrheit ist, daß ich die ganze Nacht hindurch weinte und betete.«

Ach ja, im Leben eines Menschen kommen immer wieder Stunden, in denen man Jesus gerne sehen will, auch wenn man sich danach schämt, es anderen zu erzählen.

Ich kann mir denken, daß einige heute unter uns sind, die weder Krankheit noch Trauer, weder Gefängnis noch Folter erlebt haben. Es gibt ja wirklich Menschen, die unglaublich leicht und ohne Schmerzen durchs Leben kommen, diese glücklichen Sonnenscheinkinder, die im fruchtbaren Garten des Lebens wie Schmetterlinge von Blume zu Blume flattern.

Aber das Leben ist kein Spiel, das bekommen auch sie zu spüren. Die Gesetze des Lebens kann keiner verändern. Eines dieser Gesetze lautet: »Der Mensch lebt nicht vom Brot allein, sondern von einem jeden Wort, das aus dem Mund Gottes geht.« Wir haben zwar völlige Freiheit zu hungern und unsere Seele zu peinigen – aber nicht ungestraft, die Seele reagiert darauf.

Und ihre erste Reaktion ist Müdigkeit. Natürlich will man es am Anfang nicht wahrhaben, daß die Seele müde ist. Aber das Leben ist stärker als alle Theorien. Nach und nach kommt man nicht umhin, der Wahrheit ins Gesicht zu sehen, und man erkennt die gähnende Leere in dem Leben, das man lebt. Da findet dann die Seele doch in aller Stille den Weg nach oben. Da will man Jesus gerne sehen.

In solchen Stunden erkennt man deutlich die Ursache der quälenden Schmerzen in der Seele: Es ist der Egoismus; er ist die »Leiche an Bord«. Du denkst nur an dich selbst, deinen eigenen Vorteil, deine eigene Ehre, deine eigene Bequemlichkeit, dein eigenes Vergnügen.

Ja, der Egoismus ist das schreckliche, aber wohlschmeckende Gift des Lebens, durch das alle Quellen des Lebens versiegen und durch das stattdessen Kälte, Härte und Kritiksucht im Menschen entstehen. Der Egoismus ist ein häßliches Isoliermaterial, das deinen Kontakt zu den Mitmenschen unterbricht, sogar zu denen, mit denen du am engsten zusammenlebst.

Und wenn du einen von denen triffst, deren Leben von täglichem Dienst und Aufopferung bestimmt ist, und du das stille Glück und den Lebensreichtum in deinem Gegenüber erkennst, dann fühlst du dich so arm und erbärmlich, daß du am liebsten vor ihm auf die Knie fallen möchtest.

Aber deine innere Leere schreit nach Abwechslung, Unterhaltung, Zerstreuung, Vergnügen und Sünde. Gelangweilt und müde wendest du dich neuen Freuden und neuen Sünden zu; und danach bleibt wieder nichts anderes übrig als deine innere Leere und die Verachtung vor dir selbst!

Dann ist es nicht mehr so leicht zu leben, und oft weißt du keinen anderen Ausweg als zu weinen. Aber das darf auf keinen Fall jemand wissen. Also weinst du nachts. Ja, du hast in mancher Nacht geweint!

In solchen Stunden fühltest du ein brennendes Verlangen in deiner gepeinigten Seele. Du sehntest dich nach einem, der dich versteht und der dir helfen kann. Du sehntest dich nach Ihm, der dich geschaffen, der dich erlöst, der dich getauft und der dich gerufen hat. Du sehntest dich danach, deinen müden Kopf und dein krankes Herz in seine Hände zu legen. Da wolltest du Jesus gerne sehen.

Da erkanntest du glaskar: Ich komme mit dem Leben niemals zurecht, wenn ich nicht zuvor mit Gott zurechtkomme. Aber auch das wurde dir bewußt: Ich komme nicht mit Gott zurecht, bevor ich nicht mit ihm ins Reine gekommen bin. Du sahst ein, daß es die Sünde ist, die dich von Gott trennt. Deshalb mußtest du sie vor Gott offen ausbreiten, deine alten und neuen Sünden, deine großen und kleinen Sünden, vor allem aber deine Lieblingssünden. Du weißt am besten, worum es sich dabei in deinem Leben handelt.

Ich kann mir sehr genau vorstellen, wie es dir jetzt geht, denn auch ich habe es auf diese Weise probiert. Es sieht nicht gut für dich aus, ja, es ist zum Verzweifeln. Du hast versucht, dich selbst zu bekehren, aber es ging nicht. Deine Vorsätze waren zwar gut gemeint, aber dein Wille war zu schwach. Du fielst zurück in den Sumpf deines alten Lebens. Wieder aufzustehen war dir genauso unmöglich wie dich am eigenen Haarschopf selbst aus dem Sumpf zu ziehen.

Mein leidender Freund, verzweifle nicht! Du hast einen Freund im Himmel, der dich versteht, der mit dir leidet, der dir helfen kann. Zuallererst ruft er dir dieses Wort zu: »Die Gesunden bedürfen des Arztes nicht, sondern die Kranken.« Er kommt also als Arzt zu dir. Du hast ihn jedoch gründlich mißverstanden, wenn du meinst, er würde erwarten, daß du deine kranke Seele selbst heilst. Du hast doch auch sicherlich noch nie einen Arzt gesehen, der sich ans Bett setzt und dem Kranken befiehlt, sich selbst gesund zu machen. Das gerade ist ja die Aufgabe des Arztes.

Der Arzt der Seele kommt zu dir, weil niemand sonst dir helfen kann, auch nicht du selbst. Er wußte das schon immer, nun weißt auch du es. Und damit bist du eigentlich gerettet. Denn von dem Augenblick an, an dem du dich den Händen deines großen Arztes anvertraust, bist du bereits geheilt.

Er ist im Besitz der Arznei, die deine todkranke Seele braucht. Gegen das Gift in deiner Seele und deinem Körper gibt es nur ein Mittel: Es ist das Blut Jesu Christi, des Sohnes Gottes, das uns rein macht von aller Sünde.

Für den, der Gott gegenüber bedingungslos kapituliert, ist es ganz einfach, gerettet zu werden. Um gerettet zu werden, brauchst du nur ein Sünder zu sein, der keine Sünde verbergen und keine Sünde behalten will. Jesus hat für alle deine Sünden gesühnt und dein Verhältnis zu Gott in Ordnung gebracht. Du brauchst ihm nur zu vertrauen.

»Ja aber gerade das kann ich nicht schaffen,« antwortest du. »Ich kann nicht glauben, und doch sehe ich in der Bibel, daß das ganze Heil vom Glauben abhängt.« – Ja, so ist es, und dafür dürfen wir Gott danken. Aber du hast den Glauben wohl mißverstanden, so wie es uns allen am Anfang erging. Hör nun, was die alten Haugianer sagten: Glauben heißt, mit seinen Sünden zu Christus kommen.

Dann *darfst* du Jesus sehen. Dafür wird Gottes Geist sorgen, der die Aufgabe hat, Christus allen Menschen nahezubringen, die mit ihren Sünden zu ihm kommen. Du *wirst* Jesus sehen, deinen gekreuzigten Heiland, der Genüge getan hat für alle deine Sünden. Dann wird deine kranke Seele gesund, dann wird dein Herz von Friede erfüllt sein.

Mein Zuhörer! – Nun hast du lange genug nachgedacht und gegrübelt und dich nach Gott gesehnt. Nun mußt du zur Tat schreiten. Stelle dich unter die Herrschaft Gottes und komm noch heute mit ihm ins Reine; und bringe dann morgen auch mit deinen Freunden alles in Ordnung, damit sie wissen, daß du ein so großer Sünder geworden bist, der nicht mehr ohne Gottes unverdiente Gnade leben kann.

Wenn der Sünder seine Not recht erkennt,
ist er in der Seele tief beschwert.
Doch wenn Jesus kommt mit seiner Gnade
und legt sie auf die Wunde des Herzens,
dann wird die Trauer selig ausgelöscht;
nun erfüllt ihn große Freude in Gott.
Amen. (Liedvers)

ERWECKUNG IN DER NORDISCHEN STUDENTENWELT

Neue Wege in der christlichen Studentenarbeit

Im Jahr 1921 ist Ole Hallesby schon so bekannt, daß er mehr und mehr den Ruf genießt, ein »Apostel des Nordens« zu sein. Es ist erstaunlich, wie seine frische und überzeugende Art der Verkündigung zu einer Herausforderung für viele Studenten in den nordischen Ländern wird. Alle wollen Professor Hallesby hören, und für viele ist sein Aufruf zur Umkehr ein Anstoß zu einem Anfang im Glauben.

Die Studenten – und mit ihnen ganz Norwegen – entdecken, daß Gott ihnen einen neuen vollmächtigen theologischen Lehrer gesandt hat, der von seinem Kollegen Olaf Moe einmal als »der große Glaubenszeuge« bezeichnet wird. Einer seiner Studenten, Ottar Bondevik, nennt ihn eine prophetische Gestalt, einen Verkündiger von der Dimension des italienischen Bußpredigers Savonarola (1452-1498).

Am Samstag, dem 12. Februar 1921, hält Ole Hallesby seinen ersten, epochemachenden Vortrag beim Norwegischen Studentenverband in Oslo. Der Saal ist überfüllt, denn unerwartet viele Studenten sind gekommen, um den »erzkonservativen Fanatiker« einmal näher kennenzulernen, dessen Reden die Bekenntniskonferenz in der Calmeyergate bestimmt haben. Nach dieser denkwürdigen Konferenz war Hallesby, wie bereits erwähnt, ins Ausland verreist, um dort seine zweibändige Glaubenslehre abzuschließen. Wieder im Lande, fordert ihn der Studentenverband nun dazu auf, sich den studentischen Zuhörern zu stellen.

Schon seit einigen Wochen sind Gerüchte unter den Studenten im Umlauf, daß kampfeslustige, dem Christentum feindlich gesonnene Vertreter der älteren Generation mit dem Professor der Gemeindefakultät verbal die Klingen kreuzen wollen.

Außer Hallesbys engsten Vertrauten weiß niemand, daß er seine Studenten zu einer Gebetsgemeinschaft in den Räumen der Fakultät eingeladen hat. Da die Zusammenkunft zwei Stunden vor der Veranstaltung des Studentenverbandes angesetzt ist, bleibt noch genügend Zeit, den »missionarischen Vorstoß ins heidnische Galiläa« gründlich vorzubereiten. Hallesby vertraut dabei der Gebetsgruppe an, er habe bei seinem Vortrag über das Thema »Warum ich Christ bin« an ein einfaches persönliches Zeugnis gedacht; er wolle eine Anleitung zur Umkehr, zum Glauben und zum Frieden mit Gott geben. In seinen Äußerungen spiegelt sich eine klare Zielsetzung, verbunden mit tiefer Demut, wider. Die Studenten merken aber gleichzeitig auch, daß an diesem Abend eine eigentümliche Furcht wie ein Schatten über der Person des Professors liegt. Hallesby und seine Studenten beten auf den Knien und bitten Gott, indem sie den Abend ganz in seine Hand legen, daß die Botschaft seiner Ehre diene und daß er die Besucher zu aufmerksamer Stille und ernsthaftem Zuhören bewege.

In den folgenden Tagen berichten die Osloer Zeitungen, die Zuhörer hätten den Vortrag des Professors mit gespannter Aufmerksamkeit verfolgt, in einer Weise, wie dies im Studentenverband nur sehr selten vorkomme. Die Anwesenden sind an diesem Abend tatsächlich von dem glänzend vorgetragenen und mitreißenden Vortrag derart beeindruckt, daß es den Gegnern des christlichen Glaubens außerordentlich schwer fällt, eine Diskussion in Gang zu setzen, die ihnen Gelegenheit bietet, den Redner anzugreifen.

Hallesby hat die Anwesenden nach seiner Ansprache gebeten, sich zu erheben und das geistliche Vaterlandslied von Elias Blix anzustimmen, das den Titel trägt »Gott segne unser teures Vaterland und laß es wie einen Garten blühn«. Es ist beinahe, als sei der Vortragsraum zu einer Kirche geworden.

Nach einer kurzen Pause schließt sich dem Vortrag die lange und wenig ertragreiche Diskussion an, die vor allem Hallesbys Gegner mit Ungeduld erwarten. So wird der Theologe und Evangelist in den Redebeiträgen auch sehr schnell der Intoleranz bezichtigt. Ein Redner ergeht sich gar in beißender Ironie über Hallesbys »fürchterliche Dunkelmänner«, und er ruft den akademischen Stand auf, in den düsteren Jahren, die nun über das Volk hereinbrechen würden, äußerst wachsam zu sein.

Zwei bekannte Anwälte schlagen besonders boshafte und unakademische Töne an. Während der eine gegen das Vaterlandslied tobt, erhebt sich der andere aus Verärgerung über Hallesbys zentrale Christusverkündigung. Dessen Aussage »Ich mußte Christ werden, um Mensch zu werden« widerspricht der Anwalt mit dem Gegenbekenntnis »Ich mußte ein Teufel werden, um Mensch zu werden.« Noch als dieses Bekenntnis im Saal wie ein schreckliches Echo nachklingt, fügt der wutentbrannte Anwalt hinzu: »Und ich kann Professor Hallesbys Intoleranz nicht ertragen, die mir nicht erlaubt zu glauben, was ich will.«

Hallesby wartet nicht eine Sekunde, bis er sich erhebt, mit ausgestreckter Hand auf den Anwalt zeigt und erwidert: »Ich habe immer die Überzeugung anderer Menschen respektiert. Ich respektiere auch, daß der Anwalt des obersten Gerichts ein Teufel werden mußte, um Mensch zu werden.«

Hallesby hält noch einen kurzen Augenblick inne, bevor er sich wieder setzt. Den Anwesenden im Saal, die gebannt die Auseinandersetzung verfolgt haben, wird dieser Wortwechsel für immer unvergeßlich bleiben.

Es soll sich bald erweisen, daß der Samstagabend des 12. Februars 1921 den Wendepunkt für das Eindringen des Christusevangeliums in der norwegischen und später in der ganzen nordischen Studentenwelt markiert. Ole Hallesbys Überzeugungskraft als Redner auf der Veranstaltung des Norwegischen Studentenverbandes in Oslo wird zu einem aktuellen Gesprächsthema bei Studenten in allen Teilen des Landes. Bei seinen Vorträgen in Trondheim, Aas und Bergen, zu denen er von den jeweiligen Studentenverbänden eingeladen wird, wählt er stets das gleiche Thema: »Warum ich ein Christ bin«. Die Zuhörerzahlen brechen alle Rekorde, und so berichtet beispielsweise die »Dagsposten« (Tagespost) am 28. Februar 1921 über die Veranstaltung in Trondheim: »Der ergreifende Vortrag wurde mit großem Beifall aufgenommen.« In diesem Sinne berichtet auch die »Ny Tid« (Neue Zeit) vom gleichen Tag: »Er beendete seinen sympathischen und wohlformulierten Vortrag, indem er den Wunsch äußerte, die Erweckung, die nun Land um Land erfaßt, möge sich auch unter der studierenden Jugend in Norwegen ausbreiten.«

Professor Hallesby und der Gebetskreis der Gemeindefakultät sehen in der Offenheit und Annahmebereitschaft für die biblische Verkündigung, die sie in den Studentenverbänden antreffen, eine Erhörung ihrer Gebete. Ein neuer Aufbruch kündigt sich an. Bereits am 23. Februar 1921 hat Hallesby in einem Brief an seinen Vater der Hoffnung Ausdruck verliehen, die er nun im Blick auf die Studentenwelt hegt: »Im Studentenverband verlief alles erstaunlich gut. Ich durfte vor mehreren hundert jungen Studenten darüber sprechen, warum ich ein Christ bin. Sie hörten nicht nur gespannt zu, sie waren sogar stellenweise sehr ergriffen. Es gab eine Menge heftiger Gegner, die in der anschließenden Diskussion versuchten, das Ganze zunichte zu machen. Aber Gott sorgte dafür, daß es ihnen nicht glückte. Ihr Angriff war viel zu grobschlächtig, so daß er ihnen bloß selbst schadete. Ich spürte an diesem Abend Gottes große Kraft und ging froh und dankerfüllt nach Hause. Nun liegt mir eine Einladung vom Studentenverband in Trondheim vor; ich werde dort am Samstagabend sprechen. Dafür müßt ihr mich wieder im Gebet unterstützen. Ebenso wurde ich gebeten, am Samstag nächster Woche im Studentenverband der Landwirtschaftlichen Hochschule Aas zu reden. Das ist eine wundersame Gebetserhörung. Ich bekomme die Gelegenheit, an den Orten zu sprechen, wo es menschlich gesehen am schwierigsten ist, ein deutliches und persönliches Wort von Christus zu sagen. Wir haben begonnen, für eine landesweite Erweckung zu beten, und hier öffnet uns Gott nun die Türen dazu, indem wir vor den Studenten sprechen dürfen. Laßt uns Gott inständig darum bitten, daß sein Geist während dieser Veranstaltungen mächtig ausgegossen wird. Durch Gottes starken Arm kann diesen Zusammenkünften eine entscheidende Bedeutung zukommen.«

So nimmt die Erweckung unter den nordischen Studenten in den 20er Jahren mit schlichtem Gebet und dankbarem Staunen ihren Anfang. Selbst die Gegner dieser Entwicklung müssen – wider ihren Willen – der Ausbreitung der Bewegung dienen, so wie es einmal ganz unerwartet in der ehrwürdigen schwedischen Universitätsstadt Uppsala geschieht.

Dort feiert vom 30. März bis zum 4. April 1921 der Freie Akademische Missionsbund im Rahmen einer Missionskonferenz sein 25jähriges Jubiläum. Von den 300 Teilnehmern kommen 47 aus Norwegen; unter den Rednern ist auch Ole Hallesby. Dieses verhältnismäßig bescheidene Studententreffen wäre sicher nicht in die Geschichte der christlichen Studentenbewegung des Nordens eingegangen, hätte nicht die Intoleranz zweier liberaler Theologen, des Dompropstes Erik Stave und des Erzbischofs Nathan Söderblom, bewirkt, daß die Konferenz in der Öffentlichkeit starke Beachtung findet.

Nachdem das Vorbereitungskomitee der Konferenz angefragt hat, ob der Dom von Uppsala dem Studententreffen für den Gottesdienst am Sonntag zur Verfügung gestellt werden könne, bekommt man zunächst eine positive Antwort. Plötzlich jedoch ist zu hören, daß die Zusage wieder zurückgezogen worden sei. Dompropst Stave hat in der Zwischenzeit beim Erzbischof vorgesprochen, und beide haben entschieden – ohne das Domkapitel, den Rat der Pfarrer, zu fragen –, daß der »sektiererische Dogmatiker« Hallesby, der für die Predigt vorgesehen ist, nicht würdig genug sei, als Verkündiger des Wortes auf der Kanzel des Domes zu stehen, und dies, obwohl Ole Hallesby als einer der vollmächtigsten Prediger des Nordens bekannt ist.

Als die schwedische Presse Stave und Söderblom diesbezüglich angreift und von ihnen eine Erklärung für die überraschende Absage fordert, erhält sie eine ebenso unbeholfene wie haltlose Antwort des Dompropstes: Hallesby könne deshalb nicht als Prediger in Frage kommen, weil die Schweden kein Norwegisch verstünden. (In Wirklichkeit aber gleichen sich die Sprachen so sehr, daß Schweden und Norweger durchaus in der Lage sind, sich gegenseitig zu verstehen.) Mit seiner unverschämten Ausrede hat sich der liberale Dompropst selbst der Lächerlichkeit preisgegeben.

Die großen schwedischen Zeitungen nehmen daraufhin die norwegische Sprache in Schutz und verlangen erneut, der Dompropst solle endlich eine vernünftige Erklärung für den negativen Bescheid abgeben. In einer zweiten – nicht minder fragwürdigen – Erklärung verweist Dompropst Stave nun auf die Tatsache, daß Ole Hallesby nicht zum Pfarrer ordiniert sei, und er fährt fort, es sei doch unangemessen, wenn der erste Laie, der im Dom von Uppsala im Hauptgottesdienst die Predigt halte, ein Ausländer sei.

Das also ist der Willkommensgruß, den die nordische akademische Missionskonferenz von der schwedischen Kirche erhält.

Ole Hallesby reagiert persönlich überhaupt nicht auf diese Ehrenkränkung. Als allerdings der routinierte Kirchenpolitiker Erzbischof Söderblom in offizieller Funktion auf dem Bahnhof erscheint, um ihn in Uppsala willkommen zu heißen, und sich dabei anbietet, ihm den Koffer abzunehmen, erwidert Hallesby kühl, er trage seinen Koffer immer selbst. Es imponiert den norwegischen Studenten, die Hallesby begleiten und die so Zeugen dieser historischen Begegnung sind, daß sich der Professor nicht durch Schmeicheleien vereinnahmen läßt.

Die Missionskonferenz 1921 in Uppsala ist von einer wunderbaren geistlichen Vollmacht bestimmt, die alle Aufregung durch die vorangegangene Zeitungsdebatte schnell in den Hintergrund treten läßt. Für die Teilnehmer wird sie zu einem unvergeßlichen Erlebnis, was sich nicht zuletzt daran zeigt, daß viele Studenten, die auf der Konferenz der Ruf in die Weltmission trifft, später ihr Leben als Ärzte, Missionare oder Lehrer in den Dienst für Gott in den fernen Ländern stellen.

Die beiden ergreifenden Vorträge zu den Themen »Der größte Gedanke der Bibel: Die Mission« (C. Skovgaard-Petersen) und »Die innere Kraft der Missionsarbeit« (O. Hallesby) geben in diesem Zusammenhang Anlaß zu vielen intensiven Gesprächen unter den Studenten. In den Gebetsgemeinschaften nach den Abendandachten ist die innere Ergriffenheit der jungen Menschen deutlich zu spüren.

Als Ole Hallesby am letzten Konferenztag den abschließenden Vortrag hält, ist die Aula der Universität bis auf den letzten Platz besetzt. Hallesby soll darüber berichten, wie er Christ geworden ist. Bevor ihm jedoch das Wort erteilt wird, erklärt der Konferenzleiter, daß der norwegische Theologe und Dogmatiker, der von seinen Gegnern als »der größte Unruhestifter des Nordens« verunglimpft worden sei, in Wirklichkeit die Herzen der Menschen für sich gewonnen habe, weil er »der größte Friedensstifter des Nordens« sei. Auf dieses Grußwort hin erhebt sich die Versammlung schweigend in tiefer Ehrerbietung.

Als Hallesby nach Norwegen zurückfährt, ist er im Innersten bewegt und glücklich zugleich über den Sieg, den Gottes

Wort unter den nordischen Studenten errungen hat. In einem gleich nach der Ankunft in Oslo verfaßten Brief an seinen Vater schildert er mit folgenden Worten seine Erlebnisse und Eindrükke: »Nun bin ich wieder aus Schweden zurück und schreibe ein paar Zeilen, damit Ihr hört, wie es mir ergangen ist. Ihr habt sicher in der Zeitung »Dagen« gelesen, daß mir die Liberalen nicht erlaubt haben, in der Domkirche von Uppsala zu predigen. Aber damit dienten sie gegen ihren Willen unserer Sache wie es besser nicht möglich gewesen wäre. Ganz Schweden schmunzelte darüber, daß die Leute in Uppsala kein norwegisch verstünden, und die Missionskonferenz wurde überall zum Gesprächsthema. Alle Zeitungen berichteten auf der ersten Seite ausführlich über unsere Veranstaltungen. Dadurch kamen Zuhörer, die ich sonst nie erreicht hätte. Das erste Mal sprach ich im imposanten Festsaal der Universität vor 1000 Studenten, das zweite Mal waren es sogar fast 1500. Das war ganz einzigartig, und die Leute in Uppsala hatten noch nie so viele Studenten bei einem religiösen Vortrag gesehen. Das wichtigste jedoch war, daß Gott das, was ich sagte, in einem solchen Maß segnete, daß es meine Erwartungen weit übertraf. Und meine Freunde dort waren so dankbar und froh, wie ich es selten ähnlich erlebt habe. Auf der ganzen Konferenz lag ein besonderer Segen, und wir durften wirklich erfahren, wie unsere Gebete herrlich erhört wurden. Wir haben ja auch schon zwei Monate lang jeden Tag an der Gemeindefakultät für diese Konferenz und diese Reise gebetet.«

Ole Hallesby ist Gott für die neue Motivation dankbar, die ihm die Konferenz im schwedischen Uppsala gegeben hat. Er ist nun völlig davon überzeugt, daß die Bewegung, die am überlieferten biblischen Glauben festhält, in der nordischen Studentenwelt Fuß gefaßt hat. Weil dieser lebendige Glaube auf der Grundlage der Heiligen Schrift den modernen Menschen weithin unbekannt ist und selbst die elementarsten Kenntnisse darüber fehlen, ist eine missionarische Verkündigung dringend notwendig. Es ist an der Zeit, einen entschlossenen Vorstoß mit dem Evangelium von Jesus Christus in die ihm entfremdete akademische Welt hinein zu wagen.

Der Umschwung ist ganz überraschend eingetreten; auch für Hallesby, der sicher ist, daß die offenen Türen für die missionarische Arbeit unter den Studenten ein Geschenk Gottes sind. Nur wenige Monate zuvor, im Jahr 1920, mußte man die Vorplanungen zu einem Studententreffen wieder zu den Akten legen. Damals hatte Hallesby im Vorstand des Christlichen Gymnasiums angeregt, ein nordisches Studententreffen mit biblischer Ausrichtung ins Auge zu fassen. Obwohl schon im Vorfeld manche Bedenken gegen ein »so unzeitgemäßes und unakademisches« Treffen laut geworden waren, ließ sich das Planungskomitee dadurch nicht abschrecken. Als endlich das Programm ausgearbeitet zur Abstimmung vorlag, wurde im letzten Augenblick ein Mitglied des Vorstandes innerlich so unsicher, daß er vorschlug, die Sache doch lieber fallen zu lassen. Das Ganze könnte ja in einem totalen Fiasko enden, wenn sich kein einziger Student melden würde!

Hallesby gibt nicht auf und kommt 1921 wieder auf seinen Vorschlag zurück. Seine Stimme hat nun größeres Gewicht, da er jetzt auf seine positiven Erfahrungen in der missionarischen Arbeit unter den Studenten verweisen kann. Im Gegensatz zum Vorjahr stimmt der Vorstand diesmal zu. In erster Linie sollen, so der Beschluß, die Schüler des Christlichen Gymnasiums eingeladen werden; wenn jedoch auch andere interessierte Studenten daran teilnehmen wollten, so stünde dem nichts im Wege.

Dieses erste Treffen, das in Haugetun stattfindet, wird für die mehr als 50 Teilnehmer zu einem prägenden geistlichen Erlebnis. Gott wirkt durch seinen Geist, so daß viele der jungen Menschen eine neue Ausrichtung für ihr Leben bekommen.

Dadurch ermutigt, veranstaltet man 1922 erneut ein Treffen, das nun »Nordisches Studententreffen« genannt wird und an das man allseits große Erwartungen knüpft. Das Ergebnis gibt den Veranstaltern recht; nicht nur, daß in diesem Jahr weitaus mehr Teilnehmer zum Treffen kommen, es werden auch dieses Mal wieder viele junge Menschen für Gott gewonnen.

Die neue Studentenbewegung lädt auch 1923 wieder zu einem Sommertreffen ein. Nun können es die Studentenwelt und die Christen im Land nicht mehr übersehen, daß in Norwegen eine neue Bewegung missionarisch ausgerichteter Studenten im Entstehen ist, auch wenn sie zahlenmäßig – noch – nicht ins Gewicht fällt.

Für Hallesby ist es aufgrund seiner langjährigen Erfahrungen in der Erweckungsbewegung klar, daß sich der eigentliche geistliche Aufbruch bereits auf dem ersten Treffen ereignet hat, und so nennt er dieses Treffen später oft seine schönste, größte und bedeutsamste Erinnerung im Rahmen seiner evangelistischen Arbeit unter den Studenten der nordischen Länder: »Es kam überraschend. Wir hatten nicht gewagt, um so große Dinge zu beten. Es war überwältigend, hier durften wir sehen, wie junge Menschen mit akademischer Bildung ihre Knie beugten vor dem einfachen Wort vom Kreuz – zur Erweckung, zur Umkehr und zu kindlichem Glauben an die Vergebung der Sünden. Das war etwas ganz Neues für uns. Wir hatten zwar schon erlebt, daß ein einzelner Student zum Leben mit Gott durchdrang, aber eine Erwekkung unter Studenten! Oh, welche überschwengliche Freude!«

Trotz aller Begeisterung über das Gelingen der Treffen ist einschränkend zu bemerken, daß die Erweckung im großen und ganzen auf ein einzelnes Gymnasium beschränkt bleibt und daß die Gymnasiasten und Studenten nur zu einzelnen kurzen Sommertreffen zusammenkommen. Für andere Angebote außerhalb der Schule, vor allem im Winterhalbjahr, fehlen Zeit und Kraft.

Aus diesem Grund ist es von besonderer Bedeutung, daß sich in diesen Jahren eine andere, ganz unabhängige Gruppe christlicher Studenten mit dem Gedanken befaßt, eine bibeltreue Studentenvereinigung zu gründen, um gläubigen und am Glauben interessierten Kommilitonen aller Fakultäten eine geistliche Heimat zu bieten. Der Initiator dieser Bestrebungen, Gunnvald Kvarstein aus Vennesla (bei Kristiansand), ein Student der Gemeindefakultät, hat bereits 1922 einigen Freunden seine diesbezüglichen Pläne unterbreitet. In aller Stille gewinnt er nach und nach Philologen, Mediziner und Juristen, die bereit sind, sein Vorhaben zu unterstützen.

Gegen Ende des Frühjahrssemesters 1923 stehen Kvarstein etwa 50 Mitstudenten zur Seite, die ihn bei der Gründung einer neuen christlichen Studentenvereinigung auf biblischer Grundlage unterstützen. Obwohl er alle Beschlüsse selbst faßt und kein Komitee hinter den Planungen steht, genießt der junge Mann das volle Vertrauen der pietistischen Studienfreunde, die sich um ihn sammeln.

Als nach den Semesterferien im Sommer 1923 wieder ein neues Universitätsjahr beginnt und Gunnvald Kvarstein ebenso wie seine engsten Freunde die Zeit für gekommen hält, die Pläne zur Gründung einer christlichen Studentenvereinigung in die Tat umzusetzen, tauchen plötzlich unerwartete Hindernisse auf.

Das Vorhaben der Gruppe um Kvarstein stößt auf zum Teil heftige Skepsis und Ablehnung. Einige halten es für völlig unnötig, eine zweite Vereinigung christlicher Studenten ins Leben zu rufen. Andere meinen, die Zusammenarbeit von liberalen und positiven Kräften, durch die sich der bereits bestehende Christliche Studentenverband zu einer »gemütlichen Plauderecke« für humanistische Akademiker entwickelt habe, verdiene es, als eine Oase in der ansonsten marxistisch orientierten Studentenwelt Oslos weiterzuleben. Im Gegensatz dazu gibt es an der Gemeindefakultät aber auch eine Gruppe, die es sich zum Ziel gesetzt hat, den bisherigen Verband für eine biblische und missionarische Ausrichtung – wie sie sich einst aus den Ursprüngen und der Bekenntnisgrundlage ergab – zurückzuerobern.

Der bestehende Christliche Studentenverband ist 1923 an einem Tiefpunkt angelangt. Die Mitgliederzahlen sind im Laufe der Jahre bedrohlich gesunken und die Veranstaltungen generell schlecht besucht, und so nützte es auch wenig, daß man Dr. Kristian Schjelderup zum Vorsitzenden gewählt hat.

In dieser Zeit kursieren vielfältige Gerüchte unter den christlichen Studenten. Beispielsweise behaupten manche, die Mitglieder der Gemeindefakultät hätten vor, die Liberalen bei der kommenden Generalversammlung aus dem Verband hinauszudrängen. Die einst so verachtete Gemeindefakultät ist inzwischen so stark geworden, daß im Frühjahr 1923 in der Theologiestudentenvereinigung ein rein konservativer Ausschuß gewählt worden ist, der ausschließlich aus Angehörigen der Gemeindefakultät besteht. Wenn diese Studenten zusammenhalten, dann ist es vorherzusehen, daß es bei den Wahlen auf der nächsten Generalversammlung des Studentenverbandes zu ähnlichen konservativen Mehrheiten kommen wird. Spannung liegt also in der Luft!

Am 19. Oktober 1923 findet an der Gemeindefakultät eine Gesprächsrunde zu diesem Thema statt. Die starke Beteiligung und die lebhafte Debatte zeigen deutlich, daß die christliche Studentenarbeit an einem Scheideweg steht. Das Ergebnis der Aussprache ist, daß Kvarsteins Gruppe verspricht, die Pläne zur Gründung einer neuen christlichen Studentenvereinigung so lange zurückzustellen, bis abzusehen ist, ob die konservativen Studenten bei der Generalversammlung des Studentenverbandes die Oberhand gewinnen werden.

Obwohl Ole Hallesby zu diesem Zeitpunkt auf einer Predigtreise unter norwegischen Auswanderern in Amerika weilt, erklärt er sich dennoch damit einverstanden, als Gegenkandidat Kristian Schjelderups nominiert zu werden.

Erstaunlicherweise kommen lediglich knapp 250 Studenten zur Generalversammlung, und das trotz des intensiven persönlichen und allgemeinen Aufrufs liberaler und konservativer Studenten zur Anmeldung und Teilnahme.

Nachdem die Veranstaltung mit einführenden Referaten von Kristian Schjelderup und dem Studenten Sverre Norborg (dem Verfasser dieser Biographie) eröffnet worden ist, ergibt sich im Anschluß daran unter den Teilnehmern eine lange und teilweise erbittert geführte Diskussion über die Ausrichtung des Christlichen Studentenverbandes.

Die Professoren Simon Michelet und Lyder Brun geben zunächst lange Stellungnahmen ab, um zu demonstrieren, wie wichtig es ihnen ist, daß der Studentenverband dem »liberalen toleranten Kulturchristentum« erhalten bleibt. Den Zuhörern wird im Verlauf des Abends immer mehr bewußt, wie die Vertreter der Liberalen mit überlangen Redebeiträgen dafür sorgen, daß sich die Diskussion bis weit nach Mitternacht hinzieht; und so erreichen sie tatsächlich, daß viele Studenten schon längst den Heimweg angetreten haben, als man dann endlich zu den Wahlen schreiten kann. Bei der Wahl des Vorsitzenden entfallen auf Kristian Schjelderup 95 Stimmen, auf Ole Hallesby 60 Stimmen.

Die bei der Generalversammlung anwesenden Studenten der Gemeindefakultät haben sich in der Diskussion so gut wie gar nicht zu Wort gemeldet. Nur Gunnvald Kvarstein hat es gewagt, das biblische Christuszeugnis gegenüber Schjelderup zu verteidigen. Er hat den Mut dazu, weil er seinen Glauben bekennen will, und so trifft ihn die Abstimmungsniederlage Hallesbys nur wenig. Er sieht darin vielmehr einen Sieg für die geplante missionarische Studentenarbeit, da man von nun an keine Rücksicht mehr auf den von den Liberalen beherrschten Studentenverband zu nehmen braucht. Nach der Generalversammlung bemerkt er auf dem Heimweg einigen seiner Freunde gegenüber: »Im nächsten Semester packen wir's an!«

In einer von den Studenten organisierten öffentlichen Sitzung an der Gemeindefakultät referiert Gunnvald Kvarstein am

27. Februar 1924 über das Thema »Unsere Aufgabe in der Studentenwelt«. Man hat die Veranstaltung durch einen Anschlag in der Universität angekündigt, so daß sehr viele Studenten der verschiedensten Fakultäten erschienen sind. Sie alle verfolgen mit Spannung die sich entwickelnde Debatte, die von Beginn an lebhaft und zum Teil auch kontrovers geführt wird. Für diejenigen, die auf Kvarsteins Seite stehen, ist es eine große Hilfe, daß der besonnene Professor Olaf Moe erklärt, er habe jegliche Hoffnung auf eine Umgestaltung des bestehenden Studentenverbandes aufgegeben. Man müsse daher einen neuen Verband auf biblischer Grundlage ins Leben rufen. Gegen Ende der Diskussion ergreift auch Ole Hallesby das Wort und unterstützt das Vorhaben der Studenten mit einem flammenden Appell.

Noch während des Abends wählt man einen Ausschuß, dessen Aufgabe es sein soll, die Satzung einer neuen christlichen Studentenvereinigung auszuarbeiten. Voller Hoffnung und mit jugendlichem Schwung wird die Arbeit sofort in Angriff genommen. Unter der Leitung seines Vorsitzenden Gunnvald Kvarstein arbeitet der Ausschuß so zügig und zielstrebig, daß die konstituierende Sitzung der neuen Studentenvereinigung bereits zwei Wochen später, am 12. März 1924, stattfinden kann.

Man zieht dabei die notwendigen Schlußfolgerungen aus der Tatsache, daß der von Schjelderup geführte Christliche Studentenverband seine biblische Ausrichtung deshalb verloren hat, weil seine Statuten so tolerant und verschwommen formuliert sind, daß sie keinen Schutz gegen das Eindringen einer falschen Lehre bilden konnten. Aus diesem Grund will die neue Studentenvereinigung in ihrer Satzung die geistlichen und lehrmäßigen Grundlagen klar und verbindlich festlegen:

Nach § 2 ist die Basis der neuen Studentenarbeit: »(...) die objektive Grundlage des Heils, die durch Jesus Christus gelegt ist, durch seine Sühne für unsere Sünden und seine Auferstehung zu unserer Gerechtigkeit, so wie es in der Heiligen Schrift und im apostolischen Glaubensbekenntnis bezeugt ist.«

In § 3 werden die Aufgaben und Ziele der neuen Studentenvereinigung umrissen: »a) christliche Studenten zu sammeln, um sie im geistlichen Leben zu stärken und zu vertiefen; b) andere für Christus zu gewinnen.«

§ 5b der Satzung zufolge müssen alle, die dem Ausschuß der Vereinigung angehören, überzeugte Christen sein.

Die kleine Gruppe, die diese Statuten der neuen »Christlichen Studentenvereinigung« beschließt, besteht aus ungefähr 50 Mitgliedern. Sie alle können zu dieser Zeit noch nicht ahnen, daß sie sich damit auf ein großes geistliches Abenteuer einlassen, das in der Geschichte der norwegischen Studentenschaft tiefe Spuren hinterlassen wird. Aus dem kleinen Senfkorn wächst in der Tat ein großer, weitverzweigter Baum hervor.

Als die Teilnehmer der Studententreffen in Haugetun und die Mitglieder der neuen Studentenvereinigung zum ersten Mal ein gemeinsames Sommertreffen auf dem Hagaberg in Schweden veranstalten, ist deutlich zu spüren, daß diese jungen Menschen vom selben Geist erfüllt sind und daß sie das gemeinsame Ziel miteinander vereint.

Über diese Begegnung der Studenten berichtet selbst ein sonst so sachlicher und kritischer Beobachter wie der Redakteur Johannes Lavik mit folgenden bewegten Worten: »Das Treffen auf dem Hagaberg war eine der mich am meisten bereichernden Zusammenkünfte, an denen ich teilgenommen habe; es war reich an Ernst, reich an Freude, reich an Atmosphäre – eine Erinnerung für's Leben. Gott hat an den Herzen gearbeitet. Junge Studenten und Gymnasiasten, die teils gleichgültig, teils neugierig zu diesem Treffen kamen, wurden wachgerüttelt und haben angefangen, Gott zu suchen. Der Ruf nach Errettung wurde laut, und Gott antwortete: Erhörung der Gebete, Freude und Jubel über die Errettung. – Professor Hallesby hat hier viele Vorträge gehalten. Sie waren von seelsorgerlicher Wärme, von tiefer Innigkeit, von scharfer Logik und verhaltener Eindringlichkeit geprägt. Es ist daher völlig verständlich, daß Hallesby die Seele dieser Veranstaltungen ist. Christen, denen die Jugend am Herzen liegt, sollten deshalb nicht vergessen, für ihn zu beten, daß ihm Gott die nötige Gesundheit und Kraft zu dem großen Auftrag schenkt, den er unter der akademisch gebildeten Jugend auszuführen hat.«

Das sind neue Töne im Bereich der christlichen Studentenarbeit. Man schämt sich nun nicht mehr, auch mit Studenten über die rettende Kraft des Evangeliums ins Gespräch zu kommen; man entdeckt vielmehr, daß für Akademiker kein Extrazug in den Himmel fährt. Auf diese Weise erleben die vielen jungen Studenten mit, wie das Evangelium das Eis zum Schmelzen bringt und Menschen zum lebendigen Glauben finden.

Eines werden die Teilnehmer des Sommertreffens in Hagaberg für immer in Erinnerung behalten: Die Zeit nach der Abendandacht, wenn sie noch beieinander sitzen und miteinander singen und sich in den Liedern Vaterlandsliebe und Glaubensfreude gleichermaßen widerspiegeln.

Im nachhinein sind die Mitglieder der neuen Studentenvereinigung, die sich zur Autorität der Bibel bekennen, alles andere als unglücklich darüber, daß sie damals bei den Vorstandswahlen im Norwegischen Christlichen Studentenverband nicht zum Zuge gekommen sind. Hätten die Konservativen die Wahl gewonnen – vielleicht nur mit einer knappen Mehrheit –, dann hätte man sich darauf einstellen müssen, Semester für Semester erneut einen Wahlkampf zu führen und ständig mit den liberalen Studenten im Streit zu liegen. Mit einer solchen permanenten Auseinandersetzung wäre niemand gedient gewesen. So aber freut sich auch Ole Hallesby voll dankbaren Staunens darüber, wie die Schar gläubiger Studenten ständig zunimmt. Wenn er mit ihnen zusammen ist, dann sieht er es schon vor seinem geistigen Auge, wie diese jungen Christen in einigen Jahren Norwegen verändern werden: als Pfarrer, Ärzte, Lehrer, Richter, Offiziere, Wissenschaftler und Politiker.

Am 1. April 1924 findet die erste öffentliche Veranstaltung der »Christlichen Studentenvereinigung Norwegens« statt. Bischof Johan Lunde hält zu diesem Anlaß einen interessanten und anregenden Vortrag über »Das Christliche«, in dem er den Studenten folgenden Rat mit auf den Weg gibt: »Nur diejenige Form von Kultur, die gegen Christus gerichtet ist, soll unser Feind sein.«

Obwohl an diesem ersten Vortragsabend nur 56 Studenten die Gelegenheit nutzen, ihre Mitgliedschaft zu erklären, zeigt es sich bald, daß gerade diese ersten Mitglieder eine unerwartet große Einsatzfreude an den Tag legen.

Die Mitgliederzahl steigt in den kommenden Jahren stetig an, und fortwährend werden neue Aufgabenbereiche und Arbeitsfelder entdeckt. Schon im Herbst 1924 wird eine Gymnasiastengruppe in Oslo gegründet, und 1926 schließt sich auch der traditionsreiche Freie Akademische Missionsbund der Christlichen Studentenvereinigung an. Seit 1928, als der bekannte Pioniermissionar Robert Wilder den Eröffnungsvortrag bei einem großen Treffen der Vereinigung im Alten Festsaal der Universität hält, werden evangelistische Veranstaltungen dieser Art zum festen Bestandteil des jährlichen Programms der Christlichen Studentenvereinigung an der Universität Oslo.

Im Frühjahr 1933 kann zunächst eine Mittelschulgruppe gegründet werden, und wenig später, am 2. April, erfolgt die Einweihung der im Stadtwald, nördlich von Oslo, gelegenen Nordmarkskapelle, die noch heute an den großartigen freiwilligen Einsatz der Studenten jener Zeit erinnert.

Das erste Jahrzehnt in der Geschichte der Christlichen Studentenvereinigung steht ganz im Zeichen ehrenamtlicher Mitarbeit. Es dauert bis 1932, als mit dem hervorragenden Verkündiger Carl Fr. Wislöff erstmals ein hauptamtlicher Sekretär angestellt wird. Im Jahr darauf hält man es überdies für erforderlich, einen Landesrat ins Leben zu rufen.

Obwohl Ole Hallesby 1933 zum ersten Vorsitzenden des Landesrates gewählt wird, gibt er dieses Amt schon ein Jahr später an seinen persönlichen Freund und Mitarbeiter Rektor Hans Höeg ab. Hallesby bleibt aber noch bis 1948 Mitglied des Rates, und seine wertvollen Anregungen und Impulse sind auch weiterhin stets geschätzt.

Bei den Sitzungen des Landesrates werden Pläne und Richtlinien für die Arbeit entworfen und es werden Beschlüsse gefaßt über die Anstellung der wenigen hauptamtlichen Sekretäre, die inzwischen für die Arbeit benötigt werden. Es finden auch Beratungen statt, in denen man sich darauf einigt, wer für die Sommertreffen, die teilweise in Norwegen und teilweise in anderen nordischen Ländern stattfinden, als Redner in Frage kommt. Darüber hinaus nehmen sich die Mitglieder jedesmal viel Zeit zum gemeinsamen Gebet für die ständig wachsenden Aufgaben in der christlichen Studentenarbeit.

Gerade die Studententreffen der Vereinigung haben eine klare evangelistische Ausrichtung. Viele junge Menschen aus den nordischen Ländern finden auf diesen Zusammenkünften zu einer entscheidenden Begegnung mit Jesus Christus. Noch nach Jahren bezeugen Teilnehmer, wie viel die Treffen für ihr persönliches Christsein bedeutet haben.

Nach der denkwürdigen Konferenz in Uppsala 1921 wird Ole Hallesby mehr und mehr zur zentralen Verkündigergestalt in der akademischen Welt des Nordens. Welch starken Eindruck der geisterfüllte Theologieprofessor bei seinen studentischen Zuhörern hinterließ, schildert sein späterer Schwiegersohn Sigurd Lunde, der Bischof von Stavanger, einmal auf folgende Weise: »Hallesby hatte eine ganze Reihe von Vorträgen ausgearbeitet, die in Studenten- und Gymnasiastenkreisen mehr und mehr zu Klassikern wurden: ›Die Kraft des Christentums‹, ›Das Risiko des Lebens‹ und ›Der Anstoß des Denkens im Christentum‹, um nur einige von ihnen zu nennen. Nie fürchtete er sich davor, sich zu wiederholen. Es war, als wäre der Stoff, auch für ihn selbst, jedesmal wieder ganz neu und frisch; und so wirkte es dann auch auf die Zuhörer. Seine Worte hatten eine einzigartige Durchschlagskraft. Was für ein großes Vorbild war er!«

DIE AUFGABE IN DER INNEREN MISSIONSGESELLSCHAFT

Predigtreise nach Amerika

Am 10. März 1923 begibt sich Professor Ole Hallesby an Bord des Schiffes »Stavangerfjord«, um norwegische Auswanderer in Amerika zu besuchen. Schon seit einigen Jahren ist er immer wieder von norwegischsprachigen Kreisen in Amerika zu einem Besuch der Gemeinden und theologischen Seminare eingeladen worden. Aber erst in diesem Frühjahr ist es ihm nun möglich geworden, drei Monate lang durch die von Norwegern besiedelten Gebiete der »Neuen Welt« zu reisen, um dort zu predigen sowie evangelistische und theologische Vorträge zu halten. Das Vorbereitungskomitee in Amerika ist mit Einladungen an den berühmten Verkündiger aus dem Land der Väter geradezu überschüttet worden, und so führt Hallesby die weite Reise von New York im Osten bis nach Seattle im äußersten Nordwesten der Vereinigten Staaten. Die enormen Anstrengungen, die für ihn damit verbunden sind, lassen sich daran ermessen, daß er in der kurzen Zeit seines Aufenthaltes in 356 Orten zu Gast ist, wo er auf insgesamt 155 Veranstaltungen Ansprachen oder Predigten hält, in Gottesdiensten oder auf Fortbildungskursen für Pfarrer ebenso wie bei Evangelisationen oder Bibelwochen.

Der Zustrom zu den einzelnen Vorträgen und Predigten ist überwältigend. Um Hallesbys klare Erweckungsbotschaft zu hören, nehmen die Norwegisch-Amerikaner nicht selten Autofahrten von bis zu drei Stunden in Kauf. Diese Art von Verkündigung ist zu jener Zeit in den Gemeinden eher selten geworden, so daß besonders die älteren Christen darüber klagen, daß Gleichgültigkeit und Gewohnheitschristentum in der kirchlichen Arbeit mehr und mehr überhandnehmen würden.

In einigen außerordentlich fesselnd geschriebenen Reisebriefen an seine Familie zu Hause berichtet Ole Hallesby, wie sehr er sich über das Band der Gemeinschaft freue, das die Liebe und der gemeinsame Glaube zwischen ihm und seinen Zuhörern knüpfe: »Für mich ist die Begegnung mit diesen lieben norwegischen Bauern unglaublich schön. Männer wie Frauen lassen in ihren Bewegungen noch die norwegische Ruhe erkennen. Ich erlebe mit diesen gläubigen Freunden eine so tiefe geistliche Gemeinschaft, wie ich es vorher niemals erwartet hätte.«

Umgekehrt trifft seine Verkündigung bei den Zuhörern auf eine große Offenheit und Aufnahmebereitschaft, so daß der Redakteur des »Folkebladet« (Volksblatt) zur Feststellung kommt: »Es ist, als mache er einem den Weg frei zu Gott.«

An Werktagen erscheinen gewöhnlich ungefähr 700 bis 800 Frauen und Männer bei den Versammlungen, die – mit Rücksicht auf den Tagesrhythmus der Farmer – zwischen 11 Uhr und 14 Uhr abgehalten werden. An den Sonntagen liegt die Besucherzahl der Versammlungen sogar bei 1500 bis 3000 Personen. Amerikanische Kirchenhistoriker haben später herausgefunden, daß insgesamt mehr als 100 000 Menschen die Veranstaltungen mit Professor Hallesby während dessen Amerikareise besucht haben.

Dennoch bemerkt auch Ole Hallesby, daß in der Regel nur sehr wenige junge Menschen zu den Veranstaltungen kommen. Als Folge des Ersten Weltkrieges ist in den Vereinigten Staaten die zwanghafte »America-first-Psychose« (Amerika-zuerst-Psychose) entstanden, die nun die Jugend prägt. Der so bewirkte Haß und das Mißtrauen gegen Amerikaner deutscher Herkunft haben das gesellschaftliche Klima völlig vergiftet. Alles soll amerikanisch sein; hinter jedem »foreigner« (Fremden) wittert man einen Landesverräter. Da dieser Fremdenhaß sogar an den öffentlichen Schulen vermittelt wird und es somit plötzlich eine Schande ist, im »Land der Einwanderer« ein Einwanderer zu sein, meinen viele Kinder und Jugendliche, es sei am vernünftigsten, sich von der Muttersprache und der Kultur der Eltern loszusagen. Hallesby kann beobachten, wie dieser Generationenkonflikt auch innerhalb der norwegisch-amerikanischen Gemeinden um sich greift: »Das

Schmerzlichste an dieser Sache ist, daß die Sprache uns zwangsläufig von unseren Landsleuten trennt.«

Zur Zeit seines Amerikaaufenthaltes verstehen sich die meisten norwegisch-amerikanischen Pfarrer – noch – als Norweger. Aus diesem Grund nehmen auch mehr als 300 amerikanische Pfarrer und Professoren an einem Fortbildungskurs teil, den Hallesby durchführt. Der Kurs, der eine ganze Woche dauert und auf norwegisch abgehalten wird, findet in Minneapolis/St. Paul, der »Hauptstadt der Norweger« in Amerika, statt, dem Zentrum des christlichen Lebens und der kirchlichen Arbeit unter den Auswanderern.

Hallesby betrachtet es als eine Ehre, »dieser stattlichen Zahl von interessierten, intelligenten und entschlossenen Gesichtern« gegenüberzustehen. In den zahlreichen Gesprächen, die er im Laufe der Woche mit seinen Zuhörern führt, gewinnt er den Eindruck, daß es unter den Pfarrern zwar spürbare Abweichungen in der geistlichen Ausrichtung gibt, das geistliche Erbe Norwegens aber ist ungeachtet dessen in Amerika erhalten geblieben. Die verschiedenen Typen von Pfarrern, die ihm von zu Hause her bekannt sind, findet er auch hier wieder: den volkstümlichen, fast ein wenig zu liebenswürdigen Pfarrer, den steifen, feierlichen und selbstbewußten Pfarrer und den natürlichen, harmonischen Pfarrer, der weder sein Amt noch seine Volkstümlichkeit zur Schau stellt. Gleichgültig, welchen Typ diese Pfarrer auch verkörpern, alle sind bemerkenswert offen und sagen ihre Meinung stets geradeheraus.

Die erfreulichsten Eindrücke gewinnt Hallesby im lutherisch-dominierten Mittleren Westen, wo er überrascht zugestehen muß: »Ich dachte zuerst, die Gläubigen hier drüben seien sehr ›amerikanisch‹. Aber ich entdeckte, daß unsere Christen zu Hause in Norwegen mehr amerikanisiert sind als unsere Landsleute hier. Sie haben noch mehr von der echten alten haugianischen Prägung bewahrt als die Leute unserer Inneren Missionsbewegung zu Hause. Wir in Norwegen sind in der Tat weit mehr von den Reformierten beeinflußt als die Gläubigen hier in Amerika.«

Besonders beeindruckt ist Hallesby von der Tatsache, daß Luthers Katechismus für den Zusammenhalt und das geistliche Leben der norwegischen Auswanderer bestimmend geworden ist. Ihm wird zugleich bewußt, daß es sich bei den Norwegisch-Amerikanern, die nach Norwegen zurückgekehrt sind und die durch ihren amerikanisch-christlichen Jargon und Lebensstil aufgefallen sind, in Wirklichkeit um Personen handelt, die in reformierten (freikirchlichen) Kreisen in Amerika zum Glauben gefunden haben.

Während des Fortbildungskurses für Pfarrer am Lutherseminar in St. Paul bietet sich Hallesby die Gelegenheit, die Muskegokirche zu besuchen, das erste geweihte Gotteshaus, das die Pioniergesellschaft der Siedler erbaut hat. Dieses Erlebnis schildert er in folgenden bewegten Worten: »Auf dem Gelände des Seminars steht die älteste norwegische Kirche in Amerika. Sie ist nicht groß und bietet vielleicht 100 Menschen Platz. Außen wie innen ist sie völlig schmucklos; alles darin ist primitiv, die Bänke ebenso wie der Altar und die Altarkniebank. Es gibt auch eine kleine Empore. Die Bänke dort oben bestehen lediglich aus losen Planken, die über zwei Böcke gelegt sind; so waren es die Auswanderer oft bei ihren Versammlungen in den Häusern zu Hause in Norwegen gewohnt gewesen. – Ich habe viele wertvolle und schöne Kirchen hier in Amerika gesehen, aber keine von ihnen hat mein Herz so angesprochen wie diese einfache Siedlerkirche. Hier sah ich die Hülle des ersten kleinen Samens, aus dem die ganze blühende kirchliche Arbeit unter den Norwegern in Amerika entsprungen ist; und das erinnert mich wiederum daran, daß Gottes Reich wie ein Senfkorn wächst, ausgehend von einem unscheinbaren Anfang. – Als wir die Kirche besichtigt und alle die lieben und vertrauten Details angeschaut hatten, knieten wir zusammen am Altar nieder und dankten Gott dafür, daß unsere ausgewanderten Landsleute ihren christlichen Glauben und ihre Kirche über den Ozean hinübergebracht hatten.«

Ole Hallesby sieht in seiner Amerikareise, so anstrengend sie auch für ihn sein mag, ein besonderes geistliches Erlebnis, das ihm viele Anregungen gibt und seinen Horizont erweitert. Seine Zuhörer sind meist schon älter und haben daher die kirchliche Entwicklung im Heimatland nicht mehr mitverfolgen können. In seiner Verkündigung läßt er bei den Auswanderern nun durch seine klare und scharfsinnige Bibelauslegung die norwegische Prägung des christlichen Glaubens wieder lebendig werden, und er selbst kann sich für einige Monate vom theologischen Streit in der Heimat erholen.

Die Norwegisch-Amerikaner erweisen dem hohen Gast aus

Norwegen in überwältigender Weise ihre Gastfreundschaft; ab und zu ist es fast zuviel des Guten. Da zuweilen Pfarrer und Empfangskomitees nicht ausreichend darüber informiert sind, daß Hallesby für Schlaf und Predigtvorbereitung feste Zeiten eingeplant hat, kann es jedoch durchaus geschehen, daß die örtlichen Verantwortlichen in einem vollbesetzten Saal mit einem feierlichen Mittagessen warten, während der Platz des norwegischen Ehrengastes unbesetzt bleibt. Wo dies geschieht, fällt es den Leuten danach sicher nicht ganz leicht, Hallesbys Predigt mit ungeteilter Aufmerksamkeit zu verfolgen.

Hallesby gewinnt Amerika und die Amerikaner lieb. In der Regel ist er in Privatquartieren untergebracht, von wo aus er dann zumeist mit dem Auto zur nächsten Gemeinde gefahren wird. Vielleicht lernt er gerade hier in Amerika, auf Anfragen zu antworten, wie man es später oft aus seinem Munde hört: »Ich habe kein Auto, aber ich habe viele gute Freunde, die ein Auto besitzen; das ist überhaupt kein Problem.«

Ab und zu ereignet sich freilich auch ein Mißgeschick, wie an jenem Abend, als er in einer der Millionenstädte Amerikas in einem großen Hotel untergebracht ist. Wie es in Norwegen üblich ist, stellt er seine Schuhe vor die Tür, um sie am folgenden Morgen frisch geputzt vorzufinden. Wider Erwarten sind am nächsten Tag aber weit und breit keine Schuhe mehr zu sehen. Als die Bedienstete des Hotels kommt, um zu fragen, was denn los sei, und sie die Geschichte von den verschwundenen Schuhen des Professors hört, sagt sie: »Ach, nichts Schlimmeres? Sie stellten also ihre Schuhe vor die Tür? Da hat sie wohl jemand im Vorbeigehen mitgenommen, der dachte, sie bräuchten sie nicht mehr?« – Nachdem die Hoteldirektion ihr Bedauern über den Vorfall ausgesprochen hat, schenkt sie dem überraschten Gast ein neues Paar Schuhe. So entdeckt Ole Hallesby, daß auch kleine Dinge – wie der »Schuhputz« – in der »Neuen Welt« ganz anders gehandhabt werden als im heimatlichen Norwegen.

Hallesby ist nur ein einziges Mal in den Vereinigten Staaten. Obwohl während seines Besuches in vielen Städten – unter ihnen Seattle, Minneapolis, Chicago und New York – der Wunsch geäußert wird, daß er in regelmäßigen Abständen zu Bibelwochen oder Pfarrerkonferenzen nach Amerika kommen möge, wird sehr schnell deutlich, daß dies nicht möglich ist. Ein so vielbeschäftigter Mann wie der Dogmatikprofessor aus Oslo kann seine Zeit nicht für lange Atlantiküberfahrten verschwenden, die pro Hin- und Rückfahrt immerhin drei Wochen dauern. Darüber hinaus weiß sich Hallesby seiner Lehrtätigkeit an der Gemeindefakultät viel zu sehr verpflichtet, als daß er während des Semesters größere Reisen unternehmen würde; und seine Sommerferien pflegt er alljährlich auf dem väterlichen Hof Hallesby Söndre zu verbringen, um sich bei der Mithilfe in der Landwirtschaft zu erholen.

Nach seiner Amerikareise kann Ole Hallesby vielen Bewohnern in Aremark Grüße von Verwandten und Bekannten überbringen, denen er bei den Versammlungen mitten in der Prärie begegnet ist. So sind einmal zu einer Veranstaltung dreizehn Leute gekommen, die aus Aremark stammen. Sie hatten eine lange Autofahrt auf sich genommen, um ein paar Stunden lang mit dem Professor zusammen zu sein. Die Wiedersehensfreude war natürlich übergroß, zumal Hallesby zwei von ihnen vor 35 Jahren das letzte Mal gesehen hatte.

Auch wenn Hallesby später nicht mehr nach Amerika kommt, gewinnt er doch durch die Reise im Jahr 1923 eine treue Lesergemeinde unter den norwegischen Auswanderern. Durch seine vielen Bücher, die in ausgezeichneter englischer Übersetzung im lutherischen Verlag »Augsburg Publishing House« (Minneapolis) verlegt und über das ganze Land verbreitet werden, können zehntausende amerikanischer Leser so Wegweisung und Segen für ihr Leben erhalten.

Bei seiner Rückkehr aus Amerika wartet bereits eine neue große Aufgabe auf den Theologen Hallesby: Auf der Generalversammlung der Inneren Missionsgesellschaft 1923 in Kristiansand wird von den Delegierten die dringende Bitte an ihn gerichtet, den Vorsitz der Gesellschaft zu übernehmen und somit Nachfolger von Edvard Sverdrup zu werden, der am 21. Februar gestorben ist.

Zu Beginn des Jahres ist Professor Sverdrup sehr krank geworden. Dennoch ist es ihm, der von seinen Studenten geliebten und verehrten großen geistlichen Persönlichkeit der Gemeindefakultät, noch einmal vergönnt, zum Katheder zurückzukehren. Bei der letzten Vorlesung, die Sverdrup hält, fällt den etwa 20 Zuhörern sofort auf, daß er in einem viel langsameren Tempo spricht als sonst und daß seine Hände ungewöhnlich stark zittern.

An diesem Tag beschließt er die Vorlesung mit besonders ergreifenden Worten über die heilige allgemeine Kirche, die – obwohl sie als Schöpfung des Heiligen Geistes durch Feuer und Drangsal hindurch gehen müsse – immer wieder durch Gottes heiliges Wort gerettet und erneuert werde.

Während Professor Sverdrup diese letzten Worte spricht, ist es im nüchternen Hörsaal still wie in einer Kirche geworden. Dann packt er sein Vorlesungsmanuskript, geht vom Katheder und schließt die Tür zum Lehrerzimmer leise hinter sich zu – zum letzten Mal.

Edvard Sverdrup hat zwei Grüße hinterlassen, an die man sich in Norwegen noch lange Zeit erinnert. Als eines dieser beiden Vermächtnisse gilt folgender Liedvers, den er 1923 den Teilnehmern der jährlich in Geilo stattfindenden Konferenz von Verantwortlichen der freien lutherischen Verbände telegraphisch übermitteln ließ: »Verankert das Kreuz fest im norwegischen Fjell (Gebirge) / und steht zusammen zur einmütigen Wacht. Dann wird das Kreuz am Abend Norwegens / die Macht des Herrn verkündigen!«

Das andere Vermächtnis ist sein letzter Wunsch, den Bischof Lunde bei Sverdrups Beerdigung der Trauergemeinde in der Nordstrand-Kirche (Oslo) überbringt: »Ich gebe diesen Gruß unseres Freundes an euch weiter. Er hinterließ im Hinblick auf seine Beerdigung diese Anweisung: Über mich soll geschwiegen werden, von Christus soll geredet werden!«

Als in der Inneren Missionsgesellschaft ein geeigneter neuer Vorsitzender gesucht wird, schlagen Sekretär Johan M. Wislöff und der Hauptvorstand sofort Ole Hallesby für diese Funktion vor. Da die beiden Professoren Sverdrup und Hallesby in den vergangenen Jahren stets in herzlicher und treuer Freundschaft Seite an Seite gestanden haben, zweifelt niemand daran, daß der Mann aus Aremark die besten Voraussetzungen zur Leitung der Inneren Missionsbewegung aufweisen kann. Hallesby aber winkt zunächst ab.

Er ist nun 44 Jahre alt und will kein neues Amt mehr übernehmen, da er mit seiner Arbeit als theologischer Lehrer und Buchautor sowie seinem aufopferungsvollen Einsatz für die christliche Schulbewegung vollkommen ausgelastet ist. Nachdem er im Jahr 1912 diese Pionierarbeit auf dem Gebiet der Pädagogik mit viel Elan in Angriff genommen hat, entwickelte sich die Sache in den folgenden Jahren immer mehr zu einem mühevollen und beschwerlichen Abwehrkampf gegen die unablässigen marxistischen Angriffe auf das Engagement der Christen im Bereich der Schule.

Zusammen mit seiner Frau Mia hat er die friedlichen und ruhigen Jahre, die nach 1920 auf den Streit in der Kirche folgten, als große Wohltat empfunden. Wenn er sich nun dem dringenden Wunsch der Inneren Missionsgesellschaft beugen und das Amt des Vorsitzenden antreten würde, dann müßten er und seine Familie damit rechnen, daß sie ständig in eine direkte Konfrontation mit den Gegnern des Evangeliums einbezogen wären. Auch bereitet ihm sein Verständnis von »Berufung« innere Zweifel, denn er hat der üblichen Auffassung nie beipflichten können, daß die Meinung der Freunde mit Gottes Willen und Berufung notwendigerweise identisch sei.

Trotz seiner massiven Bedenken und im Bewußtsein der Konsequenzen für sich und seine Familie stimmt er dennoch einer Nominierung zu, und so kann ihn die Generalversammlung der Inneren Missionsgesellschaft mit den Stimmen von 224 der insgesamt 260 Delegierten zu ihrem neuen Vorsitzenden wählen. Mehr als fünf Jahre später, am 4. August 1929, würdigt Sekretär Wislöff dieses Verhalten mit den folgenden Worten: »Als Professor Sverdrup starb, übernahm Hallesby dessen Aufgabe unter großen Opfern. Wir, die wir ihm nahestehen, wissen, daß er es nur widerwillig tat.«

Beim Antritt dieses neuen Amtes – nach der Rückkehr von seiner Amerikareise – kann Ole Hallesby noch in keinster Weise ahnen, welch entscheidenden Beitrag er in dieser Position zur Formierung der christlichen Widerstandsbewegung während des Zweiten Weltkrieges leisten wird. Genausowenig kann er voraussehen, daß ihn die Delegierten auf den Generalversammlungen der Gesellschaft so lange immer wieder in seinem Amt als Vorsitzenden bestätigen werden, bis er 1956 im Alter von 77 Jahren den Vorsitz endgültig abgeben kann.

In jenem Jahr 1956 wird es dann genau 50 Jahre zurückliegen, daß Hallesby seinem späteren Freund und Mitarbeiter J.M. Wislöff zum ersten Mal begegnet ist.

Johan Martin Wislöff (1873-1944) ist in einer christlichen Mittelstandsfamilie aufgewachsen. Da er schon in seiner Jugend miterleben muß, wie sehr seine Eltern Sorge darum tragen, mit den wenigen zur Verfügung stehenden finanziellen Mitteln auszukommen, bewahrt er sich sein Leben lang immer ein waches Interesse für den Existenzkampf der einfachen Leute. Als Gymnasiast wird er aus diesem Grund sogar ein Anhänger der sozialistischen Bewegung.

Am 27. September 1899 wird Johan M. Wislöff, der als Theologiestudent seine geistliche Heimat im »Jünglingsverein« in der Möllergate findet, von Bischof Bang in der Erlöserkirche in Oslo ordiniert. Noch im selben Jahr, an Allerheiligen, tritt er seine erste Hilfspfarrstelle in Moss (Ostnorwegen) an. Dort lernt er auch Tora Hansen, die Tochter des Propstes von Moss, kennen, die er am 30. Mai 1901 heiratet. Tora und Johan Martin Wislöff werden mit ihren sechs Kindern eine glückliche und von Gott gesegnete Familie.

Im Laufe der acht Jahre, die er als Pfarrvikar in der Gemeinde seines Schwiegervaters tätig ist, wird er bei den Menschen immer mehr wegen seiner volkstümlichen Verkündigung geliebt und geschätzt. Zwei Aufgaben liegen ihm dabei besonders am Herzen: die Übernahme von Hausbesuchen und die Verantwortung für die christliche Jugendarbeit. Da er sich mit seiner ganzen Kraft darum bemüht, junge Männer für Christus zu gewinnen, schreibt er 1904 auch einen Brief an den jungen Kandidaten der Theologie Ole Hallesby, um ihn zu einer evangelistischen Veranstaltung nach Moss einzuladen. Trotz aller Bemühungen Wislöffs kommt es allerdings erst zwei Jahre später zu einer Begegnung der beiden Männer, die von da an lebenslang durch eine tiefe Freundschaft miteinander verbunden sind.

Am 30. Januar 1912 wird Johan M. Wislöff zum Generalsekretär der Inneren Missionsgesellschaft bestimmt. Da er sein Amt bis zu seinem Tod am 21. Dezember 1944 innehat, wird ihm die Berufung in die Missionsgesellschaft zur Lebensaufgabe, bei der er von seiner klugen und kontaktfreudigen Frau stets tatkräftig unterstützt wird.

Das gemeinsame Haus in der Staffeldtsgate 4 in Oslo ist mehr als 30 Jahre lang eine Quelle geistlichen Segens für die vielen Gäste, Laien wie Pfarrer, die dort ein- und ausgehen, und es findet sich in der norwegischen Kirchengeschichte wohl keine zweite Pfarrfrau, von der eine größere Gastfreundschaft ausgegangen wäre, als von Tora Wislöff.

Da er als führende Persönlichkeit der Inneren Missionsbewegung überall gern gesehen und gehört wird, ist Johan Martin Wislöff häufig als Evangelist unterwegs. Er ist ein fröhlicher und warmherziger Christ, aber auch ein »Schwerarbeiter«, unermüdlich im Einsatz für das Evangelium, ohne sich selbst in irgendeiner Weise dafür zu rühmen. Der Hauptvorstand der Missionsgesellschaft würdigt nach seinem Tod seine Verdienste, indem er dankbar bekennt: »Niemand hat der Arbeit der Inneren Missionsgesellschaft so viel gegeben wie Pfarrer Wislöff. Seine klare Einsicht, seine Initiative, sein glänzendes Organisationstalent, seine Klugheit und seine praktische Begabung, gepaart mit seinem fröhlichen und freimütigen Glauben und seinem zielbewußten Einsatz für das Reich Gottes, haben ganz wesentlich dazu beigetragen, daß unser Werk zu dem geworden ist, was es heute ist.«

Ole Hallesby ist immer glücklich darüber, daß er von 1912 an mit Wislöff zusammenarbeiten darf. Als Mitarbeiter der Zeitschrift »For Fattig og Rik« (Für Arm und Reich) und als Initiator der neu entstandenen christlichen Schulbewegung steht er ständig in freundschaftlichem Kontakt mit dem vielseitig begabten Pfarrer. Darüber hinaus ergibt sich eine besonders enge Zusammenarbeit, als die Innere Missionsgesellschaft 1916 eine Bibelschule ins Leben ruft, an der Hallesby für einige Jahre die Schüler vier Stunden wöchentlich in Glaubenslehre unterrichtet. Solange die Gemeindefakultät und die Bibelschule im selben ärmlichen Mietshaus ihr Domizil haben, ist es für den Theologieprofessor kein Umstand, auch an der Bibelschule, nur eine Etage tiefer, einige Stunden zu übernehmen. Einer seiner Schüler, Ola Rudvin, der wie alle anderen jedesmal gespannt auf Hallesbys Unterricht wartet, faßt seine Eindrücke später folgendermaßen zusammen: »Die Stunden bei Professor Hallesby waren vielleicht die, die uns am meisten zum Denken angeregt haben. Seine Einführung in die Grundlagen des christlichen Glaubens wurden für viele der Schüler zu einem Schlüsselerlebnis. Es erhellten sich ihnen Fragen und Unklarheiten, mit denen sie sich bisher herumgeschlagen hatten. Sie fanden Hilfe in Zweifeln und Glaubensproblemen. Es wurden Zusammenhänge aufgezeigt, die ihnen vorher vielleicht noch niemals klar geworden waren. Aber nicht nur das: Hallesbys Unterricht, den er mit Vorliebe im Frage-Antwort-Stil gestaltet hat, bedeutete nicht nur eine Horizonterweiterung für das Denken, sondern er schärfte auch in hohem Maß das Gewissen. Es ging nicht nur um Theorie, sondern es ging um Wahrheiten, zu denen man in seinem persönlichen Glaubensleben Stellung nehmen mußte.«

Als Hallesby 1923 zum Vorsitzenden der Inneren Missionsgesellschaft gewählt wird, ist er von da an deren unbestrittener Führer und Sprecher. Während Pfarrer Wislöff als Generalsekretär für die ganze Arbeit der Inneren Mission die Verantwortung trägt, ist es Aufgabe des Vorsitzenden Hallesby, die Bewegung in der norwegischen Gesellschaft zu repräsentieren. Ferner wird von ihm erwartet, daß er bei allen größeren Ereignissen der Inneren Missionsgesellschaft das Grundsatzreferat oder den Hauptvortrag hält, bei allen Generalversammlungen ebenso wie bei der Einweihung des Neubaus der Bibelschule (1922), des Großen Saals (Storsal, 1935), der Landwirtschaftsschule (1937) und der Gartenbauschule (1952). In seinen Vorträgen nimmt er immer wieder Stellung zu den Herausforderungen der Zeit an die christliche Gemeinde, und er zeigt dabei die Konsequenzen auf, die sich aus den aktuellen Problemen für die Christen ergeben.

Hallesby erinnert die Freunde und Mitarbeiter der Inneren Missionsgesellschaft zuweilen aber auch daran, daß die geistesgeschichtlichen Wurzeln der modernen Inneren Mission bis zur Erweckung durch Hans Nielsen Hauge zurückreichen. Aus diesem Grund fordert er, die Arbeit der Inneren Mission im 20. Jahrhundert solle sich die alte haugianische Linie mit ihrer beeindruckenden Schlichtheit zum Vorbild nehmen.

Den Begriff der »haugianischen Linie« erläutert er in seinem Buch »Vom Arbeitsfeld« (1928), in dem er verschiedene Kriterien aufstellt, an denen sich die evangelistische Arbeit der Inneren Mission innerhalb der norwegischen Kirche zu halten habe, wenn sie dem Erbe der lutherischen Väter treu bleiben wolle. Er bezieht sich dabei – wie häufig in seinen Vorträgen – auf das Leben, Wirken und Vermächtnis des Erweckungspredigers Hauge und betont in diesem Zusammenhang besonders die evangelistische Verkündigung dieser prophetischen Gestalt und seine Gnadengabe, Menschen zu einer lebendigen Gemeinschaft von Christen um sich zu sammeln. Hallesby räumt zwar ein, daß es in der Geschichte der Inneren Missionsbewegung auch Krisenzeiten und Zwietracht gegeben habe. Er stellt aber zugleich fest, daß die Bewegung immer wieder aufs Neue zu einer evangelistischen Verkündigung und zur Erneuerung ihrer geistlichen Gemeinschaft zurückgefunden habe. Diese geistliche Kontinuität bezeichnet er als »haugianische Linie«.

Obwohl Hallesby außerdem darauf hinweist, daß Hans Nielsen Hauge ein bekenntnistreuer Lutheraner und ein Mann der Kirche war – »er fühlte sich der norwegischen Kirche zugehörig, trotz allem« –, gesteht er dennoch ein, daß man innerhalb der haugianischen Bewegung über Hauges Verhältnis zur Staatskirche geteilter Meinung sei. Beide seit jeher bestehenden Flügel, der konservative kirchenfreundliche ebenso wie der radikale kirchenkritische, würden sich jedoch in gleichem Maße darum bemühen, Hauges Positionsbestimmung gerecht zu werden, »ein gutes, aber die Selbständigkeit wahrendes Verhältnis zur Kirche zu haben«. Vielleicht wird mit dieser kurzen Formel das Verhältnis zwischen der Kirche Norwegens und der Erweckungsbewegung sehr vereinfacht beschrieben. Durchaus recht geben muß man Hallesby jedenfalls, wenn er hervorhebt, wie durch und durch norwegisch sowohl die Bewegung der Haugefreunde als auch die Innere Missionsbewegung im Wechsel der Zeiten waren; und auch über Hans Nielsen Hauge urteilt der Theologe: »Seine Verkündigung war norwegisch – kein Versuch, mit etwas Ausländischem oder etwas Fremdem zu überraschen oder zu blenden. Er sprach als Norweger zu Norwegern, einfach und schlicht aus seinem überströmenden Herzen. Deshalb waren seine Worte so ungemein ergreifend.«

In einem wichtigen Punkt kann Ole Hallesby der Linie seines Vorbilds jedoch nicht folgen: Hauge hinterließ der Erweckungsbewegung ein »Testament«, in dem zum Ausdruck kommt, daß er sich der lutherischen Hochschätzung des kirchlichen Amtes so sehr verpflichtet wußte, daß er bezüglich der Anerkennung ihrer Autorität nicht prinzipiell zwischen rationalistischen und bibeltreuen Pfarrern unterschied. Im Gegensatz dazu vertritt Hallesby mit Hinweis auf 2. Joh. 7-11 die Auffassung, daß die Gläubigen solchen Gottesdiensten fern bleiben sollten, in denen Pfarrer Irrlehren predigen. Auch dürften diese Pfarrer keinesfalls zu Diensten in der Inneren Mission eingeladen werden.

Ole Hallesby stellt fest, es sei der Inneren Missionsbewegung von Anfang an schwer gefallen, zu einem angemessenen Verhältnis zum kirchlichen Amt zu finden. Dieses Problem könne nur dann gelöst werden, wenn man einerseits das geistliche Amt als göttliche Ordnung zum Wohl der Gemeinde respektiere, andererseits aber dem ehrenamtlichen Dienst der Laien einen angemessenen Freiraum gewähre, damit sich die Gnadengaben entfalten könnten, die der Heilige Geist jedem Glaubenden schenke. Weil Gottes Geist ein Geist der Freiheit sei, müsse darauf geachtet werden, daß die von Gott verliehenen Gnadengaben nicht durch zu feste kirchliche Strukturen »wegorganisiert« würden.

Gegen Ende seines Mitarbeiterhandbuches »Vom Arbeitsfeld« schildert Hallesby in kurzen Zügen, wie die Arbeit der Inneren Mission seiner Meinung nach auszusehen habe und welche Aufgaben und Ziele vorrangig anzusetzen seien. In den Ausführungen über sein Schulprogramm findet dabei das Lehrerseminar besondere Erwähnung. Obwohl es die Innere Missionsgesellschaft finanziell sehr belaste, sei dieses Opfer unbedingt notwendig: »Wir wissen, daß die Geldmittel der Inneren Mission kaum besser verwendet werden können, als damit gläubige Lehrer und Lehrerinnen für unser Volk auszubilden.«

Seit der Hauptvorstand der Gesellschaft am 24. Januar 1923 beschlossen hat, das Lehrerseminar in Oslo zu übernehmen, hat dieser Entschluß der Inneren Mission viele Sorgen bereitet und zu harten politischen Auseinandersetzungen geführt. Als pädagogische Institution leistet das Seminar zwar hervorragende Arbeit, aber es wird von der wirtschaftlichen Krise in Norwegen hart getroffen. 1932 sind in Norwegen 42 Prozent der organisierten Arbeiter arbeitslos, und so können die Christen den ständigen Opferaufrufen für die Ausbildungsstätte kaum mehr nachkommen. Überdies schwankt der Bedarf an Lehrern im Land so stark, daß eine allgemeine Schulkrise entsteht, von der auch das Lehrerseminar in Oslo nicht verschont bleibt.

Aber Professor Hallesby und Pfarrer Wislöff verlieren nicht den Mut und die Hoffnung. Sie führen den politischen Kampf um die staatlichen Zuschüsse für das Seminar unbeirrt fort, obwohl dies bei einem Parlament, das dem Christentum zunehmend feindlicher gegenübersteht, immer schwieriger wird. Als das Lehrerseminar 1936 einen Neubau beziehen kann, schreibt Johan M. Wislöff: »Wir sehen wohl alle, daß die Sache des Christentums gefährdet ist, daß ein neuer Streit um den Namen Christi entbrannt ist und daß auch die Gefahr der Entchristlichung unserer Schulen droht. (...) Wir sind überzeugt, daß wir in dieser Zeit des Zerfalls, in der wir leben, ein Wächteramt haben.«

Hallesby hat die politische Entwicklung in Norwegen nach dem Ersten Weltkrieg sorgfältig beobachtet, und er muß nun mit Erschrecken feststellen, daß die kommunistische Revolution in Rußland zu einer besorgniserregenden Radikalisierung der norwegischen Arbeiterbewegung geführt hat. Hat die bisherige Verdrängung des Christentums aus dem gesellschaftlichen Leben ihren Ursprung in der akademischen und literarischen Welt gehabt, so muß man künftig mit einem unerbittlichen Sturmangriff gegen den Glauben und die Kirche von seiten der Marxisten rechnen. So kommt es, daß auch der Geschichtsprofessor Dr. Edvard Bull (1881-1932) zum Kampf gegen das christliche Lehrerseminar aufruft: »Macht es sich die Schule zur Aufgabe, für die Ausbildung aller Kinder Sorge zu tragen, so müssen die Kinder auch solche Lehrer bekommen, die die Auffassung des Staates in bezug auf den Charakter des Unterrichts teilen. Der Staat muß die Verantwortung für die Lehrer übernehmen, auch für ihre Ausbildung. Erst wenn das Lehrerseminar voll und ganz in staatlicher Hand ist, können wir sicher sein, daß die erforderlichen Kontrollen und Reformen durchgeführt werden. Nur dann besteht nämlich Aussicht darauf, es dem ›schlimmsten Kirchenvolk‹ für immer aus den Händen zu reißen. – Wir werden den Autoritätsglauben bekämpfen – den kirchlichen wie den weltlichen – und auch die christliche Demutsmoral, die Knechtschaft des Buchstabens und die Intoleranz. Wir werden die Schule säkularisieren, genauso wie auch die Krankenpflege, die Beerdigung, die Eheschließung und die Geburtenregistrierung. Wir werden gegen das offizielle Luthertum genauso kompromißlos angehen wie gegen andere verdummende Sekten. Wir werden deshalb eine harte und rücksichtslose Kirchenpolitik betreiben, weil wir der Meinung sind, daß Religion grundsätzlich Privatsache ist.«

Diese offene Kriegserklärung erschreckt Ole Hallesby zwar, aber sie überrascht ihn nicht. Das Neue daran ist einzig der Ruf nach einem totalitären Staat, dessen Aufgabe es sein soll, die Kontrolle über die Menschen und ihre Lebensanschauungen auszuüben.

Die Schulen in Norwegen sollen also nach solchen Vorstellungen ihres christlichen Fundamentes beraubt werden. Die Zeichen stehen auf Sturm! Und man muß sich auf erbitterte Auseinandersetzungen im Kulturkampf einstellen.

FÜR EINE CHRISTLICHE ETHIK

Im Kampf gegen die Säkularisierung

Als Ole Hallesby 1928 ein Buch über ethische Fragen mit dem Titel »Die christliche Morallehre« veröffentlicht, verursacht das Werk in ganz Norwegen ein so unerwartet großes Aufsehen, daß er selbst in einem Brief an einen Freund in Stockholm schreibt: »Durch meine Morallehre ausgelöst, wütet nun ein wahrer Orkan. Die Zeitungen in der Hauptstadt betreiben jeden Tag eine entsetzliche Kanonade.«

Seit der Calmeyergate-Konferenz von 1920 haben liberale Theologen und einige zumeist unseriöse Journalisten dafür gesorgt, daß der Professor der Gemeindefakultät das öffentliche Erscheinungsbild eines haßerfüllten, engstirnigen Fanatikers erhält, der nur unnötigen Streit anzettelt. Diese ebenso unfaire wie polemische Kampagne ist so erfolgreich, daß weite Teile der Bevölkerung den Theologen als Gefahr für den Toleranzgedanken und als Unglück für die Staatskirche betrachten.

Nach der Veröffentlichung seiner Ethik nehmen die Angriffe sogar noch zu, denn nun geht es nicht mehr bloß um theologische Lehrstreitigkeiten, sondern um konkrete Lebensfragen, die mit einer solchen Deutlichkeit dargestellt werden, daß der Widerspruch seiner Gegner nicht ausbleiben kann. Dies aber ist nicht der einzige Grund dafür, daß die Auseinandersetzungen um die Morallehre über mehrere Jahre andauern. Vielmehr geht Hallesby selbst in die Offensive und gibt damit den Anstoß zu einer großangelegten Diskussion über die nationale Kultur in Norwegen. Zum ersten Mal wagt es ein Theologieprofessor, den Fehdehandschuh denen hinzuwerfen, die sich für die alleinigen Kulturträger der Nation halten. Während Hallesby in dem theologischen Streit von 1920 noch eine überaus große Zahl von Christen hinter sich gehabt hat, ist er nun allerdings ganz auf sich allein gestellt.

Hallesbys Hoffnung auf eine Grundsatzdebatte über Christentum und Kultur sowie über die zunehmende Säkularisierung des norwegischen Volkes wird jedoch nicht erfüllt. Seine streitsüchtigen Gegner konzentrieren sich bei ihren Angriffen stets auf einige wenige Details. Viele kritisieren beispielsweise, daß er sich – ganz der Lehre Luthers entsprechend – zur Rechtmäßigkeit des Verteidigungskrieges und zur Pflicht der Christen zur Ableistung des Wehrdienstes bekennt. Wenn man die Auseinandersetzungen aber näher betrachtet, erkennt man, daß sich im Grunde weder Freunde noch Feinde die Zeit nehmen, die tieferen Intentionen seiner Morallehre herauszufinden.

Innerhalb der lutherischen Tradition stellt Hallesbys Ansatz einer christlichen Ethik ein absolutes Novum dar, wobei er auch mit der traditionellen lutherischen Ethik bricht, die immer versuchte, eine Brücke zwischen den christlichen Werten und der westlichen Kultur zu schlagen. Die westliche Kultur war nach dieser Auffassung nichts anderes als ein Niederschlag des Einflusses, den das Christentum durch die Jahrhunderte hindurch auf die Menschen ausgeübt hat. Als Konsequenz ergibt sich aber daraus, daß die theologische Ethik dann nichts anderes als einen Dialog zwischen christlichen Idealen und humanistischen Werten darstellt. Die Momente einer theologischen Kulturkritik, die dabei unter Umständen zutage treten können, sind nach Hallesbys Erkenntnis jedoch allzu subjektiv gefärbt und zu zurückhaltend, um dem sündigen Menschen die Gabe und die Verantwortung des Lebens auf der Grundlage der Bibel klar vor Augen zu stellen.

Weil er sich gegen jegliche Abschwächung der biblischen Position wehrt, begründet Hallesby eine Ethik, die vom Wort Jesu her verstanden werden muß: »Darum sollt ihr vollkommen sein, wie euer Vater im Himmel vollkommen ist.« (Matth. 5,48) In seiner Morallehre geht er davon aus, daß das biblische Denken und die biblischen Werte auch in einer Zeit, in der nichts mehr absolute Gültigkeit besitzt, ohne Abstriche auf das überaus komplizierte Leben des modernen Menschen übertragen werden können. »In der Ethik sollen unsere Aussagen in keinster Weise an unsere empirische Unvollkommenheit angepaßt werden.«

Seit Kierkegaard hat es kein lutherischer Theologe mehr gewagt, mit einer solchen, die Kultur seiner Zeit herausfordernden Lehre an die Öffentlichkeit zu treten. Die unüberbrückbare Kluft, die seiner Ansicht nach zwischen der Botschaft des Christentums und der Kultur besteht, beschreibt Hallesby sehr drastisch: »Eine christliche Kultur hat es noch nie gegeben und es wird in diesem Äon wohl auch nie eine solche entstehen. Die gesamte empirische Kultur ist nicht konstitutiv auf das Kreuz ausgerichtet, sondern entwickelt sich in einer Ignoranz des Kreuzes, ja in der Hauptsache sogar in einer direkten Ablehnung des Kreuzes. Sie repräsentiert ein Verhältnis zu Gott, Welt, Mensch, Sünde, Moral, Religion, Geschichte der Welt und zum Ziel des Lebens, das mit dem Kreuz Christi im – wenn auch nicht immer bewußten – Widerspruch steht. Deshalb muß der Christ der Kultur nicht nur kritisch gegenüberstehen, sondern sie in vielen Fällen sogar ablehnen.«

Es sei deshalb, so Hallesby, die Aufgabe der christlichen Ethik, die neuheidnische Kultur, die das persönliche und gesellschaftliche Leben des modernen Menschen bestimmt, offen aus christlicher Sicht zu beurteilen.

Der umfangreichste Teil seiner Morallehre ist der Darstellung des Lebens eines wiedergeborenen Christen hinsichtlich dessen Gesinnung und Handeln gewidmet. In diesem Zusammenhang greift Hallesby auf die alte pietistische Lehre von den Adiaphora (Mitteldinge) zurück, die er zur Illustration des unbedingten Gehorsams eines Christen gegenüber Gottes heiligem Willen verwendet. Er hält die allgemein übliche Aufteilung des Lebens in fundamentale und sekundäre Bereiche für eine unbiblische Irrlehre, weil die biblische Lehre von der Heiligung dem Christen nie die Möglichkeit einräume, sich für eine frei wählbare Lebensform zu entscheiden: Ein Christ ist dazu berufen, Gott »von ganzer Seele und ganzem Gemüte« zu lieben; da er dies nicht aus eigenem Vermögen schafft, muß sein ganzer Dienst von der ständigen Bitte um einen willigen Geist und ein ungeteiltes Herz begleitet sein. Der Ausgangspunkt dieser »existentiellen Gesinnungsethik« ist, nach Hallesby, das »neue Leben des Christen in Christus«.

In der »speziellen Ethik« beschreibt Hallesby das Leben des Christen in der Welt unter den folgenden vier Gesichtspunkten: das Leben in der Familiengemeinschaft, in der Kulturgemeinschaft, in der Staatsgemeinschaft und in der Kirchengemeinschaft.

In diesem praktischen Teil seiner Morallehre beschränkt er sich auf eine knappe Darstellung seiner Thesen, zumal er weiß, daß die ethischen Probleme, die er in seinem Lehrbuch skizziert hat, Gegenstand einer lebhaften und sehr offenen Diskussion mit den Studenten sein werden.

In seinen Vorlesungen erweist sich der Professor dann nicht nur als ein hervorragender Dialektiker, sondern vor allem auch als praxisnaher, gut informierter Christ. Er wird nie müde, seine Zuhörer daran zu erinnern, daß Christus seine Zeugen nur mit einer Hauptaufgabe, dem Missionsbefehl, betraut und darauf seine Verheißung gelegt hat, daß die Welt gerettet werden soll. Die Kultur kann nach der Auffassung Hallesbys nicht dazu beitragen, das so bestimmte Ziel zu erreichen, denn Gottes Wort sei zu entnehmen, daß dies am Ende der Zeit allein durch Gottes neuschaffendes Handeln geschehe, wenn die Gestalt dieser Welt vergeht und Gottes Reich kommt.

Wenn der Glaubende mit dem Ende der Welt rechne, dann könne er in der aktiven Förderung der Kultur unmöglich seine eigentliche und vorrangige Aufgabe erkennen. Zwar sei die Pflege der Kultur durchaus in der Schöpfungsordnung begründet, weshalb sich der Christ auch immer für deren Förderung einsetzen werde, er müsse aber gleichzeitig in kulturkritischer Wachsamkeit all den Strömungen des kulturellen Lebens entgegenwirken, durch die Menschen daran gehindert werden, sich dem Glauben an Jesus Christus zu öffnen. Dies ist der Grund, warum der Professor der Gemeindefakultät sein ganzes Leben lang gegen alle heidnischen Tendenzen in der norwegischen Kultur seiner Zeit ankämpft.

Ole Hallesby ist davon überzeugt, daß der Christ seine wichtigste gesellschaftliche Aufgabe im Bereich der Familie zu erfüllen hat. Kein kulturelles Engagement ist danach auch nur annäherungsweise mit der Gestaltung des Lebens in der Familie gleichzusetzen. Dies sei, so der Theologe, in erster Linie der Ort, an dem der Christ die »soziale Komponente« des christlichen Glaubens praktizieren soll.

Konstitutiv für die Ehe als Teil der Schöpfungsordnung Gottes ist, den Worten Hallesbys zufolge, die geschlechtliche Gemeinschaft als Träger des Lebensmysteriums der Menschheit. Weil es sich hierbei aber zugleich um den stärksten menschlichen Trieb handelt, ist ein ständiger, von Angst begleiteter Kampf erforderlich, um ein diszipliniertes und ethisch verantwortungsvolles Geschlechtsleben zu führen. Für den Christen ist die Entfaltung der Geschlechtlichkeit nur innerhalb der Ehe ethisch legitim, in einer Lebensform also, die sich in den »Dienst der Vermehrung des Lebens« stellt. Die Ehe ist die innigste und umfassendste Lebenserfahrung, die zwei Menschen miteinander teilen können, wobei das Zusammenleben auf einem tiefen gegenseitigen Vertrauen beruht. Hallesby fährt in seinen Ausführungen fort, indem er feststellt, daß sich christliche Eheleute darüber im klaren seien, daß sie aus freien Stücken und in geistlicher Reife zueinander gefunden haben. In diesem Zusammenhang weist er auch darauf hin, daß ein Heiratsantrag von seiten des Mannes stets die Zusage mit einschließe, daß er die Hauptverantwortung für das finanzielle Wohlergehen der neuen Familie übernehme. Es könne deshalb durchaus moralisch geboten sein, auf eine geplante Eheschließung solange zu verzichten, bis der Mann für den Unterhalt aufkommen könne.

Es kann nicht ausbleiben, daß Hallesbys Ausführungen über die Ehe und das geschlechtliche Leben falschen Anklagen und Mißdeutungen ausgesetzt sind. Dabei scheinen seine Gegner jedoch zu vergessen, daß die von ihm verfaßte Morallehre keine religiös angehauchten Ratschläge für »anständige Bürger« geben will, sondern vielmehr beabsichtigt, den Auflösungstendenzen der Zeit, die sowohl bei modernen Heiden wie auch bei religiösen Menschen zutage treten, mit den Forderungen der Bergpredigt entgegenzutreten. Hallesby, der in der Tat der einzige Theologe ist, der es wagt, eine Ethik im Gleichklang mit Sören Kierkegaards »Entweder--Oder« zu entwerfen, will dabei vor allem diejenigen zur Besinnung und Umkehr bewegen, die dem christlichen Glauben nahestehen.

Seine zahlreichen, meist liberalen Gegner finden ein geradezu boshaftes Gefallen daran, sich an der einen oder anderen Aussage festzuhaken. Mit Eifer suchen sie nach Dingen, aus denen sie eine Sensation machen können, um die Öffentlichkeit zu erschrecken und in verantwortungsloser Weise damit Spott zu treiben. Daß sie dabei Unterstellungen zu Tatsachen machen und ihre Berichterstattung ebenso unsachlich wie unfair ist, ist jenen Schreibern, die ihre Federn in die Tinte des Hasses und der Polemik eintauchen, vollkommen gleichgültig.

Ein typisches Beispiel dafür, wie man versucht, Hallesbys Aussagen absichtlich zu verdrehen, ist die Kritik, die gegen seine Thesen zum Eigentumsrecht laut wird. Darin lehnt er sowohl die asketische als auch die materialistische Forderung nach Besitzlosigkeit ab, unabhängig davon, ob sie auf eine persönliche Entscheidung (Askese) oder auf einen programmatischen Staatszwang (Marxismus) zurückzuführen ist.

Die Heilige Schrift zeige, so behauptet Hallesby, daß Privateigentum nicht nur Gottes Willen entsprechen würde, sondern daß eigener Besitz sogar eine Grundbedingung des menschlichen Lebens sei – im individuellen Bereich genauso wie in der Gesellschaft. Die Anerkennung dieses Eigentumsrechts sei unverzichtbarer Garant der persönlichen Freiheit. Irgendeine äußere Gleichheit herzustellen, habe nie Gottes Absicht entsprochen und auch die Apostel hätten einen »christlichen Kommunismus« keineswegs empfohlen. Deshalb weise die Schrift die Forderung nach einer gleichen Verteilung des Eigentums als unberechtigt zurück (vgl. 1. Sam. 2,7).

Das Familienleben der Hallesbys entspricht seit jeher den in der »Morallehre« aufgestellten Grundsätzen. In dem einfachen, aber schmucken Einfamilienhaus in Vinderen bei Oslo ist das gemeinsame Leben bestimmt von biblischen Werten wie Gottesfurcht und Genügsamkeit. Im Umgang mit dem Geld geht es immer äußerst spartanisch zu, und es werden auch nie unnötige Ausgaben für Haushalt oder Kleider getätigt, denn Ole und Mia Hallesby haben sich vor Gott dazu verpflichtet, jederzeit treue Haushalter zu sein. Erst nach ihrem Tod wird bekannt, daß die Eheleute weit mehr als den biblischen Zehnten für die Arbeit im Reich Gottes gegeben haben.

Jede christliche Ethik trägt den Stempel der Zeitepoche, in der der Verfasser aufwächst, und auch Hallesby bildet in dieser Hinsicht keine Ausnahme. Sein ganzes Leben lang empfindet er es als eine Ehre, einem norwegischen Bauerngeschlecht zu entstammen. Aufgrund dessen hält er es auch für seine natürliche Pflicht, dafür zu sorgen, daß der Erbhof Hallesby Söndre in Aremark in den Händen der Familie bleibt, denn alles andere würde ihm als ein Verrat an der Familientradition erscheinen. »Hallesby war tief in der heimatlichen Erde verwurzelt, eine Tatsache, die in mehrfacher Hinsicht Grundton seiner reichen Persönlichkeit war.« (Lars Korvald)

Noch 1942 vertritt der Theologe die Auffassung, die Bauern seien die seelisch und körperlich gesündesten Glieder des norwegischen Volkes, der starke Stamm, von dem alle Bevölkerungsgruppen ständig neue Kraft erhalten würden.

Die Lebenszeit Hallesbys (1879-1961) fällt in die bewegtesten Jahre der norwegischen Geschichte, in eine Zeit der revolutionären Umbrüche, wirtschaftlichen Veränderungen und sozialen Reformen. Seine Einstellung zu politischen und gesellschaftlichen Fragen ist jedoch bis zu den Jahren der deutschen Besatzung unverändert durch die norwegische christliche Bauernbewegung geprägt. Man hört den haugianischen Bauern heraus, wenn er sich 1942 als Verfasser der »Morallehre« zu diesem Hintergrund bekennt: »Man sollte auch an die tiefen geistigen Werte erinnern, die einen Bauern mit seinem Erbhof verbinden. Hier bewegt er sich in den Häusern und in den Zimmern mit den Möbeln, die schon seine Eltern besessen und gebraucht haben. Er arbeitet hart auf den Feldern, die seine Väter gerodet und bepflanzt haben. Das schafft Familienbewußtsein und Tradition; das gibt ein ganz besonderes Ehrgefühl und einen ganz besonderen Stolz auf die Familie, der man entstammt; das gibt eine tief verwurzelte Heimatverbundenheit, wie es die von Ort zu Ort ziehenden Pächter gar nicht erahnen können. – Nicht nur menschlicher Geist, sondern auch Gottes Geist ist im Bauernberuf in Norwegen sichtbar am Wirken. Als die große Erweckung in unserem Volk durch den Bauernsohn Hans Nielsen Hauge ihren Anfang nahm, da gewann die Erweckung ihre meisten Anhänger und die führenden Köpfe unter den norwegischen Bauern.«

Bei dieser Hochschätzung der norwegischen Bauernkultur und des haugianischen Erbes wundert es nicht, daß Hallesby mit Abscheu auf das Blutvergießen reagiert, das sich in Rußland im Zuge der kommunistischen Revolution ereignet. Die leninistische und stalinistische Umgestaltung der Gesellschaft in der Sowjetunion bewirkt, daß die unterdrückten Massen in Europa in der Hoffnung auf eine neue klassenlose Gesellschaft geradezu in Ekstase geraten, vor allem, als Moskau das Befreiungsbanner der proletarischen Revolution hißt und ankündigt, daß die internationalen Arbeitermassen in Europa und später in der ganzen Welt die Macht übernehmen würden.

Als Christ verfolgt Ole Hallesby mit großer Sorge den erbitterten und brutalen Klassenkampf, der das gesellschaftliche und kulturelle Leben beinahe aller zivilisierten Länder zu zerstören droht. In einem Land nach dem anderen spitzt sich die Lage dermaßen zu, daß das Chaos eines Bürgerkriegs bevorsteht. Selbst in Norwegen leuchten in diesen unruhigen Jahren nach 1918 revolutionäre Signale auf. Im Jahr 1921 machen sich die norwegischen Sozialisten die Moskauer Thesen mit 281 gegen 20 Stimmen zu eigen. Zwar gelingt es 1923 Martin Tranmael, der sozialistischen Bewegung eine mehr nationale Ausrichtung zu geben, doch 1924 nehmen immer noch drei marxistische Parteien an der Parlamentswahl teil. Weite Teile des Volkes sind von einer nahezu anarchistischen Stimmung erfaßt, was sich besonders 1924/25 in der Reaktion auf die leidenschaftliche Kampagne gegen die Landesverteidigung im »Arbeiderbladet« (Arbeiterblatt) bemerkbar macht. In der Zeitung wird zu einem Streik gegen das »Klassenheer« aufgerufen, um damit die Abschaffung der allgemeinen Wehrpflicht zu erreichen. Dieser Aufruf zum Boykott des Wehrdienstes hat jedoch keinen pazifistischen Hintergrund, sondern er soll lediglich als Mittel im Kampf der Arbeiterklasse gegen die bürgerliche Gesellschaft eingesetzt werden.

In diesen unsicheren und kampferfüllten Jahren engagieren sich besorgte Norweger wie Fridtjof Nansen und Christian Michelsen in der »Vaterlandsgesellschaft«. Auch Ole Hallesby ist wie sie ein guter Patriot, doch sein Patriotismus ist christlich begründet. Da für ihn seine Heimat Norwegen eine gute Gabe Gottes ist, schämt er sich nicht, sich zur militärischen Verteidigung in einer Zeit zu bekennen, in der zumeist betretenes Schweigen herrscht, wenn man auf Fragen der Landesverteidigung zu sprechen kommt. In seiner Ethik beklagt Hallesby, daß es dem modernen Parlamentarismus in Norwegen nicht gelungen sei, eine stabile Regierung zu gewährleisten. Wie recht er damit hat, läßt sich daran erkennen, daß im Zeitraum zwischen 1920 und 1935 – also innerhalb von 15 Jahren – insgesamt zehnmal die Regierung wechselt.

Trotz dieser ständigen politischen Krisen in Norwegen und der blutigen kommunistischen Revolution in Rußland hält Hallesby dennoch am Staat als einer göttlichen Schöpfungsordnung fest und verwirft damit zugleich jene soziologische Theorie, die den Staat als einen Vertrag zwischen den Bürgern definiert. Obwohl seine Argumentation im allgemeinen streng an der lutherischen Lehre orientiert ist, räumt er ein, daß der Rechtsstaat in unserer sündigen Welt niemals ein adäquater Ausdruck des ethischen Ideals der Bibel sein könne und daß die staatliche Machtausübung nur legitim sei, solange sie sich nicht über die moralischen Grenzen hinwegsetze.

Weil der Theologe Hallesby die Moral über das Recht stellt, kann er dem Volk die Möglichkeit einer Änderung der Staatsverfassung zugestehen: Der Staat als obrigkeitliche Institution ist zwar von Gott, nach biblischer Aussage bleibt die konkrete Gestalt der Verfassung jedoch den verstandesmäßigen Erwägungen der Menschen überlassen. Auf diese Weise ist auch dem Christen die Freiheit gegeben, sich gegen Tyrannei und Anarchie zu erheben, wenn dies moralisch geboten ist.

Mit dieser Einschränkung hält Hallesby an der lutherischen Lehre vom Staat fest, und er vertritt auf dieser Grundlage die Auffassung, daß Gott dem Staat eine begrenzte Macht über die Menschen gegeben habe. Das Strafrecht, das der Staat besitze, um dieses Mandat auszuüben, sei nicht etwa ein Ausdruck für seine Unvollkommenheit, sondern ganz im Gegenteil belege es den Auftrag des Staates, Gottes Repräsentant auf der Erde zu sein. Aufgrund dieser Einsicht gewinnt Hallesby die – für ihn sogar in der bedrängnisvollen Zeit der deutschen Besatzung gültige – biblische Überzeugung, daß Gott auch den Krieg angeordnet habe, um die Menschen für ihre Sünden zu strafen.

Es ist nicht verwunderlich, daß solche brisanten Thesen zahlreichen und heftigen Widerspruch hervorrufen. Nun bezieht auch Kristian Schjelderup, der bekennt, sein tiefer persönlicher Respekt vor Ole Hallesby habe es ihm bisher verboten, sich an den ständigen Angriffen der liberalen Theologen zu beteiligen, vehement zu Hallesbys Werk Stellung: »Ich habe noch nie ein Buch gelesen, das mich in einem solchen Ausmaß empört hat. (...) Man sollte es nicht für möglich halten, daß eine führende religiöse Persönlichkeit und ein Lehrer der Theologie solche Dinge schreiben konnte. (...) Kann der Vorstand der Gemeindefakultät es tatsächlich gestatten, daß diese ›Morallehre‹ als Lehrbuch eingesetzt wird?«

Der Antimilitarist Schjelderup wirft Hallesby mangelndes Verständnis für die sozialen und sexuellen Probleme der modernen Zeit vor. Besonders verärgert ist er jedoch über dessen deutliche, von der Bibel her begründete Aussagen zum Krieg und zur Wehrpflicht.

Seinen Grundsätzen treu bleibend, greift Hallesby auch diesmal nicht in die verwirrende und emotional geführte Debatte ein, die durch seine Darstellungen über den Krieg entsteht und die zugleich einen persönlichen Feldzug gegen ihn zur Folge hat. Ein zeitgenössischer Beobachter, Ivar Welle, stellt dazu verwundert fest: »Sie attackieren den größten Vorkämpfer des überlieferten Glaubens. Er ist in Norwegen geliebt wie wenige und gehaßt wie kein anderer.«

Während Martin Tranmael und Edvard Bull, die sich zu dieser Zeit geradezu fanatisch für Norwegens Abrüstung einsetzen, den Theologen erwartungsgemäß mit haßerfüllten Kommentaren in dem sozialistischen »Arbeiderbladet« überschütten, ist die Kritik der christlichen Zeitung »Dagen« (Der Tag) umso erstaunlicher. Deren Redakteur, der Jurist Johannes Lavik, schreibt von einem idealistischen christlichen Pazifismus herkommend: »Es hat uns traurig gemacht und wir sind enttäuscht, daß ein Mann wie Professor Hallesby so vorbehaltlos für die ethische Rechtmäßigkeit des Krieges auch aus christlicher Sicht eintritt.«

Norwegens Union mit Schweden ist 1905 ohne einen einzigen Schußwechsel aufgelöst worden und auch vom Ersten Weltkrieg ist das Land verschont geblieben. Da die Menschen in Norwegen nun, gefangen in einer realitätsfernen Utopie, mit einem immerwährenden Frieden zwischen den Völkern rechnen, protestieren die Freunde der Friedensbewegung geschlossen gegen Hallesbys Warnungen vor einem illusionären Optimismus.

Am 19. Dezember 1928 trifft beim Lehrerrat der Gemeindefakultät ein Schreiben vom Aktionskomitee der Norwegischen Friedensvereinigung ein, in dem auf den demoralisierenden Einfluß hingewiesen wird, den die »Christliche Morallehre« ihrer Meinung nach auf das Volk ausgeübt habe. Ohne sich in konfessionelle oder dogmatische Fragen einmischen zu wollen, macht das Komitee deshalb den Gegenvorschlag, »die Studenten an der Gemeindefakultät sollten durch besondere Vorlesungen über die moderne Friedensbewegung und dabei besonders über die Friedensarbeit innerhalb der christlichen Kirche informiert werden.«

Der Vorschlag der Friedensvereinigung wird als ein unerlaubter Eingriff in die akademische Selbständigkeit der Theologischen Gemeindefakultät zurückgewiesen. Um die so verstandene Meinungsfreiheit muß man sich ohnehin keine Gedanken machen, da in all den Jahren Professor Hallesby im Rahmen der Vorlesungen seine Thesen über den Krieg stets gegenüber Anfragen pazifistischer Studenten zu verteidigen hat. In den Debatten sieht er sich immer wieder neu dem gleichen wirklichkeitsfernen Idealismus gegenübergestellt, ob er sich nun in Form eines humanistischen Antimilitarismus (Kristian Schjelderup) oder in der Verkündigung eines grenzenlosen christlich verbrämten Optimismus (Johannes Lavik) äußert.

Hallesby läßt sich nicht auf eine Diskussion mit den Repräsentanten der Friedensbewegung ein, da sie seiner Ansicht nach unbewußt die Pläne der Marxisten unterstützen, deren Absicht es sei, das Land in Erwartung eines neuen Krieges in Europa verteidigungsunfähig zu machen.

In seiner Ethik, die nur zehn Jahre nach Ende des Ersten Weltkrieges erscheint, kritisiert er die mangelnde Bereitschaft zur Verteidigung des Heimatlandes, die sich überall bemerkbar mache. Der Dogmatiker der Gemeindefakultät lehnt den blinden Kulturoptimismus, der dem idealistischen Friedenstraum zugrundeliegt, vollkommen ab und schenkt auch der Utopie keinen Glauben, daß der Krieg zwischen den Nationen jemals ein Ende haben wird. Aus diesem Grund will er sein Volk wachrütteln und die Öffentlichkeit darauf hinweisen, daß die von Moskau beeinflußte Abrüstungsbewegung nichts anderes als Landesverrat sei.

Dennoch ist Ole Hallesby sichtlich enttäuscht, daß die kontroverse Diskussion über seine Aussagen zur Verteidigung und zum Krieg dazu geführt hat, die eigentliche Botschaft seiner »Morallehre« zu verdrängen. Sein Buch enthält noch viele andere Schwerpunkte und es geht ihm in erster Linie um die Darstellung einer christlichen Gesinnungsethik, wobei er in dem von ihm vertretenen Kulturverständnis das Erbe des Pietismus mit puritanischem Gedankengut verbindet.

Es folgen nun einige stürmische Jahre der Auseinandersetzung um das kulturelle Leben in Norwegen. Hallesbys Einsatz in dieser Zeit gilt vor allem dem Kampf gegen die Säkularisierung des Staates und des geistigen Lebens in Norwegen. Obwohl es häufig so scheint, als habe der theologische und innerkirchliche Streit an Bedeutung für ihn verloren, weiß er doch aufgrund der Begegnungen mit vielen Christen während seiner Reisen, daß der Kirchenstreit keinesfalls als »ein seltsames Stück Geschichte« – wie behauptet wird – ad acta gelegt werden kann. Die liberalen Tendenzen, die unter Pfarrern und Akademikern mehr und mehr an Boden gewinnen, sind bei den Laienchristen noch nicht zu spüren. Diese Gläubigen halten noch immer Wort für Wort am apostolischen Glaubensbekenntnis fest, und auch der Zustrom von jungen Theologiestudenten an der Gemeidefakultät setzt sich ebenso unvermindert fort wie die Erweckungen in der Studentenbewegung.

Im Jahr 1932 entwickelt sich ein heftiger Streit im norwegischen Kulturleben, bei dem das 1928 erschienene amerikanische Theaterstück »Gottes grüne Auen« von Marc Conelly im Mittelpunkt der Kritik steht. Halvdan Christensen und Björn Björnson, die sich für das von Ronald Fangen, dem Vorsitzenden der nordischen Autorenvereinigung, ins Norwegische übersetzte Schauspiel einsetzen, versprechen ein Stück amerikanischer Folklore, das darzustellen versuche, wie sich die primitive Religion der schwarzen Bevölkerung Amerikas Gott und die Wahrheiten der Bibel vorstellt.

Zu dieser Zeit ist die politische, religiöse und kulturelle Welt der schwarzen Bevölkerung Amerikas in Norwegen völlig unbekannt. Man besitzt deshalb auch keinerlei verläßliche Informationen über die Reaktion der zutiefst religiösen schwarzen Menschen in Nordamerika auf dieses Schauspiel, das eigentlich am Broadway in New York der Unterhaltung weißer kirchenfremder Zuschauer dienen sollte.

Die Vorankündigung von »Gottes grüne Auen« in den nordischen Ländern ist damit erheblich irreführend, und so haben bereits zu einem sehr frühen Zeitpunkt eine Reihe bekannter Persönlichkeiten den Intendanten des Theaters, Halvdan Christensen, darum gebeten, von einer Aufführung dieses Stückes im norwegischen Nationaltheater abzusehen. Christensen kommt dieser Bitte jedoch nicht nach, so daß sich der Streit zu einem Theaterskandal ausweitet, der, nach Meinung Hallesbys, einen tiefen Einblick in die psychische Verfassung dieser Zeit zuläßt.

Die Debatte wird durch einen Artikel in der Zeitung »Aftenposten« eröffnet, den Bischof Eivind Berggrav verfaßt hat, der sich bislang noch nicht an der Auseinandersetzung beteiligte, weil er das Schauspiel, das gerade im Theater in Stockholm gezeigt wird, zuerst sehen wollte. Am 24. Januar 1933 erscheint seine überaus milde Theaterkritik mit dem Titel »Gottes grüne Auen und die Religion«, in der er – unter Anwendung »kulturpsychologischer Maßstäbe« – die entscheidende Frage nach der Gotteslästerung bewußt offen läßt. Er versucht die Bevölkerung mit der Versicherung zu beruhigen: »Es ist eben nicht Gott selbst, der auf der Bühne auftritt.«

Wenige Tage später meldet sich auch Professor Ole Hallesby zu Wort. Er räumt dabei ein, daß zwar die allermeisten, die sich mit ihrer Unterschrift gegen die Aufführung des blasphemischen Schauspiels ausgesprochen haben, keine Theaterbesucher sind, »aber wir protestieren ja auch nicht als Theaterspezialisten. Wir tun es als norwegische Bürger, die unser Volk lieben und unser Land vor allen Einflüssen schützen wollen, die das Leben – in erster Linie das religiöse – und das Glück des Volkes untergraben. (...) Der Intendant weiß, daß wir keine Dunkelmänner sind.« (»Aftenposten«, 27. Januar 1933)

Die Diskussion um »Gottes grüne Auen« geht weiter. Ein sehr wichtiger Beitrag dazu kommt von Professor Lyder Brun, der auf Berggravs halbherzige und unklare Kritik hin die deutliche Frage stellt, ob und inwiefern das Stück den Tatbestand der Gotteslästerung erfülle. Lyder Brun, der das Stück gelesen hat, kommt in der »Aftenposten« vom 11. Februar 1933 zu dem Schluß: »Ich meine ja. Auf dem religiösen und kulturellen Niveau, auf dem wir uns befinden – oder zumindest befinden sollten –, ist die Darstellung Gottes, wie sie hier geschieht, faktisch eine Gotteslästerung, nicht nur aufgrund von gewissen überaus anstößigen Einzelheiten, sondern auch in ihrer Gesamtheit. Die Aufführung des Stücks an einer norwegischen Bühne damit zu rechtfertigen, daß es sich um eine lehrreiche religionspsychologische Studie über die Naturreligion handle, erscheint mir ein bloßer Vorwand zu sein.«

Während die Kontroverse über Marc Conellys Schauspiel mit unverminderter Schärfe weitergeht, kommt es zugleich auch im Norwegischen Studentenverband zu einer heftigen Konfrontation. Am Samstag, dem 21. Januar 1933, hält dort der Schriftsteller Arnulf Överland ein Referat über »Das Christentum – die zehnte Landplage«. Professor Hallesby ist an diesem Abend verhindert. Weil er aber ahnt, daß Överland in seiner Ansprache mit gotteslästernden Aussagen nur so um sich werfen wird, hat er zusammen mit seinem Freund Olaf Moe die Kriminalpolizei in Oslo darum gebeten, einen ihrer Leute zur Veranstaltung zu schicken. Hallesby will dadurch prüfen, ob der Paragraph 142 des norwegischen Strafgesetzes, durch den das religiöse Bekenntnis geschützt ist, noch Gültigkeit besitzt.

Derselbe Paragraph liegt zwei Tage später, am 23. Januar, auch der Anzeige Hallesbys zugrunde, der im Sinne des Gesetzestextes den Schriftsteller beschuldigt, »öffentlich ein Glaubensbekenntnis verspottet oder verhöhnt zu haben, dessen Ausübung hierzulande statthaft ist«. Am 14. März wird Arnulf Överland schließlich durch Beschluß der Staatsanwaltschaft unter Anklage gestellt.

Die Pietät verbietet es, die gotteslästerlichen Redepassagen Överlands an dieser Stelle wörtlich wiederzugeben. Der Hinweis soll genügen, daß seine Aussagen im norwegischen Parlament zurecht als primitiv und roh, schlüpfrig und albern bezeichnet werden.

Während der Gerichtsverhandlung hält Överland einen langen Vortrag über die »Abscheulichkeit des Christentums«. Darin erwähnt er unentwegt den Namen Ole Hallesbys, der für ihn der herausragende Repräsentant der »bösen und dunklen Mächte« ist, die immer noch den größten Hemmschuh für den kulturellen und sozialen Fortschritt der Menschheit darstellen würden. Das Christentum, das Hallesby vertrete, beherrsche das Volk, die Schule, die Presse, das Parlament und das Nationaltheater. Als der Richter den Wortschwall Överlands unterbricht, indem er feststellt, daß »das mit Hallesby eigentlich mit der Sache nichts zu tun hat«, entgegnet der Angeklagte: »Ich meine, das ist das Zentrale an der Sache, das ist überhaupt der Grund, weshalb ich den Vortrag gehalten habe.«

Bei der Urteilsfindung halten zwar sechs der zehn Mitglieder des Schöffengerichts Överland für schuldig im Sinne der Anklage, da für eine Verurteilung aber mindestens sieben Stimmen erforderlich sind, bedeutet dieses Votum trotzdem einen Freispruch für den Schriftsteller. Sogar der vorsitzende Richter betont im Anschluß an das Verfahren, daß diese seltsame Entscheidung für das allgemeine Rechtsempfinden nicht nachvollziehbar sei, da sowohl die objektiven als auch die subjektiven Voraussetzungen für eine strafrechtliche Verurteilung vorhanden gewesen seien.

Der Ausgang der Strafsache nährt bei den gesetzestreuen Bürgern die ohnehin vorhandenen Zweifel an der Vertrauenswürdigkeit der staatlichen Gerichte. Da deren Unparteilichkeit und Grundgesetzloyalität in religiösen und kulturellen Fragen nicht mehr ohne weiteres vorausgesetzt werden kann, fordern viele Bürger das Parlament auf, sich in bezug auf das Schauspiel »Gottes grüne Auen« selbst der Sache anzunehmen und eine Entscheidung im Geiste des Grundgesetzes zu treffen.

So wird der 4. April 1933 zu einem denkwürdigen Tag im norwegischen Parlament (Storting), da zwei überaus brisante Entschließungsanträge vorliegen. Zum einen fordert der Abgeordnete Nils Belland folgenden Beschluß: »Das Parlament ist der Ansicht, daß das Schauspiel ›Gottes grüne Auen‹ in Norwegen nicht aufgeführt werden soll und bittet deshalb die Regierung, dies dem Nationaltheater mitzuteilen.« Zum anderen wünscht der Parlamentspräsident C.J. Hambro in seinem Antrag eine eher grundsätzliche Erklärung zu den Ereignissen: »Die Regierung wird ersucht, zu erwägen und eventuell entsprechende Vorschläge zu unterbreiten, wie man die Einhaltung der Bestimmungen des Grundgesetzes effektiv überwachen kann im Hinblick auf solche Ereignisse, bei denen Personen die Religion selbst verächtlich machen oder andere dazu auffordern.«

Die anschließende Debatte wird zu einer Sternstunde im norwegischen Parlament. Der Antragsteller Nils Belland (1878-1966), der aus Vegusdal (Südnorwegen) kommt und einem alten Haugianergeschlecht entstammt, ist seit seiner Teilnahme an einer großen Erweckung in Birkenes 1901 Laienprediger im »Misjonssambandet« (Missionsbund). Über mehrere Legislaturperioden hinweg hat er außerdem die allseitige Anerkennung als geachteter Parlamentarier erworben. Vor der Abstimmung über seinen Antrag, der dann mit 82 zu 61 Stimmen abgelehnt wird, gibt er zu erkennen, daß er notfalls auch der Version des Präsidenten zustimmen könne, und so wird Hambros Beschlußantrag schließlich mit deutlicher Mehrheit (91 Ja-Stimmen) gegen das Votum der Arbeiterpartei (49 Nein-Stimmen) angenommen.

Deren Parteiführer, Johan Nygaardsvold, wiederum bezichtigt in seiner Rede alle nichtmarxistischen Abgeordneten der Heuchelei und wirft ihnen vor, sie hätten im Hinblick auf die nächste Parlamentswahl aus politischen Motiven religiöse Propaganda betrieben. Aber auch die erbosten Einwände des Sozialisten Nygaardsvold können nichts daran ändern, daß sich der Parlamentsbeschluß vom 4. April so auswirkt, daß die Aufführung des Schauspiels in Norwegen nicht zustande kommt, nachdem zuvor in Finnland und England ebenfalls ähnliche Resolutionen ergangen sind. Am 6. April 1933 streicht das Nationaltheater in Oslo das Stück offiziell aus seinem Programm.

Der Kulturkampf in den Jahren vor dem Zweiten Weltkrieg zeigt, daß das norwegische Geistesleben in dieser Zeit ein Janusgesicht hat: Während auf der einen Seite eine sich ständig frecher gebärdende Bewegung am Werk ist, die dem Christentum feindlich gegenübersteht, können auf der anderen Seite durchaus breite Schichten im Volk zur Verteidigung christlicher Werte mobilisiert werden, wenn sich die Konfrontation dramatisch zuspitzt. Wie paradox sich die Situation im norwegischen Kulturleben zuweilen darstellt, zeigt sich daran, daß das norwegische Parlament nur kurze Zeit nach dem Freispruch des Spötters Arnulf Överland beschließt, den der Anklage gegen ihn zugrundeliegenden Gotteslästerungsparagraphen strenger zu handhaben.

Hallesby hält es für seine Pflicht, als norwegischer Bürger gegen alle Einflüsse anzukämpfen, die seiner Meinung nach die moralischen Werte und damit das Glück des Volkes zu untergraben drohen, auch wenn er dabei zuweilen wenig Unterstützung erfährt.

Im Januar 1933 ist Hallesby zu evangelistischen Diensten in Dänemark eingeladen. Das, was die führende Kopenhagener Zeitung »Berlingske Tidende« über seine Evangelisationsreise schreibt, steht in bemerkenswertem Kontrast zu den harten Auseinandersetzungen, denen sich der Theologe im eigenen Land zu stellen hat: »Ein Norweger kam nach Dänemark, zog durch das Land und predigte Gottes Wort, wohin er kam. Überall sammelten sich große Menschenmengen um ihn. Die Kirchen waren total überfüllt, und auch hier in Kopenhagen, wo man eigentlich mit guten Predigern sehr verwöhnt ist, waren die Kirchen zum Bersten voll. Gerade jetzt, da der Streit um Grönland aufs Neue zur Debatte steht, schickt Norwegen seinen größten Prediger zu uns herunter und Dänen strömen zu Tausenden zu ihm hin.«

Wenn Ole Hallesby im Gespräch mit Freunden auf den geistlichen Zustand des eigenen norwegischen Volkes zu sprechen kommt, wird deutlich, wie sehr es ihn schmerzt, daß die Menschen nicht zu Gott umkehren wollen. Immer dann sagt er leise: »Nun müssen wir beten«, und man spürt, wie tiefe Sorge in seiner Stimme mitschwingt.

BEWEGTE UND ARBEITSREICHE JAHRE AN DER GEISTLICHEN FRONT

Als im Jahr 1930 die Jubiläumsfeier für den bedeutenden norwegischen König Olav den Heiligen († 1030) ansteht, liegt der Kirchenstreit von 1920 gerade zehn Jahre zurück und es wird ebenfalls zehn weitere Jahre dauern, bis – verursacht durch die Invasion der deutschen Truppen am 9. April 1940 – ein neuerlicher dramatischer Kampf in der norwegischen Kirche entbrennen wird. Jene Jahre zwischen diesen großen Konfrontationen sind in theologischer und geistlicher Hinsicht jedoch nicht minder verwirrend und turbulent.

Bereits in einem Brief vom 23. Januar 1929 sieht Ole Hallesby voraus, daß die bekennenden Christen schweren Zeiten entgegengehen, die von einer unterschwelligen Agitation gegen die Innere Mission und die Gemeindefakultät gekennzeichnet sein werden. Tatsächlich erscheint wenige Wochen später, am 8. März 1929, auf der ersten Seite der »Aftenposten« eine aufsehenerregende Schlagzeile, unter der davon berichtet wird, daß Johannes Lavik, der Redakteur der christlichen Zeitung »Dagen«, überraschend die aus der Calmeyergate-Konferenz hervorgegangene kirchliche Bekenntnislinie, wie sie von Hallesby und Wislöff vertreten wird, in schärfster Weise angegriffen habe.

Als die Verantwortlichen der »Bekenntnisfront« 1920 davon ausgingen, daß man die Staatskirche vor der Irrlehre schützen und das unverfälschte Evangelium nicht nur innerhalb der freien lutherischen Verbände, sondern auch in der Volkskirche bewahren könne, schenkten sie den Befugnissen des Staates gegenüber der Kirche (Paragraph 2 des Grundgesetzes) zu wenig Beachtung. Genau diesen Umstand macht der Jurist Johannes Lavik nun zum Ausgangspunkt seiner Argumentation, in der er am Ende zu der Überzeugung gelangt, daß die Staatskirche nicht für die Bekenntnislinie erobert worden sei. Vielmehr sei es, so Lavik, überaus schwierig, in der Staatskirche für klare Konturen der Kirche zu sorgen, wenn diese der liberalen Theologie prinzipiell das gleiche Recht einräumen würde wie der bekenntnistreuen Theologie. Es sei deshalb erforderlich, daß sich die norwegische Laienschaft nur auf den geistlichen Auftrag konzentriere, ohne dabei kirchenpolitische Ziele zu verfolgen.

Anläßlich einer Tagung des Bruderkreises bekenntnistreuer Pfarrer im Herbst 1929 legt Hallesby seinen Standpunkt dar. Am 24. Oktober soll er einen zukunftsweisenden Vortrag halten, und so bittet er einige Tage zuvor seine engen Freunde in einem Brief um ihre Fürbitte für seinen Auftrag: »Unter unseren leitenden positiven Pfarrern hat sich viel Lustlosigkeit und Gleichgültigkeit breitgemacht. Es wird eine schwierige Auseinandersetzung geben, denn die meisten von diesen Pfarrern, die ich angreifen muß, sind meine Freunde. Betet deshalb, daß Gott mir die nötige Liebe und Weisheit gibt, damit ich der Sache Gottes nicht durch Lieblosigkeit und Eigenmächtigkeit schaden möge.«

An der Tagung nehmen 115 Pfarrer und vier Bischöfe teil, denen ein leidenschaftlich redender Ole Hallesby deutlich vor Augen stellt, daß das Schwert der Wahrheit eine scharfe Schneide hat. Er beschließt seine beeindruckende Ansprache nicht, ohne seine Zuhörer eindringlich zu ermahnen, sich selbst zu prüfen, ob jeder einzelne bereit ist, für das Evangelium zu kämpfen und Opfer dafür in Kauf zu nehmen. Hallesby spürt, daß die norwegische Kirche immer mehr an innerer Substanz verliert: »Was unsere Kirche nun braucht, das sind Männer, die zu streiten wagen und für die Wahrheit der Kirche und das Recht der Kirche zu leiden bereit sind.«

In dieser Zeit ist vor allem eine merkliche Abnahme des Interesses für theologische Fragen zu erkennen, wobei tonangebende jüngere Theologen der Meinung sind, sie sollten die Erfahrungstheologie und deren geistlichen Boden, den lutherischen Pietismus, verwerfen. Diese Änderung des geistlichen Klimas hat sich schon 1922 angekündigt, als Karl Barth mit seiner Auslegung des Römerbriefs nicht nur großes Aufsehen erregt, sondern auch eine entscheidende Wende in der Theologie dieses Jahrhunderts markiert hat.

Barths ursprüngliche Protesttheologie löst auch in der norwegischen Theologie erhebliche Irritationen aus. Obwohl die meisten Theologen des Landes Barth ignorieren, verhindert diese ablehnende Einstellung nicht, daß gerade eine Reihe der begabtesten Absolventen der Gemeindefakultät der Prinzipienlehre Hallesbys nun mit Zweifeln begegnen. Die jungen Wissenschaftler reagieren sehr unterschiedlich auf die Herausforderung durch den »calvinistischen Reformator« Barth. Einigen imponiert Barths prophetische Betonung der Souveränität des Wortes Gottes, andere aber erkennen, daß man hier einer Auffassung gegenübersteht, die nicht mit der lutherischen Inkarnationstheologie gleichgesetzt werden darf. Zwar werden letztlich nur ganz wenige Absolventen der Gemeindefakultät echte »Barthianer«, dennoch sind einige der Studenten so sehr von Barth beeinflußt, daß sie in Opposition zur pietistischen Bewegung innerhalb der norwegischen Kirche treten und in diesem Punkt mit vielen liberalen Universitätstheologen übereinstimmen.

Ole Hallesby kommt nie dazu, sich intensiv mit Karl Barths Theologie auseinanderzusetzen. Dessen hochgelehrte mehrbändige calvinistische Kirchendogmatik hat unter den norwegischen Theologen keinen rechten Anklang finden können und auch eine theologische Schule Barths kommt hier nicht zustande. Hallesby hat weder Zeit noch Ausdauer, Barths theologische Entwicklung genau zu verfolgen. Dennoch will er die Lehre des Schweizer Theologen auch nicht unterbewerten, denn ihre Bedeutung liegt unbestritten darin, daß sie die liberale Theologie in Frage stellt: »Aber ihr positives Bemühen, ihre Stellung zu Schrift und Bekenntnis ist noch so unklar, daß sie keine wesentliche Hilfe für eine bibel- und bekenntnistreue Dogmatik leisten kann.« (1938)

Zwischen Ole Hallesby (1879-1961) und Karl Barth (1886-1968) gibt es einige bemerkenswerte Parallelen: Als der norwegische Stipendiat 1908 bei Professor Ludwig Ihmels in Leipzig studiert, sitzt der junge Karl Barth unter dem Katheder von Professor Wilhelm Herrmann in Marburg. Beide Lehrer sind – jeder auf seine Weise – Erfahrungstheologen, und beide hinterlassen einen bleibenden Eindruck bei ihren Schülern. Der Ausgangspunkt ist bei Hallesby wie auch bei Barth die Verkündigung, und keiner von ihnen vergißt jemals, daß die Theologie mit Gottes Wort und dem Glauben der Gemeinde zu tun hat. Barth, der weitaus gelehrter und berühmter ist, muß das Nazi-Deutschland verlassen, während Hallesby in der deutschen Besatzungszeit zwei Jahre im Lager Grini inhaftiert ist. Nicht zuletzt sind sich beide Männer auch als Theologen ähnlich: Sie haben den Mut, auch gegen den Strom zu schwimmen.

Als Karl Barth 1962 vor mehreren tausend Theologen seine Abschiedsvorlesung im Rockefeller Chapel an der Universität von Chicago hält, stellt er mit seinem Glaubenszeugnis die ergriffenen Zuhörer vor das Angesicht des lebendigen Christus: »Meine Theologie kann zusammengefaßt werden in dem Vers, den ich auf dem Schoß meiner Mutter lernte: Jesus loves me / that I know, for my bible / tells me so.« (Jesus liebt mich, das weiß ich, denn meine Bibel sagt es mir so.)

Wenn Ole Hallesby mit seinen Studenten zusammensitzt, dann spricht er oft über die Zukunft der norwegischen Theologie, und er drückt den jungen Menschen gegenüber stets seine Hoffnung aus, daß es den nachkommenden Generationen gelingen werde, eine qualifiziertere theologische Arbeit zu leisten, als es den ersten Professoren an der Gemeindefakultät möglich gewesen sei. Es freut ihn zu sehen, wie Studenten der Fakultät wissenschaftliche Auszeichnungen und Doktortitel von der Universität verliehen bekommen, obwohl Kristian Schjelderup noch 1928 behauptet hat, man könne von diesen Studenten kein selbständiges Denken erwarten, da sie alle zu sklavisch an ihre Lehrer gebunden seien. Zwar versuchen die liberalen Theologen noch immer, dieses negative Erscheinungsbild aufrechtzuerhalten, doch inzwischen ist es längst eine mehr als einmal bewiesene Tatsache, daß die begabtesten Studenten der Gemeindefakultät denen der Universität weit überlegen sind.

Trotz dieses überaus erfreulichen Umstandes läßt es sich jedoch nicht leugnen, daß sich die Theologie der Gemeindefakultät zwischen 1929 und 1939 im Umbruch befindet. In dieser Zeit macht sich in ganz Norwegen die Veränderung des kirchlichen und theologischen Klimas durch Angriffe auf die Erweckungstheologie bemerkbar, wobei vor allem eine »friedliche Kirchlichkeit« angestrebt wird, die auf klare Grenzziehungen verzichtet. Es ist an dieser Stelle nicht von Interesse, diese Tendenz detailliert und umfassend darzustellen. Es soll vielmehr genügen, einige Stellungnahmen anzuführen, um die unverändert standhafte Haltung von Ole Hallesby verständlich werden zu lassen.

Schon 1927 vertritt Dr. Eivind Berggrav, der spätere Bischof von Oslo, die Auffassung, daß sich eine neue Zeit abzeichne. Zwei Jahre später erklären Ivar Welle und Johannes Lavik, das auf der Calmeyergate-Konferenz beschlossene Programm habe sich als undurchführbar erwiesen, weshalb man die Strategie ändern und den Kampf nur noch auf geistlicher Ebene führen müsse. Johannes Smemo schreibt 1931 in der Zeitschrift »Für Kirche und Kultur« von einer Krise der Laienbewegung, und er schlägt vor, die Organisationsstruktur der Inneren Mission abzubauen. Nachdem Einar Molland 1932 behauptet hat, daß der Streit in der Kirche nunmehr nichts anderes als »ein Stück merkwürdige Geschichte« sei, wendet sich schließlich 1933 Dr. Hans Ording an jüngere Pfarrer, die von der Gemeindefakultät kommen, um sie für die Pfarrervereinigung »ordo crucis« zu werben. Diese Vereinigung hat es sich zur Aufgabe gemacht, ihre Mitglieder aus allen theologischen Gruppierungen dazu zu verpflichten, sich nie mehr öffentlich zu Fragen zu äußern, die unter Christen strittig sind. Tatsächlich zeigt es sich, daß die Pfarrerschaft zu einer solchen Beschränkung der freien Meinungsäußerung in der Kirche bereit ist, denn man ist müde geworden, zu müde, um zu streiten – und zu denken: »Es legte sich ein Nebelschleier über die Kirchenlandschaft.« (Carl Fr. Wislöff)

Zu dieser Zeit kommt die »Oxfordbewegung« (Gruppenbewegung, später »Moralische Aufrüstung«) nach Norwegen, wo sie schnell auf ein lebhaftes Interesse unter den Christen stößt, die die Bewegung durch Sverre Norborgs kleine Schrift »Eine eigenartige weltweite Erweckung« kennengelernt haben. Im Oktober 1934 bereist deshalb auch Dr. Frank Buchman (1878-1961) mit seinem englisch-amerikanischen Team das Land. Bereits deren erste »houseparty« (Haustreffen), die in Hösbjör stattfindet, führt zu einem unerwarteten geistlichen Aufbruch, der auch in der Presse große Beachtung findet.

Der aus Bergen stammende Parlamentspräsident Carl Joachim Hambro hat Buchman und seine Gruppe nach Norwegen eingeladen, ohne damit irgendwelche politischen Absichten zu verfolgen. Vielmehr betrachtet er es als ein »missionarisches Experiment«, wobei er einigen Freunden gegenüber bekennt, daß er die Engländer oft um die lange und reiche Tradition beneidet habe, die diese in Verbindung von politischem Engagement und persönlichem Christsein entwickelt hätten. Eine so verweltlichte Führungsschicht wie in Norwegen habe er in keinem anderen Land angetroffen.

Der Besuch Buchmans und seiner Gruppe führt zu einer geistlichen Erneuerung bei Pfarrern ebenso wie bei Laienchristen. So wird das Grand-Hotel in Oslo eine Zeitlang zu einem Zentrum der Erweckung in Norwegen, und es schließen sich viele bekannte Persönlichkeiten der Oxfordbewegung an, unter ihnen auch der renommierte Schriftsteller Ronald Fangen (1895-1946) und Fredrik Ramm (1892-1943), der während des Zweiten Weltkrieges als Märtyrer stirbt.

Einmal gelingt es der Oxford-Gruppe, an der Gemeindefakultät ein Treffen mit Buchman als Redner zu arrangieren. Dieser unterstreicht in der vorbereitenden Gesprächsrunde ausdrücklich, daß die bevorstehende Begegnung der wichtigste Vorstoß der Bewegung in Norwegen sei. Könne man Hallesby überzeugen, dann würde die Mission des Teams vor ungeahnten Möglichkeiten stehen.

Wenige Stunden später spricht Frank Buchman dann an der Theologischen Gemeindefakultät. Es sind nicht viele Besucher gekommen, und auch Professor Hallesby bleibt der Zusammenkunft fern, so daß Buchman schließlich enttäuscht wieder zum Hotel zurückfährt. Er hat sich in seiner Rede darum bemüht, so viel und so überzeugend wie möglich vom Kreuz Christi zu sprechen, und er hat auch die umstrittenen vier »Absoluten« (moralische Grundsätze) der Bewegung beinahe unerwähnt gelassen. Dennoch scheint ihm alles umsonst gewesen zu sein, da der unbestritten führende Vertreter der Laienbewegung Norwegens den weltberühmten Leiter der Oxford-Gruppe einfach ignoriert hat.

Ole Hallesby erklärt seinerseits in einem Brief an Freunde vom 15. Dezember 1934, was die tatsächlichen Ursachen für sein Verhalten gegenüber der Gruppenbewegung sind: »Ich war mir innerlich im klaren über Oxford, bevor die Engländer kamen. Ich war nicht auf einer einzigen Versammlung, trotz der eindringlichsten Aufforderungen. Ich wollte meinen Namen nicht mit dieser Bewegung in Verbindung gebracht haben. Die Verwirrung ist sehr groß. Auch ein kleiner Teil unserer gläubigen Freunde hat sich der Bewegung angeschlossen, jedoch sind manche von ihnen schon wieder auf dem Rückweg. Die, die hierzulande von der Bewegung besonders ergriffen wurden, das sind einige ›Kulturmenschen‹, denen das Christentum bisher gleichgültig war; es sind aber auch Religiöse, die das Kreuz und die ›Dogmen‹ ablehnen, und nicht zuletzt ist es eine große Anzahl von Pfarrern, liberale wie positive. Es scheint so, daß alle Grenzen zwischen Positiven und Liberalen verwischt werden sollen, weshalb gerade die liberalen Pfarrer besonders begeistert sind. – Viele haben mich mündlich oder schriftlich dringend gebeten, doch öffentlich gegen ›Oxford‹ zu schreiben. Aber ich spüre noch keinen Ruf von Gott, das zu tun. Der Herr gibt uns Zeiten des Schweigens und Zeiten des Redens. Der Herr wird deshalb auch zur rechten Zeit eingreifen und Klarheit im Chaos schaffen.«

Zur Generalversammlung der Inneren Missionsgesellschaft, die 1935 in Oslo im prächtigen Neubau des Storsal (Großer Saal) stattfindet, sind über 500 Delegierte erschienen. Pfarrer J.M. Wislöffs bedeutsamer Einführungsvortrag über »Die Leitlinien der Inneren Mission« beeindruckt und bewegt die Zuhörer, die eine Klärung des Verhältnisses zur Oxfordbewegung erwarten. Wislöff erklärt, er sei beim ersten Treffen in Hösbjör dabeigewesen, wo er auch Ronald Fangens Zeugnis von dessen Umkehr gehört habe. Aber er habe schon damals den Eindruck gehabt, daß die Bewegung zu wenig Wert auf die biblische Lehre lege und nicht deutlich genug das Banner der Versöhnung hisse. Diese Beurteilung teilt im Anschluß an Wislöffs Vortrag auch Ole Hallesby, der zwar denen, die von der neuen Bewegung ergriffen sind, alles Gute und geistlichen Segen wünscht, er selber aber könne die Sache nicht anders sehen, als daß »Oxford« ein Evangelium ohne Kreuz verkündige.

Einige Zeit später, nachdem Buchman mit seinem Team das Land bereits wieder verlassen hat, kommt es zu einer geistlichen »Norwegisierung« der Oxford-Gruppe, wobei das Fremde abgestreift wird und das norwegische evangelische Geisteserbe beginnt, mit den Kräften der Verwandlung zu wirken.

Rückblickend läßt sich jetzt feststellen, daß der Feldzug der Oxford-Gruppe in Norwegen ein Intermezzo war. Die Führungsschicht ist nicht bekehrt worden und die Arbeiterklasse wurde noch kaum erreicht. Als Frank Buchman schließlich die Oxford-

Gruppe unerwartet und völlig eigenmächtig auflöst und 1938 eine religions- und konturlose Weltbewegung mit dem Namen »Moralische Aufrüstung« startet, zeigt es sich um so deutlicher, daß Ole Hallesby recht gehabt hat. Die Botschaft der Oxfordbewegung stimmte nicht mit dem Wort der Schrift überein, wie es in 1. Korinther 2, 2 geschrieben steht: »Denn ich hielt es für richtig, unter euch nichts zu wissen als allein Jesus Christus, den Gekreuzigten.«

Wie bereits erwähnt, ist es Professor Hallesbys Aufmerksamkeit nicht entgangen, daß sich die Gemeindefakultät in einer Phase des Umbruchs befindet. Die Fakultät ist kirchlicher geworden. Dies ist vor allem bedingt durch den Aufbau des Praktisch-Theologischen Seminars, das 1925 seine Arbeit aufgenommen hat.

Die theologische Linie des Hauptdozenten Gabriel Skagestad unterscheidet sich in mehrfacher Hinsicht von der Theologie Hallesbys. Seit der Calmeyergate-Konferenz hat Skagestad den Dogmatikprofessor immer wieder vor einer »Theologie der starken Worte« gewarnt, und ebenso regelmäßig ermahnt er die jungen Absolventen des Seminars, an der Theologie des Wortes festzuhalten, sich in der Gemeinde jedoch um eine gemäßigte und besonnene Ausdrucksweise zu bemühen. Hallesbys Loyalität seinen Kollegen gegenüber hindert ihn daran, dieser neuen vorsichtigen Theologie zu widersprechen, aber mit tiefer Enttäuschung liest er den Gruß der konservativen »Luthersk Kirketidende« (Lutherische Kirchenzeitung) zum 30-jährigen Jubiläum der Gemeindefakultät 1938: »Die früheren theologischen Gegensätze scheinen sich abgeschwächt zu haben. Die Frontstellungen sind teilweise andere als damals, und zum Teil bietet auch der geistliche Zustand innerhalb der Pfarrerschaft ein anderes Bild. Die Standpunkte sind in Bewegung geraten und die Grenzen fließender.«

Für Ole Hallesby persönlich ergibt sich aus diesen Tendenzen in der Kirche keine Kursänderung, er behält seine »innere Linie« bei. In Treue versieht er weiterhin seine Lehrtätigkeit, und auch seine Verkündigungsdienste machen ihm viel Freude, zumal noch immer sehr viele Menschen seine Versammlungen überall im ganzen Land besuchen. Darüber hinaus ist er froh, daß die Gemeindefakultät ohne staatliche Zuschüsse auskommt, denn es ist ihm ein besonderes Anliegen, dafür zu sorgen, daß die Ausbildungsstätte auch künftig ihre geistliche und theologische Freiheit behält.

Seit 1909 ist er nun Professor für Systematische Theologie, und in den vielen arbeitsreichen Jahren, die inzwischen vergangen sind, hat er zahlreiche Einladungen aus China, aus Santalistan (Indien), aus Israel und aus anderen Gebieten erhalten, in denen die norwegischen Missionsgesellschaften tätig sind. Jetzt, da er langsam auf die sechzig zugeht, empfindet er den großen Wunsch, den Einladungen zu folgen und die Missionsfelder zu besuchen. Dann aber erlebt er, wie er später erzählt, eine der tiefsten Enttäuschungen seines Lebens: Die Ärzte raten ihm dringend von seinem Vorhaben ab. Seinem angegriffenen Gesundheitszustand können nach ihrer Ansicht weder die wochenlangen Reisen noch das intensive Veranstaltungsprogramm zugemutet werden.

Um so häufiger ist er nun jedoch zu Verkündigungsdiensten in den nordischen Ländern unterwegs. Kein Prediger sammelt so viele Zuhörer um sich wie er, und kein christlicher Autor wird mehr gelesen. Während in den dreißiger Jahren 33 seiner Schriften in die Sprachen der Nachbarländer übersetzt werden, erscheinen im gleichen Zeitraum in Norwegen zahlreiche neue Bücher und Broschüren: »Im Schlupfwinkel des Höchsten« (1931), »Die neue Moral« (1931), »Tägliche Erneuerung« (1932), »Die Katholiken und Eden« (1933), »An Neuerweckte« (1933), »Krankheit und Heilung« (1934), »Der Sonntag und sein Verhältnis zum Sabbat« (1934), »Eine versäumte Christenpflicht« (1935) und »Kleine Stücke zur täglichen Andacht« (1936).

Als der Sekretär der Christlichen Studentenvereinigung Norwegens, Pfarrer Carl Fredrik Wislöff, Ostern 1934 an einem evangelischen Studententreffen in England teilnimmt, ist noch nicht abzusehen, welche weitreichenden Folgen und neuen Aufgaben sich daraus auch für Ole Hallesby ergeben werden. Wislöff kommt nämlich so begeistert von der Begegnung mit den gläubigen englischen Studenten zurück, daß er sofort darauf drängt, die Möglichkeit einer gemeinsamen Arbeit zunächst auf der Leiterkonferenz in Lofthus bei Oslo (1934) beraten zu lassen. Obwohl die Studenten in England nicht dem lutherischen Bekenntnis angehören, setzt sich Wislöff dennoch mit seiner Idee durch, und so wird die angestrebte Zusammenarbeit schließlich auf der erweiterten Leiterkonferenz in Johannelund bei Stockholm (1935) erörtert, an der Repräsentanten aus Ungarn, Frankreich, Deutschland, Estland, Großbritannien und den skandinavischen Ländern teilnehmen. Auch zu den zwei weiteren Treffen 1936 in Helsinki und 1937 in Budapest sind die Verantwortlichen der nationalen Studentenvereinigungen eingeladen, um die Zusammenarbeit weiter zu vertiefen.

Ole Hallesby ist einer der Hauptredner der Konferenzen. In Budapest hält er beispielsweise fünf Vorträge; er tut dies auf Deutsch, denn so ist keine Übersetzung nötig. Danach reist er sofort weiter nach Prag und von dort aus nach Finnland und Estland, wo er in Tallinn und Tartu weitere Ansprachen hält: »Es gab an beiden Orten mächtige Kirchen, und sie waren bis auf den letzten Platz besetzt.«

In den fünf Jahren der Vorbereitung durch die Leiterkonferenzen ist zwischen den bibeltreuen Studentenführern aus den verschiedenen Ländern ein gegenseitiges Vertrauensverhältnis entstanden. Nach einer weiteren Vorbereitungstagung in Kopenhagen wagt man endlich den mutigen Schritt, vom 27. Juni bis zum 3. Juli 1939 zu einem großen christlichen Studententreffen in Cambridge/England einzuladen.

Für Hallesby und die anderen Teilnehmer der Christlichen Studentenvereinigung Norwegens ist dieses internationale und interkonfessionelle Treffen ein großes Wagnis, weil man damit von der traditionellen lutherischen Bekenntnislinie abgewichen ist. Diesen Befürchtungen zum Trotz ist das Treffen jedoch reich gesegnet, und die Teilnehmer erhalten viele prägende geistliche Impulse. Überdies ist die Veranstaltung von einem tiefen und ernsten Ton bestimmt, denn die Gewitterwolken des drohenden Weltkrieges sind bereits am Horizont heraufgezogen.

In einem Brief vom 16. Juli 1939 kann auch Ole Hallesby bewegt und zufrieden feststellen: »Nun ist das Treffen in Cambridge zu Ende, und ich bin Gott für dieses Treffen von Herzen dankbar. Es gibt kaum eine Veranstaltung in meinem Leben, für die ich so viel gebetet habe, denn ich verspürte ein großes Beben in meiner Seele. Ich sah, daß es bereits vor dem Treffen sehr viele Schwierigkeiten gab, und das zeigte sich auch, als es schließlich begann. Es gab viele große Probleme, aber Gott bahnte sich einen Weg durch alle hindurch. Es ist lange her, seit ich so deutlich gesehen habe, daß Gott unsere Gebete erhört. Zwar hatte das Treffen nicht eine so ausgesprochen evangelistische Ausrichtung, wie es unsere nordischen Treffen haben, was daran lag, daß es von Engländern geplant war; ihre Studententreffen werden kaum von Unbekehrten besucht. Aber wir hatten ja unsere skandinavischen Abende, und da geschahen große Dinge. Gott wirkte an Gläubigen und Suchenden. Gerade die Gläubigen erlebten auf dem Treffen eine tiefe geistliche Erneuerung. – Nun sind wir wieder zu Hause, und ich danke Gott fast den ganzen Tag für alle seine Gebetserhörungen während dieses Treffens. Ich bin gewiß, daß diese Zusammenkunft von entscheidender Bedeutung für unsere Studentenarbeit in Europa, ja in der ganzen Welt sein wird.«

Das Treffen von Cambridge öffnet Ole Hallesby die Augen für das, was aus der evangelischen Studentenbewegung durch Gottes starken Arm noch alles werden kann.

Dann bricht der Krieg aus, und es werden acht schwere Jahre vergehen, bevor sich die evangelischen Studenten 1947 zur konstituierenden Generalversammlung der »International Fellowship of Evangelical Students« treffen können (in Norwegen: »Norges Kristelige Student- og Skoleungdomslag«, NKSS; in Deutschland: »Studentenmission in Deutschland«, SMD).

Dann, nach all den Wirren und Schrecken des Zweiten Weltkrieges, werden sie Professor Ole Hallesby zu ihrem ersten Präsidenten wählen.

NORWEGEN IM ZWEITEN WELTKRIEG

Beginn des Kirchenkampfes

Der Zweite Weltkrieg kommt für Norwegen völlig überraschend. Die Mehrheit des Volkes beruft sich auf eine Neutralitätspolitik, die nicht zuletzt darauf baut, daß die Westmächte von der großen und leistungsfähigen Handelsflotte des Landes abhängig sind. Obwohl man selbstverständlich bereit ist, sich gegen eventuelle Übergriffe der kriegsführenden Mächte zu verteidigen, gleich von welcher Seite die Neutralität verletzt würde, geht man doch allgemein davon aus, daß Norwegen sich – ähnlich wie im Ersten Weltkrieg – auch diesmal vom Grauen und den Zerstörungen wird freihalten können. Als schließlich der erste Winter 1939/40 so erstaunlich friedlich verläuft, ist in der Bevölkerung nichts mehr von Angst zu spüren, und niemand denkt an etwaige Verteidigungsvorbereitungen.

Nur innerhalb der Kirche gibt es zu dieser Zeit Anzeichen besorgter Aufmerksamkeit. So ist in den Zeitungen des Landes bereits am 1. September 1939 ein Aufruf an alle Bürger mit der Überschrift »Gottes Ruf an uns jetzt« erschienen. Zwar macht dieser Aufruf keinen besonderen Eindruck auf die Bevölkerung, dennoch ist dadurch etwas ganz Erstaunliches geschehen: der Appell ist von zwei Kirchenführern unterzeichnet, die seit Jahren eine Mauer des Schweigens voneinander trennt – Ole Hallesby und Eivind Berggrav. Über die kirchliche Situation gut informierte Leser wundern sich nicht wenig darüber.

Die Ursachen für die Distanz zwischen beiden Männern gehen

weit in die Vergangenheit zurück: Als Dr. Berggrav 1928 von der Regierung seine Ernennung zum Bischof des Bistums Haalogaland (Nordnorwegen) erhält, wird diese Nachricht in vielen kirchlichen Kreisen mit großer Freude und noch größeren Erwartungen aufgenommen. Es wird sogar die Vermutung geäußert, daß Berggrav – der ebenso sympathische wie qualifizierte Theologe – einmal Nachfolger von Johan Lunde Bischof von Oslo werden könne.

Eivind Berggrav (1884-1959) wird einer der bedeutendsten Bischöfe in der norwegischen Kirchengeschichte des 20. Jahrhunderts, und zwar nicht nur wegen seines großen Mutes, den er vor allem während der deutschen Besatzungszeit an den Tag legt, sondern auch aufgrund seines großartigen Einsatzes für die Kirche im Laufe der vielen Jahre seiner Tätigkeit. So gelingt es ihm beispielsweise, die Pfarrer und weite Teile der Laienschaft für ein neues kirchliches Bewußtsein zu gewinnen, in dem das Bischofsamt ein besonderes Gewicht hat.

Als Berggrav Bischof wird, ist er gerade erst 44 Jahre alt. Sein Weg dahin ist sehr außergewöhnlich und beginnt eigentlich schon während seiner Studentenzeit. Nicht nur, daß die Theologieprofessoren ihm während des Studiums wenig imponieren, sie können ihm in der Regel auch keine Hilfe in geistigen und geistlichen Fragen geben. Vor allem als Redakteur der bekannten Zeitschrift »For Kirke og Kultur« (Für Kirche und Kultur) erkennt er, daß sich die liberale Theologie, deren Humanismus er sich nie zu eigen macht, in lebensfernen Positionen verfahren hat. Dennoch sind ihm in den Jahren an der Universität Zweifel gekommen, die es ihm überaus schwer machen, den eingeschlagenen Weg, Pfarrer zu werden, zielstrebig weiter zu verfolgen. Deshalb bleibt er zunächst bis 1918 Redakteur und Lehrer an der Volkshochschule. Darüber hinaus führt er – neben seinen wissenschaftlichen Studien – einen intensiven Briefwechsel mit führenden Persönlichkeiten des kulturellen Lebens in vielen Ländern, besonders in Schweden.

Berggrav ist ein überaus fleißiger Schreiber; sein Stil glänzt nicht selten durch originelle Wendungen und präzise Formulierungen. Ebenso wie in den mündlichen Debatten, sind auch seine schriftlichen Stellungnahmen von einem zwar zuweilen scharfen und beharrlichen, dabei aber niemals ironischen Ton geprägt. Von seinen zahlreichen Arbeiten beeindrucken besonders seine Profilskizzen von Menschen, die ihm in seinem Leben viel bedeutet haben.

Eivind Berggrav ist als Verkündiger nicht einfach zu charakterisieren. Oft hat er Mühe, mit seinen Predigten, die nicht evangelistisch ausgerichtet sind, den Kontakt zu seinen Zuhörern zu finden. Außerdem fällt es ihm nicht leicht, die bibeltreuen Laienchristen zu verstehen, obwohl er sich durchaus bewußt ist, daß die norwegische Kirche in diesen, am überlieferten Glauben festhaltenden Menschen eine unersetzbare und treue Kerngemeinde hat.

Sechs Jahre nachdem er 1918 Pfarrer in Hurdal, nördlich von Oslo, geworden ist, bewirbt sich Berggrav in der Hauptstadt und wird dort 1924 Gefängnispfarrer. Rasch ist er als volkstümlicher Pfarrer bei den Gefangenen genauso beliebt wie zuvor bei der Dorfbevölkerung in Hurdal. Gestaltete sich sein beruflicher Werdegang bis dahin geradlinig, so wird nun der letzte Abschnitt seines Aufstiegs von einer innerkirchlichen Kontroverse überschattet. Als er nämlich 1928 zum Bischof von Haalogaland ernannt wird, ist es gerade fünf Jahre her, daß Bischof Johan Lunde sich 1923 geweigert hat, den liberalen Theologen Dr. Jens Gleditsch zum Bischof zu ordinieren. Aus diesem Grund bittet der Sekretär der Inneren Missionsgesellschaft, Johan Martin Wislöff, öffentlich eine klare Begründung von Bischof Lunde, der selbst Mitglied im Hauptausschuß der Gesellschaft ist (1920-1929), warum er die Ordination Berggravs jetzt scheinbar bedenkenlos vollziehen kann.

Als Berggrav schließlich am 6. Januar 1929 sein Amt in Tromsö antritt, wird er ungeachtet dessen von den dortigen Verantwortlichen der Inneren Missionsgesellschaft als ein »positiv gläubiger Bischof« empfangen. Ole Hallesby, der Vorsitzende der Gesellschaft, macht zu dieser Zeit keine öffentliche Aussage zum neuen Bischof von Haalogaland; in einem persönlichen Brief vom 23. Januar 1929 schreibt er jedoch: »Berggravs Ordination durch Lunde hat mich in Sorge versetzt und eine Verwirrung in unseren Reihen ausgelöst, aber ich lasse mich nicht erschrecken. Ich bete Tag und Nacht, daß Gott seinen Auserwählten Recht schafft, auch wenn es durch Demütigungen hindurchgehen sollte und unsere Tätigkeit Widerstände erfährt. Das ist die innere Linie, die Gott anweist. Unsere Mitarbeiter sind mißmutig, jedenfalls viele von ihnen. Aber auch durch das müssen wir hindurch. Das gehört auch zu den Dingen, die uns das Glauben lehren wollen.«

In den darauffolgenden Jahren hat Hallesby keine persönlichen Kontakte mit Berggrav, und er äußert sich auch zunächst nicht zu dessen Theologie. Erst als sich Eivind Berggrav 1937 unter allgemeiner Zustimmung um das Bischofsamt in Oslo bewirbt, nimmt der Dogmatikprofessor der Gemeindefakultät dazu Stellung. Da Wislöff, der Schriftleiter der Zeitschrift »For Fattig og Rik« (Für Arm und Reich), um diese Zeit verreist ist, kommt Hallesby nicht umhin, an dessen Stelle die Berufung des Mannes aus Tromsö zum Bischof von Oslo zu kommentieren. Ole Hallesby ist der Ansicht, daß Oslo in Berggrav »einen starken und bedeutsamen Bischof bekommen werde, einen warmherzigen, guten und mutigen Mann: Aber es wird mehr von einem Bischof der Kirche verlangt als nur das.«

Berggrav, der in den Auseinandersetzungen in der norwegischen Kirche von 1919/20 stets Zurückhaltung geübt hat, habe, so Hallesby, sich dennoch nie von seiner liberalen Vergangenheit losgesagt. Auch habe er nie gegen die Verwischung und Verleugnung des Glaubens durch die liberalen Theologen gekämpft. »Ganz im Gegenteil – er hat dem größten liberalen Theologen des Nordens, Erzbischof Söderblom, gehuldigt, nicht nur seiner Person, sondern auch seiner Theologie.« Nach diesen Vorwürfen schließt er seinen Kommentar ab mit den Worten: »Indessen würde uns nichts mehr freuen, als wenn Bischof Berggrav seinem neuen Bistum ein klares Wort zukommen ließe, daß er sich von seiner liberalen Vergangenheit gelöst hat und sich ohne Vorbehalt auf den Grund des kirchlichen Bekenntnisses stellt, gegen die liberale Verwischung und Verleugnung. Wenn das geschieht, werden auch wir ihn als Bischof in Oslo willkommen heißen, und bis das geschieht, werden wir beten.«

Hallesby erinnert sich an den hochbegabten Theologen Bjarne Skard, den späteren Bischof von Tönsberg, der seine früher vertretene liberale Irrlehre öffentlich bereut und um Vergebung gebeten hat. Eivind Berggrav aber gibt keine Antwort, und so steht zwischen den beiden Männern eben jene Mauer des Schweigens, die erst durch die drohende Gefahr des Zweiten Weltkriegs im Dienst für die Menschen der Heimat fallen wird. Eines Tages, kurz vor dem 1. September 1939, ruft Berggrav unerwartet bei dem Professor der Gemeindefakultät an und bittet ihn, den wichtigen Aufruf an das norwegische Volk mit zu unterzeichnen. Hallesby ist zunächst skeptisch und erbittet sich Bedenkzeit, doch schon nach einer halben Stunde ruft er den Bischof zurück und gibt ihm sein Einverständnis. Diese Abmachung der beiden großen Männer in der Kirchengeschichte Norwegens ist um so erstaunlicher, als beide noch nie zuvor zu einem Gespräch zusammengekommen waren.

Ole Hallesby beschäftigt in diesem Herbst 1939 vor allem das Schicksal des finnischen Volkes. Er ist dabei so bewegt von den Leiden dieses Volkes – nicht zuletzt der Christen des Landes – daß er in einem Schreiben vom 21. Dezember 1939 bekennt: »Finnland leidet; und wir sind schlechte Brüder, die ihnen nichts anderes geben können als Geld und eine Rot-Kreuz-Ambulanz. Ich leide so tief in meiner Seele für Finnland, wie ich noch nie in meinem Leben gelitten habe. Es ist so schrecklich, daß sie alleine für uns alle kämpfen sollen.«

Am 21. März 1940 tritt der Theologe auf einer großen Versammlung im traditionsreichen Missionshaus in der Calmeyergate für die Sache Finnlands ein. Noch am gleichen Abend berichtet er einem Freund, es sei angesichts des Schicksals dieses Landes vielleicht doch richtig, daß Norwegen und Schweden neutral blieben, denn es könnten noch manche unerwarteten Dinge eintreten.

Mia Hallesby ist nicht minder unsicher über die bevorstehenden Ereignisse, und so beschreibt sie in einem Brief vom 27. Februar 1940 die Stimmung im Hause Hallesby in Vinderen mit folgenden Worten: »Nun ist es, als wären alle Pläne und Zukunftsaussichten zunichte gemacht. Es ist, als wartete man darauf, daß etwas Außergewöhnliches geschieht, damit die ganze Sinnlosigkeit ein Ende hat.«

Dann kommt der 9. April 1940: Über Nacht wird Norwegen in den Krieg verwickelt. Ole Hallesby hat immer wieder beklagt, daß sich das norwegische Volk keine ausreichende und schlagkräftige Verteidigung leisten will, und so bringt nun jene »bittere Nacht der Verwirrung« all die Versäumnisse beim Aufbau der norwegischen Verteidigung ans Licht. Trotz der schlechten Ausrüstung und der mangelnden Ausbildung zeichnen sich die norwegischen Soldaten jedoch durch einen ausgeprägten Kampfeswillen und heldenhaften Mut aus, den sie im Kampf gegen den übermächtigen Feind unter Beweis stellen. Obwohl Norwegen in diesem schrecklichen Sommer 1940 eine militärische Niederlage hinnehmen muß, ist doch das Verhalten von Soldaten und Zivilbevölkerung in dieser Zeit für Ole Hallesby ein Beweis dafür, daß die Norweger ein Volk sind, das leben will, auch wenn es Opfer dafür bringen muß.

Dennoch ist der überzeugte Patriot Ole Hallesby als Christ tief besorgt, weil er befürchtet, daß seine Landsleute die strenge Mahnung Gottes nicht verstehen wollen: »Ja, es sind furchtbare Dinge in unserem Land geschehen, seit ich Dir das letzte Mal schrieb. Gott hat uns wegen unserer Sünden hart gestraft, und wir haben die Strafe auch verdient. Dies ist das Schmerzlichste bei all den schmerzlichen Ereignissen, die wir erlebt haben. Das ist jedoch nicht so leicht zu verstehen, das müssen wir glauben, und ich tue es, trotz der Schwachheit meines Glaubens. Deshalb bitte ich Gott jeden Tag darum, daß die Strafe an mir und meinem Volk so wirkt, daß wir uns unter Gottes starke Hand demütigen.« (Aus einem Brief vom 24. Mai 1940)

Als Josef Terboven, der deutsche Reichskommissar für Norwegen, in seinem Ultimatum vom 13. Juni 1940 die Absetzung von König Haakon VII. verlangt, ist Ole Hallesby zunächst völlig enttäuscht von der politischen Führung im Land und dem Versagen des Parlaments. Stets ist er ein Mann des Königs gewesen, und nun sollte er zusehen, wie sein Vaterland dieses Regenten beraubt würde. Dann aber wird für ihn der 3. Juli 1940 zu einem der bedeutendsten Tage der Kriegszeit: Der König sagt »Nein« zum Deutschland Hitlers und ist damit – mehr als je zuvor – für Hallesby der »mutigste und stärkste aller norwegischen Männer«.

Die deutsche Führung in Berlin benötigt daraufhin drei Monate, bis sie eine radikale Lösung für das »norwegische Problem« gefunden hat. Am 25. September gibt Terboven die Antwort auf das »Nein« von König Haakon. Norwegen soll demnach von 13 kommissarischen Ministern regiert werden. Alle sind Bürger des Landes, die meisten überzeugte Anhänger von Vidkun Quisling und dessen nazistischer Partei »Nationale Sammlung«.

Da Hallesby dieses Vorgehen sehr betroffen macht, versucht er, seine engsten Freunde davon zu überzeugen, daß die christlichen Patrioten nun Maßnahmen ergreifen müssen. Es ist genau ein Jahr verstrichen, seit er Bischof Berggrav das Einverständnis gegeben hat, den Aufruf an das Volk vom 1. September 1939 auch mit seinem Namen zu unterzeichnen.

Im Oktober 1940 kommen im Haus des Osloer Kirchenführers Berggrav die Bischöfe zu einer Konferenz zusammen, um dagegen vorzugehen, daß ihre rechtliche Stellung durch die Aktion von Reichskommissar Terboven untergraben wurde. Bischof Berggrav hat mehr als alle anderen die Sache durchdacht, und er weiß genau, daß eine geschlossene christliche Widerstandsbewegung nur dann aufgebaut werden kann, wenn eine vertrauensvolle Zusammenarbeit mit der einflußreichen evangelischen Laienbewegung zustandekommt. Die Konferenz schließt sich dieser Einschätzung des Osloer Bischofs an. Aus diesem Grund trifft sich wenig später Eivind Berggrav zu einer Aussprache mit Ole Hallesby, dessen alter Freund, der Rektor Hans Höeg, diese Begegnung vermittelt hat und nun ebenfalls dem Treffen beiwohnt. Es entwickelt sich ein langes Gespräch zwischen dem Bischof und dem Professor. Schließlich kommen sie zu einer vorläufigen Absprache, die Hallesby als Vorsitzender der Inneren Missionsgesellschaft in deren Hauptausschuß besprechen will. Darüber hinaus gibt er die Zusage, Berggravs Pläne einer Zusammenarbeit auf der Grundlage des Bekenntnisses zu unterstützen.

Es wäre undenkbar, daß Hallesby, der seit der Calmeyergate-Konferenz zwanzig Jahre lang für den Glauben an die biblische Offenbarung gekämpft hat, eine kirchliche Kooperation auf nationaler Ebene fördern würde, wenn nicht zuvor die theologische Basis eindeutig geklärt wäre. Deshalb hat der Dogmatiker der Gemeindefakultät die vorbehaltlose Anerkennung zweier Aussagen des apostolischen Glaubensbekenntnisses zur Bedingung gemacht: die Jungfrauengeburt und die leibliche Auferstehung Jesu. Ein Christ, der diese beiden fundamentalen Aussagen bekennt, bezeugt damit nach Hallesbys Auffassung, daß er durch Gottes Gnade an die Inkarnation, an Jesus Christus, Gottes Sohn, den wahren Gott und wahren Menschen, glaubt. Mit dem Bekenntnis zu Christus, der am dritten Tage von den Toten auferstand, reiht sich der Glaubende in Gottes wahre Gemeinde ein.

Direkt danach gefragt, antwortet Bischof Berggrav: »Es ist Gottes Gnade und nicht mein Verdienst, daß es mir nun geschenkt ist, den ganzen christlichen Glauben als die tragende Kraft meines Lebens zu besitzen.«

Als Hallesby daraufhin erwidert, sie stünden damit beide auf dem gleichen Glaubensgrund, entsteht in diesem Augenblick eine geistliche Gemeinschaft zwischen beiden Männern, die während der jahrelangen Nacht der Naziherrschaft herausragende Bekenner und Vorkämpfer für die Sache des Evangeliums in der norwegischen Kirche geworden sind.

Am Tag nach dem Besuch bei Hallesby begibt sich Bischof Berggrav zu einer Unterredung mit dem Laienführer Ludvig

Hope (1871 – 1954), den er ebenfalls für die neue Zusammenarbeit gewinnen will. Hope gibt ohne Zögern seine Zustimmung. Ein paar Jahre später begründet er rückblickend, warum er die Gründung des »Gemeinsamen Christlichen Rates« als eine Führung Gottes angesehen habe: »Als der Krieg so unerwartet über das Land hereinbrach, waren die meisten Christen ratlos und wußten nicht, was sie tun oder lassen sollten. In dieser Zeit entstand der Gedanke eines ›Gemeinsamen Christlichen Rates‹. Die Frage war, ob es gelingen würde, eine Posaune mit einem hellen, klaren und reinen Ton zu bekommen, und jemanden, der in diese Posaune so laut hineinblasen konnte, daß es unser Volk hörte. Das sollte der Versuch sein, unser Volk zu einer einmütigen und gesammelten Front zusammenzurufen. Als die Frage auf mich zukam, in einem solchen ›Gemeinsamen Christlichen Rat‹ mitzuarbeiten, entstand in mir der tiefe Wunsch, dabei mitzuhelfen, Familie, Schule und Christentum in unserem Land zu schützen. Ich arbeitete deshalb freimütig in diesem ›Rat‹ mit, völlig davon überzeugt, daß ich recht tat.«

Am 25. Oktober 1940 kommen einige Bischöfe und Pfarrer mit Ole Hallesby, Ludvig Hope und anderen Laien im Haus des Bischofs von Oslo zusammen, um den »Gemeinsamen Christlichen Rat für die Norwegische Kirche« zu gründen. Abgesehen davon, daß die einzelnen Mitglieder sich auf das Bekenntnis der Kirche verpflichten, hat der Rat keine weiteren Statuten. Er ist keine Organisation im üblichen Sinne, und weil er als Notgemeinschaft während einer nationalen Krise zustandegekommen ist, bleibt auch die Dauer seines Bestehens unbestimmt. Man hat weder einen Vorsitzenden noch einen festen Sitzungstag, und es wird bei den Sitzungen auch niemals ein Protokoll geführt. Der Rat ist ein heimliches Forum verantwortlicher Kirchenführer, das Entscheidungen trifft, die dem Volk und der Kirche zum Besten dienen sollen – so wie es die sich ständig verändernde Situation verlangt.

Nur drei Tage später, am 28. Oktober 1940, wird die Bildung des Gemeinsamen Christlichen Rates auf einer großen Versammlung im Calmeyergate-Missionshaus der norwegischen Öffentlichkeit bekanntgegeben. Rektor Hans Höeg verliest dazu eine Erklärung, in der zum Ausdruck kommt, daß sich nun Persönlichkeiten aus verschiedenen kirchlichen Lagern zu einer Zusammenarbeit auf der Grundlage des Bekenntnisses bereit gefunden haben. Dann werden auch die Namen der Mitglieder des Rates genannt: Bischof Eivind Berggrav und Professor Ole Hallesby, die durch ihre geheime Übereinkunft den entscheidenden Schritt getan haben; außerdem Ludvig Hope, Ministerialrat Kristian Hansson, Rektor Hans Höeg, Pfarrer Ragnvald Indrebö, Pfarrer Ingvald B. Carlsen und Missionspfarrer Einar Smebye.

Die Zusammenarbeit des Rates ist getragen von persönlichem Vertrauen und der gemeinsamen Hoffnung, daß alle Christen in Norwegen unter dem Druck des Krieges mit dem Herzen und dem Verstand zu Schrift und Bekenntnis zurückfinden. Das ist das eigentlich Neue an dieser Einheit. »Wir erkennen in dieser schweren und kritischen Zeit wie nie zuvor, daß es allein das alte, unverkürzte Evangelium ist, das unser Volk retten kann,« heißt es in der Erklärung.

Die Gründung des Gemeinsamen Christlichen Rates wird allerdings von den Liberalen im Land anders interpretiert. So schreibt beispielsweise das »Morgenbladet« (Morgenblatt): »Wir legen die Erklärung dahin aus, daß der Streit in der Kirche, der seit den ersten Jahren unseres Jahrhunderts angedauert hat, hiermit zu einem endgültigen Abschluß gekommen ist.« Ähnlich kommentiert auch das »Norsk Kirkeblad« (Norwegisches Kirchenblatt) das Geschehen: »Theologisch und kirchlich haben sich beide Richtungen aufeinander zubewegt. Die Streitenden haben voneinander gelernt, und es hat sich in weiten Kreisen der Kirche, unter dem Fußvolk und bei den Führern, eine wachsende Erkenntnis breit gemacht, daß das Trennende nicht so wesentlich ist wie das Einende.«

Während die Gründer des Rates hoffnungsvoll der gemeinsamen Arbeit entgegensehen, geht eine unerwartete Bedrohung für die Zukunft der norwegischen Kirche von der Verärgerung aus, die die Übereinkunft bei der Inneren Mission in Westnorwegen auslöst. Deren Verantwortliche sind weder um Rat gefragt worden, noch hat man sie zuvor von der Sache unterrichtet. Als sie nun jedoch plötzlich gebeten werden, einen Kompromiß nach dem Diktat aus Oslo anzuerkennen, weigern sie sich und fordern eine Rechtfertigung dieses im freien evangelischen Norwegen bislang einmaligen Vorgehens.

Es ist die Aufgabe von Eivind Berggrav und Ludvig Hope, vor Ort die Basis des Gemeinsamen Christlichen Rates und seine nationalen Ziele zu erläutern. Die beiden Abgesandten machen ihre Sache so gut, daß sich die Westnorweger letztlich, ungeachtet einiger Bedenken, im großen und ganzen zufrieden geben.

Ludvig Hope aber hat durch die Auseinandersetzung erkannt, daß die Erklärung vom 28. Oktober nicht klar genug formuliert war. Deshalb arbeitet er in den folgenden Tagen nochmals eine theologische Erläuterung aus, die er schließlich, mit der Zustimmung des Rates, der Presse zukommen läßt. Darin heißt es: »Von einem Kompromiß zwischen den ›Orthodoxen‹ und den ›Liberalen‹ zu sprechen, stimmt keineswegs mit den Tatsachen überein. Die, die hier zusammenarbeiten, haben als gemeinsames Fundament die Bibel sowie das lutherische und haugianische (pietistische) Erbe. Falls künftig einzelne Männer oder ganze Gruppen der Kirche unsere Bibel in Stücke reißen wollen und leugnen, daß Jesus Christus durch den Heiligen Geist empfangen und von der Jungfrau Maria geboren wurde, oder falls irgend jemand das Kreuz Jesu zu einem Märtyrerkreuz machen und seinen Versöhnungstod und seine leibliche Auferstehung leugnen will, dann wird der Gemeinsame Christliche Rat es gewiß nicht verhindern, daß es einen Streit um den wahren Glauben gibt.«

Mit diesen deutlichen Worten will Ludvig Hope zeigen, daß der neuen Zusammenarbeit kein zweifelhafter Burgfriede zugrundeliegt, sondern daß eine klare Linie bestehen muß, wenn die Durchsetzung der gemeinsamen Ziele gewährleistet sein soll. Sehr zur Enttäuschung des Leiterkreises der liberalen Theologen ist die von Hope ausgearbeitete Erklärung auch von den Ratsmitgliedern Berggrav, Carlsen und Hansson gebilligt worden, obwohl diese der Ansicht waren, daß Ton und Wortwahl ein wenig gemäßigter hätten sein können.

Ole Hallesby mißt der Bildung des Gemeinsamen Christlichen Rates, die auch für ihn sehr überraschend kommt, schicksalhafte Bedeutung für das kirchliche Leben in Norwegen zu. In einem Brief vom 16. November 1940 an einen engen Freund beurteilt er die Ereignisse aus seiner persönlichen Sicht: »Ich war in großem Zweifel. Aber nach viel Gebet und nach Beratungen mit meinen Freunden wurde mir klar, daß ich in dieser kritischen Zeit zu der Zusammenarbeit, die hier angeboten wurde, nicht nein sagen konnte. Denn diese früheren Liberalen sind nun dazu bereit, unsere Überzeugung von der Inspiration des Wortes Gottes, wie sie im Bekenntnis unserer Kirche bezeugt ist, zu übernehmen, und das ohne Umschweife, wie Du wohl gemerkt hast. Das ist das Neue, das wir vorher nie erreicht haben. Aber ich bin mir durchaus darüber im klaren, daß wir dadurch in viele Gefahren und Schwierigkeiten kommen werden. Glaubte ich nicht an Gottes gnädigen Schutz und seine Hilfe, dann hätte ich diesen Schritt niemals gewagt.«

Im Dezember 1940 kommt Dompropst Arne Fjellbu nach Oslo, um dort sein Anliegen vorzutragen, der Rat möge im Nidarosdom in Trondheim, von dessen Bedeutung für die norwegische Kirche er seit langem überzeugt sei, seine nächste Tagung abhalten. In einer Sitzung des Rates, die im Haus von Ludvig Hope stattfindet, kommt man daher überein, daß Hallesby nach Trondheim reisen solle, um dort gemeinsam mit dem Dompropst in einer Veranstaltung in der Domkirche aufzutreten. Ole Hallesby folgt dieser Entscheidung, allerdings nur, weil Fjellbu ihm versprochen hat, daß er während der Versammlung ein klares Bekenntnis ablegen wird, dessen Inhalt ihm jedoch freigestellt ist.

Nach dieser Absprache geht Hallesby fest davon aus, daß der Propst im Nidarosdom öffentlich widerrufen werde, was er früher an liberaler Theologie geschrieben hat. Doch er sieht sich getäuscht: Fjellbu legt kein Bekenntnis ab, sondern beschränkt sich lediglich auf einige unklare theologische Floskeln. Während der Versammlung folgen klare Aussagen und biblische Wahrheiten erst, als Professor Hallesby auf die Kanzel steigt, obwohl die beiden Männer sich zuvor darauf geeinigt haben, daß eine solche Verkündigung sein muß, wenn die Zusammenkunft wirklich einen Sinn haben soll. Wie oberflächlich Dompropst Fjellbu den Kampf um die Wahrheit in der Kirche beurteilt, offenbart sich in dessen Autobiographie »Ein Bischof sieht zurück« von 1960: »Ich hatte gehofft, ich hätte auf meine Weise Hindernisse aus dem Weg geräumt. Nun räumte sie Hallesby auf seine Weise beiseite. Das empfand ich ein wenig demütigend, aber etwas wird man ja um der Kirche und des Vaterlandes willen ertragen können.«

Ole Hallesby sieht sich durch die Ereignisse im stürmischen ersten Jahr der deutschen Okkupation in eine herausfordernde und verantwortungsvolle Zeit hineingestellt, wie er es seit 1919 nicht mehr erlebt hat.

Als die Richter des obersten Gerichts am 12. Dezember 1940

geschlossen ihre Ämter niederlegen, wird das norwegische Volk zu Beginn des Besatzungsjahres 1941 von einer großen Unsicherheit und dem bedrückenden Gefühl der Rechtlosigkeit ergriffen. Nun ist das Land also einer tyrannischen Besatzungsmacht und einer Gruppe gewissenloser Landesverräter ausgeliefert.

Unter Leitung von Bischof Berggrav ist das Bischofskollegium deshalb davon überzeugt, daß nun die Zeit gekommen sei, um den Machthabern deutlich entgegenzutreten. Noch im Januar 1941 wird ein Protestschreiben eingereicht, und eine Delegation spricht beim Leiter des nazistischen Kirchenministeriums vor. Da die Bischöfe jedoch auf diese Maßnahmen keine Antwort erhalten, beschließen sie, einen Hirtenbrief an die Gemeinden zu verfassen, dessen Inhalt zudem von neun christlichen Verbänden gebilligt wird. Dieser mutige und für den nachfolgenden Kirchenkampf richtungweisende Brief wird nicht nur in 50 000 Exemplaren im ganzen Land verbreitet, sondern auch in den norwegischen Radiosendungen der BBC in London verlesen.

Im Anschluß daran folgen noch weitere Protestaktionen von seiten der Kirche, wobei der Gemeinsame Christliche Rat niemals als Urheber auftritt. Es sind vielmehr immer die Bischöfe oder das Bischofskollegium, die ihre Stimme erheben. Auf diese Weise kann der Rat weitgehend anonym bleiben, denn seine Aufgabe besteht vor allem in der Beratung und Kontaktvermittlung. Außerdem sorgt er für Kurierdienste und nimmt unzählige andere praktische und nicht selten geheime Aufgaben wahr. Erst nach dem Krieg wird bekannt, daß der Gemeinsame Christliche Rat bei fast allen Aktionen des kirchlichen Widerstandes beteiligt gewesen ist. Die Mehrzahl der Männer im Bischofskollegium war jahrelang aktiv in den freien christlichen Werken tätig, so daß nun die Zusammenarbeit im Widerstand von einem brüderlichen Geist geprägt ist. Darüber hinaus ist es für die Laienschaft in der norwegischen Kirche eine große Beruhigung, daß Hallesby und Hope im Rat mitwirken.

Wie aus einigen seiner Briefe hervorgeht, ist Ole Hallesby tief bewegt und beeindruckt von der gemeinsamen Verbundenheit im kirchlichen Kampf gegen die nazistische Unterdrückung: »Wir erleben hier gesegnete und unvergeßliche Zeiten, und wir danken Gott für das, was er uns inmitten von Krieg und Besatzung erfahren läßt.« (20. Februar 1941) »Hier geschehen große Dinge, und wir dürfen in dem allem Gottes Finger erkennen. Das Größte sehen wir heute noch nicht. Das werden wir sehen, wenn er, nach seiner Verheißung, seinen Auserwählten Recht verschafft. Wir glauben, daß Gott lebt und regiert mitten im Chaos, und dann läßt es sich gut leben.« (7. August 1941)

Das Besatzungsjahr 1942 wird zu einem Jahr der Märtyrer, in dem über 100 Todesurteile gegen norwegische Bürger gefällt werden, um so den Widerstand des Volkes zu brechen. Außerdem kommt es durch die verbrecherische Zusammenarbeit der deutschen Besatzungsmacht mit der Quisling-Verwaltung am 1. Februar 1942 zu einem »Staatsakt« auf der Burg Akershus in Oslo, bei dem Quisling zum Ministerpräsidenten einer »norwegisch-nationalen Regierung« ernannt wird. Reichskommissar Josef Terboven nimmt dies zum Anlaß, gegen den klugen und mutigen Leiter des kirchlichen Widerstandes, Bischof Eivind Berggrav, vorzugehen. Schon lange ist es dem deutschen Tyrannen ein Dorn im Auge, daß der Bischof von Oslo aufgrund der geistlichen Autorität, die nur ein Christ durch sein an Gott gebundenes Gewissen erhält, unter der norwegischen Bevölkerung weitreichenden Einfluß besitzt.

Nach der Machtübernahme auf Burg Akershus spitzt sich die Lage in den folgenden Monaten dramatisch zu. Durch ein Quisling-Gesetz vom 5. Februar sollen alle Lehrer gezwungen werden, dem neugegründeten nazistischen »Lehrerverband Norwegens« beizutreten. Gleichzeitig wird auch das »Gesetz über den nationalen Jugenddienst« erlassen, der nach deutschem nationalsozialistischem Vorbild aufgebaut ist: »Jeder norwegische Junge und jedes norwegische Mädchen soll – um seiner nationalen Erziehung willen und um seinem Volk und Vaterland zu dienen – Dienst in der Jugendorganisation der Nationalen Sammlung leisten.«

Als wenige Tage später Repräsentanten der Lehrerorganisationen gegen den geplanten »Jugenddienst« protestieren, werden in allen Teilen des Landes 1100 Lehrer von der Gestapo verhaftet und in die Lager Grini bei Oslo oder Jörstadmoen bei Lillehammer gebracht, wobei sie eine äußerst brutale Behandlung erfahren. Mit Empörung verfolgt die Presse der freien Welt die Fahrt des Märtyrerschiffs »Skjerstad« auf dem langen Leidensweg nach Kirkenes (an der sowjetischen Grenze), wo 500 Lehrer in ein Arbeitslager gebracht werden.

Das Verhältnis der norwegischen Bischöfe zu der sozialistischen Exilregierung in London ist kompliziert. Norweger auf beiden Seiten des Atlantiks, in England und Schweden ebenso wie in Amerika, warten schon seit längerer Zeit darauf, daß die Kirchenführer, allen voran die Bischöfe, ihre christliche Haltung in konkretes Handeln umsetzen. Im Ausland weiß man jedoch nicht, daß der Bischof von Oslo seine Kollegen und die Christen des Landes dringend darum gebeten hat, keine spontanen Angriffe in Wort oder Tat gegen die Machthaber zu starten, bevor nicht der richtige Zeitpunkt dafür gekommen ist. Berggrav ist der Stratege des kirchlichen Widerstandes, und er sieht erwartungsvoll dem Tag entgegen, an dem die geistlichen Führer und die Laien so zusammengeschweißt sind, daß man es glaubensmutig wagen kann, die norwegischen Kollaborateure und ihre bewaffneten deutschen Beschützer herauszufordern.

Dennoch herrscht nicht nur in christlichen Kreisen des Auslands Unzufriedenheit über die Zurückhaltung der Bischöfe. Auch im Land selber ist man zu Beginn dieses dritten Besatzungsjahres 1942 zunehmend verärgert über das offensichtliche Zögern, sich von der grundgesetzwidrigen und verhaßten Quisling-Regierung loszusagen. Schon vor mehr als einem Jahr, am 28. Oktober 1940, sind die Christen des Landes über die Gründung des Gemeinsamen Christlichen Rates informiert worden. Zwar war der Hirtenbrief der Bischöfe zu Neujahr 1941 zunächst eine Sensation, seither aber hat man vergebens darauf gewartet, daß etwas geschehen würde.

Der Kirche fernstehenden Norwegern im In- und Ausland ist dabei allerdings die evangelisch-lutherische Lehre von den zwei von Gott eingesetzten Regimentern, Staat und Kirche (Augsburgisches Bekenntnis, Artikel 28), weitgehend unbekannt. Außerdem haben sie auch nur wenig Einblick in den Konflikt der Geistlichen, der sich daraus ergibt, daß die norwegischen Bischöfe und Pfarrer gleichzeitig staatliche Beamte und geistliche Hirten ihrer Gemeinde sind; sie werden vom Staat ernannt und am Altar des Herrn zum Pfarrdienst ordiniert.

Nun aber haben die Pfarrer des Landes schon fast zwei Jahre lang die schwere Bürde dieser Doppelstellung gespürt, die seit der deutschen Besetzung auf ihnen lastet. Es wird mehr und mehr deutlich, daß Pfarrdienst und Amtsgehorsam in unvereinbarem Widerspruch zueinander stehen. Man muß einen Ausweg aus diesem Dilemma finden, aber auch eine scheinbar endlose Diskussion bringt keine Antwort.

Als Quisling schließlich auf einen Gottesdienst im Nidarosdom in Trondheim vom 1. Februar 1942 reagiert, spitzt sich die Situation weiter zu. Während die Bischöfe ein Protestschreiben gegen Quislings Gesetz über den »Jugenddienst« ausarbeiten, erhält Dompropst Arne Fjellbu am 19. Februar ein Telegramm, in dem ihm seine Amtsenthebung mitgeteilt wird. Als Bischof W. Krohn-Hansen tags darauf die Absetzung Fjellbus erfährt, ist ihm sofort bewußt, daß der Kirchenkampf einen Höhepunkt erreicht hat. Nun ist es das Gebot der Stunde, eindeutige Schritte zu unternehmen. Obwohl Arne Fjellbu nur Dompropst ist und zwei der Bischöfe meinen, man solle deshalb nicht in Panik handeln, kann Bischof Berggrav am 24. Februar das gesamte Bischofskollegium dazu bewegen, die Ämter niederzulegen. In gleichlautenden Briefen an das Kirchenministerium erklärt jeder einzelne von ihnen: »Was mir der Staat übertragen hat, das gebe ich zurück. Der geistliche Auftrag und die Vollmacht, die mir durch die Ordination am Altar des Herrn gegeben sind, bleiben mir weiterhin von Gott und vom Recht her verliehen. Verkündiger des Wortes, Visitator der Gemeinden und Seelsorger der Pfarrer zu sein, ist und bleibt meine Berufung.«

Dieser mutige Schritt der Bischöfe, der das Volk und besonders die kirchlichen Kreise mit Zufriedenheit erfüllt, erregt jedoch längst kein so großes Aufsehen wie man es hätte erwarten können. Dies liegt vor allem daran, daß der Rücktritt des Bischofskollegiums zu überraschend erfolgt ist und die Pfarrer nun unsicher sind, wie sie sich dem Quisling-Regime gegenüber verhalten sollen. Die Bischöfe haben ihre Ämter niedergelegt und sind entlassen worden, die 800 bis 900 Pfarrer des Landes aber sind weiterhin Staatsbeamte.

Da diese geistlich und kirchenrechtlich widerspruchsvolle Situation kaum auszuhalten ist, treffen sich Pfarrer in Oslo, Bergen und Stavanger, um sich offen darüber auszusprechen, wie feige es doch ist, die Knie vor einer gottlosen Staatsmacht zu beugen. Auf diese Weise beginnt eine geistliche Front zu wachsen, und man fordert eine theologische Erklärung über die Grundlagen und Rechte der Kirche, da es nicht mehr genüge, immer nur dann Protest anzumelden, wenn das Quisling-Regime oder die deutsche Besatzungsmacht erneut zu weit gegangen sind.

Am Sonntag, dem 2. März 1942, wird überall im Land während des Gottesdienstes eine Erklärung verlesen, die sich deutlich gegen den nazistischen Jugenddienst richtet. Obwohl man sich über den Ernst der Stunde im klaren ist – erst vor wenigen Tagen erfolgte die Masseninhaftierung der Lehrer –, sind die Gottesdienstbesucher dennoch überrascht und beeindruckt, als die Pfarrer zum ersten Mal andeuten, sie könnten sich dazu genötigt sehen, gemeinsam ihr Amt niederzulegen.

Ebenfalls an diesem Sonntag hat sich der Gemeinsame Christliche Rat wiederum im Haus von Ludvig Hope zu einer Sitzung versammelt. Daran nimmt auch der Beauftragte der Kirchenleitung in Stavanger, Dr. Olav Valen-Sendstad, teil. Weil man erkannt hat, daß die Aktion gegen die Lehrer als eine Warnung an die Pfarrerschaft aufgefaßt werden muß, wollen die Männer zusammen über eine theologisch-kirchliche Erklärung beraten, die als einheitliche Grundlage für den Kirchenkampf dienen soll. Zu diesem Zweck legt Valen-Sendstad einen vorläufigen Entwurf vor, der von allen Anwesenden positiv aufgenommen wird. Bischof Eivind Berggrav soll auf Beschluß des Rates die weitere Überarbeitung des Vorschlages übernehmen.

Im Verlauf der folgenden Wochen wird im Haus des Osloer Bischofs hart gearbeitet, und bereits am 24. März kann Berggrav dem Rat berichten, die Erklärung, die den Titel »Der Grund der Kirche« erhalten solle, sei weit gediehen.

Den fertigen Entwurf legt er dann am 28. März 1942 auf der Sitzung des Gemeinsamen Christlichen Rates im Hause Hallesby in Vinderen vor. Die Sitzung beginnt um 18 Uhr und dauert bis 2 Uhr nachts. Als die Erklärung zum letzten Mal verlesen wird und jeder Satz, jede Grundsatzaussage abgewogen und analysiert ist, geschieht etwas, mit dem keiner der Anwesenden gerechnet hätte. »Ein großer Friede erfüllte mich,« schreibt der Bischof von Oslo später über jenen Abend. »Wir hatten bei unseren Zusammenkünften immer miteinander gebetet. Nun ging mein Sinn unwillkürlich zu Gott, um zu danken. Aber da erkannte ich mit einem Mal, daß etwas im Wege stand. Einige Augenblicke war alles still. In mir wuchs eine Unruhe; sie kämpfte mit dem Glück, das ich darüber empfand, daß das Werk vollendet und alles endlich beschlossene Sache war. Ich sehe Hallesby an. ›Bist du ruhig über dieser Sache?‹ fragte ich ihn. Hallesby wartete einige Sekunden, bevor er antwortete: ›Wenn du so fragst, nein.‹ Im selben Moment stand es für mich fest, und ich sagte: ›Dann werfen wir das Ganze nochmals um und schreiben es neu..‹«

So fährt Eivind Berggrav in dieser Nacht wieder nach Hause und setzt sich sofort an seinen Schreibtisch, um die Erklärung erneut umzuarbeiten und zu verbessern. Er streicht alles, was ihm als billige Propaganda erscheint, denn der »Der Grund der Kirche« soll vor dem Volk und der Geschichte bestehen können. Er weiß, daß nur eine klare biblische Argumentation der Erklärung das nötige geistliche Gewicht verleihen kann.

Am nächsten Tag, dem Palmsonntag 1942, beschließt der Rat einmütig Berggravs Entwurf und datiert ihn auf den Samstag vor Ostern, so daß die Erklärung am Ostersonntag, dem 5. April 1942, im ganzen Land von den Kanzeln verlesen werden kann.

In seiner wissenschaftlichen Abhandlung »Kirkens Grunn« (Der Grund der Kirche, 1974) schreibt Torleiv Austad: »Vom 5. April 1942 bis zum 8. Mai 1945 war ›Der Grund der Kirche‹ in der sich selbstverwaltenden norwegischen Kirche – aufgrund des Notrechts – ein verpflichtendes kirchliches Bekenntnis. Als jedoch wieder normale Verhältnisse eingetreten waren, bekam das Dokument keinen kirchenrechtlichen Status. ›Der Grund der Kirche‹ muß daher als ein zeitlich begrenztes kirchliches Bekenntnis angesehen werden.«

Daß nach dem Erscheinen der Erklärung 797 Pfarrer, wie bereits zuvor angedeutet, ihre Ämter niederlegen und ungefähr 1000 Laienprediger ihre Zustimmung zu der Erklärung öffentlich bekanntgeben, unterstreicht jedoch die große Bedeutung des Bekenntnisdokuments für die weitere Entwicklung der Kirche in Norwegen. Einen vergleichbaren Einsatz zur Verteidigung des christlichen Glaubens kann kein anderes Land in dem von Hitler besetzten Europa aufweisen.

PREDIGT: »LICHTE AUSSICHTEN IN EINER DUNKLEN ZEIT«

Die folgende Predigt hält Ole Hallesby bei einer Veranstaltung der Pfarrervereinigung Oslo im Herbst 1942.

> Nur Gutes und Barmherzigkeit werden mir nachjagen alle Tage meines Lebens, und ich werde wohnen im Haus des Herrn immerdar.
>
> Psalm 23,6 (zitiert nach der norwegischen Bibelübersetzung)

Nur Gutes wird mir nachjagen! Alle Tage! – Ist das wahr, wirklich wahr? Buchstäblich wahr?

Diese Verse stehen in einem Gedicht, und Dichter benötigen dichterische Freiheit, damit es besser klingt. Vielleicht hat sich auch der Dichterkönig David diese dichterische Freiheit genommen – und ein bißchen übertrieben.

Du wirst denken: »Ich bin doch fest davon überzeugt, daß das, was in der Bibel steht, wahr ist.«

Ja, glaubst du das? Bist du dir da ganz sicher? – Ich denke, es ist für dich und mich besser, wenn wir uns eingestehen, daß wir zuweilen an dem zweifeln, was in der Bibel steht. Ja, oft sind wir damit gar nicht einverstanden. Ich brauche nur an unsere Sorgen zu erinnern. Sie sind Beweis genug dafür, daß wir an dem zweifeln, was Gott sagt.

Was sagst du, wenn du tief bekümmert bist? Vielleicht dies:

»Nur Sorge und Not jagen mir nach alle Tage meines Lebens, und ich bekomme keinen Frieden, ehe ich sterbe. Wenn ich doch wenigstens selig sterben darf!« Aber oft bezweifelst du auch das.

Dieses kleine Psalmwort durchleuchtet unsere Sorgen, so meine ich, und stellt uns eine rücksichtslose Frage: Was ist der Grund unserer Sorgen? Wo ist die Quelle des ständig fließenden Stromes der Sorgen?

Aber vielleicht müssen wir erst einmal eine andere Frage aufgreifen: Was ist Sorge eigentlich? – Das läßt sich gar nicht so einfach sagen, auch wenn wir Erfahrung genug damit haben. Laßt es mich so ausdrücken: Sorgen sind unruhige Gedanken, die wir uns um Dinge machen, die wir noch nicht erlebt haben, die wir aber am Horizont sehen oder erahnen; und dann durchleben wir das Bevorstehende in der Phantasie so intensiv und schmerzhaft, daß es, wenn es schließlich eintrifft, zumeist weniger schlimm ist als wir zuvor befürchtet haben.

Was ist es, wovor wir uns fürchten? – Es sieht so aus, als wären es äußere Schwierigkeiten, die uns Sorge bereiten. Aber schauen wir genauer hin, dann erkennen wir, daß die Schwierigkeiten von innerer, von geistlicher Art sind. Zu unserer Verwunderung werden wir entdecken, daß es eigentlich Gott ist, vor dem wir uns fürchten. Wir haben Angst, daß Gottes Wille unseren Willen durchkreuzt, auch wenn wir beten und weinen.

Aber an diesem Punkt müssen wir weiterfragen: Warum fürchten wir uns vor Gottes Willen? Sollten wir uns nicht in ihm geborgen wissen, ja ihn lieben? Warum fürchten wir uns vor ihm? – Ganz einfach: weil das Herz weltförmig geworden ist. Das bedeutet, daß es Dinge in unserem Leben gibt, die uns wertvoller geworden sind als das, was Gott will. Dann aber kommen die Sorgen, dann hadern wir im Unglück und sind ängstlich im Glück. Wir haben Angst davor, daß das Glück nicht bleibt.

Was sollen wir da tun?

Wir haben hier – wie auch sonst, wenn wir gesündigt haben – nur eine Sache zu tun: Wir sollen die Wahrheit sagen, nämlich, daß sich etwas zwischen Gott und uns gestellt hat. Ich kann mein Herz nicht verändern und mich deshalb auch nicht von meiner Bindung an die Welt befreien. Aber ich kann sie vor meinem Heiland bekennen. *Dann kann Er!*

»Wie Honig das Saure süß macht, wie Feuer das Harte erweicht, so macht dein Name froh mein Herz / und schmilzt alles, was uns scheidet.« So heißt es in einem alten Liedvers.

Petrus gibt uns einen guten Rat: »Demütigt euch nun unter die gewaltige Hand Gottes und werft alle eure Sorgen auf den Herrn, denn er sorgt für euch.« Wir sollen also alle unsere Sorgen auf den Herrn werfen. Was aber ist nun der Grund dafür, daß wir sie selbst tragen?

Nur diejenigen, die sich unter Gottes mächtige Hand gedemütigt haben, können ihre Sorgen auf den Herrn werfen. Es ist nicht unwahrscheinlich, daß einige von euch heute mit großer Unruhe und Sorge hier sitzen. Es handelt sich um eine bestimmte Sache, die jeden Tag auf dich zukommen kann.

Lieber Freund! Demütige dich! Sage zum Herrn: Ich will es! Laß es über mich kommen, aber stehe mir bei, daß ich deinem Namen keine Schande mache in der Bedrängnis!

Was geschieht dann?

Dann kannst du deine Sorgen auf den Herrn werfen. Dann ist deine Kümmernis überwunden, auch wenn die Schwierigkeiten weiterhin vorhanden sind. Denn: Nichts ist so selig, als auf Gott zu vertrauen.

Dann bekommst du sogar noch mehr. Du bekommst das, was die Bibel »die geöffneten Augen des Herzens« nennt. Diese Augen, die das Unsichtbare, das Ewige sehen, sind gewiß die größte Gabe an den Glaubenden, abgesehen von der Sündenvergebung. Sehen wir nur das Zeitliche, dann werden wir von der Welt überwältigt; dann werden wir nicht nur weltlich gesinnt, sondern auch voller Sorge. Aber wenn wir die »geöffneten Augen des Herzens« haben, dann sehen wir das, was David sah, als er den 23. Psalm schrieb: »Der Herr ist mein Hirte, mir wird nichts mangeln.« Dann erleben wir die »grünen Auen« und das »frische Wasser«, von denen David singt. Ja, dann sehe ich, daß mir *nur* Gutes nachjagt *alle* Tage.

Denn ich darf sehen, daß der Herr gut ist, und das heißt: Er kann nichts anderes tun als Gutes. Es wird eine Wohltat aus allem, was er tut. Auch die schweren Dinge, die er schickt, sind Wohltaten.

Es steht in der Bibel davon geschrieben, daß er auf Händen trägt, wenn schwere Zeiten kommen. Und wir können es ab und zu schwer haben. Das Leben kann sich von so verschiedenen Seiten zeigen. Manchmal gleitet unser kleines Lebensboot ruhig dahin. Aber wir erleben auch Zeiten, wo Gegenwind aufkommt und Unwetter über unser Leben hereinbrechen. Alle unsere Pläne werden durchkreuzt, alle unsere Hoffnungen werden zerschlagen. Krankheit, Kummer und Entbehrung drängen in unser Haus, und mit geschwächter Gesundheit wird die Arbeit beschwerlich und das Auskommen dürftig. Eine Schwierigkeit folgt auf die andere.

Hast du nicht auch schon erlebt, wie der Herr dir in solchen schweren Zeiten eine Zärtlichkeit und vertraute Nähe erwiesen hat, die allen Verstand übersteigt? – Ja, er trägt auf Händen, wenn schwere Zeiten kommen!

Für solche Erlebnisse gebraucht die Bibel ein merkwürdiges Wort: »Auf einen Felsen führt er mich hinauf.« Ja, auf einen Felsen. Nun haben wir festen Grund, auf dem wir stehen können: Wir dürfen Glück und Unglück in die durchbohrten Hände des Heilands legen.

Auf einen Felsen! Ja, denn hier wird uns auch eine herrliche Aussicht geschenkt: Jetzt können wir unser ganzes Leben mit neuen Augen sehen. Unser früheres Leben liegt vor uns ausgebreitet – in einem merkwürdig hellen Licht. Dinge, über die wir vorher kaum nachgedacht haben oder Dinge, über die wir viel nachgedacht, die wir aber nie verstanden haben, nun sehen wir sie im klaren »Oberlicht« der Ewigkeit, und sie werden uns heilig und lieb. Wir erkennen jetzt die unsichtbare Hand, die unser Leben führt; unser Leben, das für andere – so wie vor kurzem noch für uns selbst – wie ein chaotisches Wirrwarr von sich aneinanderreihenden Unglücksfällen aussieht.

»Du bereitest vor mir einen Tisch im Angesicht meiner Feinde,« sagt David. Es schwingt Triumph in diesen Worten. Haben wir es nicht auch so erlebt? Wir baten und flehten, er solle doch die Feinde wegnehmen, die Schwierigkeiten, Bedrängnisse, Krankheiten oder was es auch sonst sein mochte.

Das tat er allerdings nicht. Dafür tat er etwas anderes: Er bereitete einen Tisch im Angesicht unserer Feinde. Er nahm die Schwierigkeiten nicht weg, aber er verwandelte sie: Wir durften den Sinn der Bedrängnis und die Gnade der Bedrängnis schauen – und darin besteht der tiefste Sieg über das Unglück.

»Im Angesicht meiner Feinde!« Damit will David wohl auch sagen, daß niemand die Wohltaten des Herrn verhindern kann.

Nur Gutes wird mir nachjagen, und keiner kann verhindern, daß das Gute mich erreicht.

Es ist wie mit unseren Briefen. Sie erreichen uns, ja, sie werden zu uns gebracht, oft unter großen Schwierigkeiten. Das habe ich auf meinen Reisen häufig erlebt. Ich erinnere mich daran, daß ich in Amerika einmal einen Brief erhielt, der mir von Ort zu Ort nachgesandt wurde, bis der Briefumschlag auf beiden Seiten mit immer neuen Adressen vollgeschrieben war. Aber ich erhielt den Brief. Genauso ist es mit den Wohltaten des Herrn. Sie jagen uns nach, und niemand kann verhindern, daß sie uns einholen, kein Teufel und kein Mensch, wie böse und schlecht sie auch sein mögen. Ja, wir erleben sogar, daß die bösen und schlechten Menschen, gegen ihren Willen und ohne ihr Wissen, Gott dienen und uns seine Wohltaten überbringen müssen.

Laßt mich nun einige der größten Wohltaten nennen, die uns nachjagen.

Die erste und größte drückt David so aus: »Der dir alle deine Sünden vergibt.« Wenn ich in der Stille darüber nachsinne, dann sage ich zu mir selbst: Derjenige, dem Gott so alle seine Sünden vergibt, der sollte eigentlich ganz ohne Sorgen leben. Meinst du nicht auch?

Christ sein heißt, zu den glücklichen Menschen zu gehören, denen der Herr die Übertretungen nicht zurechnet. Bedenke, keine der Sünden, die du im täglichen Leben begehst, wird dir zugerechnet, denn sie wurden alle einmal deinem Stellvertreter zugerechnet. Solange du vor Gott nicht unaufrichtig bist, das heißt solange du deine Sünden nicht vor dem Herrn verbirgst oder entschuldigst, solange lebst du in einer fortwährenden Vergebung der Sünden – so sagt es die Bibel.

Wie der Fisch von allen Seiten vom Wasser umgeben ist und der Vogel von der Luft, genauso bist du von allen Seiten von der Vergebung der Sünden umgeben. Das nennt die Bibel »in Christus sein«, und das ist die größte Wohltat, die einem Sünder zuteil werden kann.

Danke ihm dafür! Jeden Tag. Dein Dank ist ihm wichtig; so steht es in der Bibel.

Zum anderen will ich die Wohltat erwähnen, daß Gott alle deine Gebete hört.

Das glaubst du nicht? – Aber er tut es trotzdem, denn er hat es versprochen. Er kann dich nicht immer sofort erhören, aber wenn seine Stunde schlägt, dann erfährst du die Gebetserhörung. Dann hast du die Sache, für die du gebetet hast, oftmals schon wieder vergessen. Er läßt dich die Erhörung trotzdem erfahren, denn er gibt gerne, ohne daß es ihn gereut.

Die dritte Wohltat, die ich nennen will, besteht darin, daß er dir nicht nur das gibt, worum du bittest, sondern weit mehr als das, was du bitten oder verstehen kannst. »Ehe sie rufen, will ich antworten,« spricht er. Ehe sie rufen! Das ist eine wichtige Wahrheit über das Gebet, denn wir glauben ja meistens, daß wir es sind, die mit unserem Gebet Gott in Bewegung setzen und so die Gebetserhörung erwirken.

Aber Gott ist auch hier der erste: Er ist es, der durch seinen Geist das Gebet in unserem Herzen wirkt. Daß wir beten, ist also das erste Wunder des Gebets; und dann folgt die Gebetserhörung als das zweite Wunder.

Er gibt weit hinaus über das, was wir bitten oder verstehen können! Stell dir nur einmal vor, wenn du und ich von Gott nicht mehr bekommen hätten als das, um was wir ihn gebeten haben!

Die vierte Wohltat, die ich erwähnen will, ist die, daß Gott dir nicht alles das gibt, worum du ihn bittest. Wie wäre es uns da sonst ergangen? Ich glaube, es tut uns allen gut, darüber nachzudenken. Was wäre geschehen, wenn Gott all unsere selbstsüchtigen und eigensinnigen Gebete erhört hätte. Wir sind doch oft nicht verständiger als der kleine Junge, der den Vater um das Rasiermesser bittet. Was für ein Unglück, wenn der Vater ihm das Messer gäbe!

Nehme ich damit das zurück, was ich zuvor sagte, nämlich daß Gott alle deine Gebete hört? – Nein, das tue ich nicht. Ich sage es noch einmal: Gott hört alle deine Gebete, auch wenn er dir nicht alles gibt, worum du ihn bittest. Aber er gibt dir immer etwas, wenn du ihn bittest, und falls er dir nicht das gibt, worum du ihn bittest, dann gibt er dir immer etwas, das besser ist als das, worum du ihn gebeten hast.

Dazu gibt es ein geradezu klassisches Wort von Luther: »Wir bitten Gott oft um Silber, aber Gott gibt uns stattdessen Gold.« Wir sollten uns Zeit nehmen, Gott gerade für solche Gebetserhörungen zu danken. Ich glaube, wir könnten viele entdekken, wenn wir erst einmal damit beginnen würden, unser Augenmerk darauf zu richten.

»Nur Gutes und Barmherzigkeit werden mir nachjagen alle Tage meines Lebens.« – *Alle Tage?* Auch heute, mitten in Krieg und Okkupation, mit Schwierigkeiten an allen Ecken und Enden – Schwierigkeiten im Hinblick auf Essen und Trinken, auf Kleider, Schuhe und Brennmaterial, und was noch schlimmer ist: Schwierigkeiten mit den Kindern und der Familie, mit Land und Volk, mit Überzeugung und Gewissen, mit Gesetz und Recht?

Gilt das Wort auch heute: »Nur Gutes und Barmherzigkeit ...«? - Ja, das gilt auch heute, und es gilt buchstäblich.

Aber ist das Barmherzigkeit? Ist das Gnade? – Ja, denn es gibt viele Arten von Gnade. Wir erleben nun die Gnade der Strafe. Sicher, viele von uns haben Gott gedankt für die Strafe, die wir bekamen – und für die Wohltat der Strafe. Gott hat mit uns geredet über unsere Sünden, nicht nur über die Sünden unseres Volkes.

Ich gestehe euch gerne, daß Gott auch mit mir über meine Sünden geredet hat, und ich hoffe, das nie wieder zu vergessen. Aber er hat auch mein kleines banges Herz getröstet und mich so froh und gewiß und freimütig gemacht wie nie zuvor. Auch hat er mir die Bibel geöffnet, so daß sie beinahe zu einem neuen Buch für mich geworden ist, besonders das Alte Testament; ich halte es für das aktuellste Buch, das ich zur Zeit lese.

Der Herr hat mich in dieser Zeit manche Dinge gelehrt, die mir vorher völlig unbekannt waren. Unter anderem hat er mich auch gelehrt zu beten – anders als bisher: für mein Volk, für mein Land, für meine Freunde, für meine Feinde. Ich habe noch nie so viel Anlaß zum Beten gehabt, denn ich habe mich noch nie so hilflos gefühlt.

Auch sind mir noch nie so viele Dinge in den Sinn gekommen, für die ich danken kann, wie jetzt. Vor allem danke ich dafür, daß ich diese Zeit erleben darf, diese harte, aber große und reiche Zeit. Ich denke, ich habe in den vergangenen drei Jahren mehr erlebt als in meinem ganzen bisherigen Leben.

Das erwachende nationale Bewußtsein, das in meinem Volk in diesen Jahren des Krieges entstanden ist, übersteigt meine kühnsten Träume:

Der Zusammenhalt im Volk, die allgemeine Hilfsbereitschaft, der unerschrockene Mut zur Wahrheit, das besonnene Festhalten an der Überzeugung und der unbeugsame Leidenswille, wofür jeder Tag neue Beweise bringt – all das gibt mir eine Hoffnung für die Zukunft meines Volkes, so wie ich es nie zuvor empfunden habe.

Zu keiner Zeit hörte ich die Schritte Gottes in meinem Volk so deutlich wie jetzt. In den beiden letzten Generationen gab es viele Männer und Frauen in Norwegen, die meinten, das Christentum sei überflüssig, ja schädlich. Nun aber fangen sie an damit – viele im Stillen, andere offen und mutig –, ihre Anschauungen zu revidieren. »Wir machten einen verhängnisvollen Fehler,« sagen sie, »als wir meinten, man könne das persönliche Leben und das Leben des Volkes ohne den christlichen Glauben gestalten.« Und sie bekennen jetzt: »Der christliche Glaube ist unentbehrlich – für den Einzelnen wie für das gesamte Volk.«

Nun beginnen diese Menschen, unsere Kirchen zu füllen. »Nur Sensationslust,« sagt der Skeptiker, und ich antworte: »Sieh, wie diese Menschen hören, und sieh, wie diese Menschen am Tisch des Herrn niederknien. Gott hat unser Volk heimgesucht!« Seit dem Jahr 1905 hat es nicht mehr so viele und so große Erwekkungen gegeben, wie es uns in diesen Tagen aus allen Teilen des Landes berichtet wird.

Ja, nur Gutes und Barmherzigkeit jagen uns nach!

Als am 9. April 1940 der Fliegeralarm losging und ich durch das Radio darüber informiert wurde, daß die Deutschen im Laufe der Nacht alle unsere Küstenfestungen eingenommen hatten, da legte sich eine unsagbare Bedrückung auf mein Gemüt. Aber dann sprach ein Wort aus der Bibel leise zu meiner Seele: »Der Herr wird seinen Auserwählten Recht schaffen.«

Dieses Wort hat mich in diesen drei Jahren begleitet. Höre genau, was dort steht, denn das ist eine große und umfassende Verheißung: *Er wird seinen Auserwählten Recht schaffen.*

Amen.

FORMIERUNG DER VORLÄUFIGEN KIRCHENLEITUNG

Auseinandersetzungen mit der deutschen Besatzungsmacht und Verhaftung

Nachdem die Erklärung »Der Grund der Kirche« am Ostersonntag 1942 von den Kanzeln verlesen worden ist, reagiert die deutsche Besatzungsmacht mit verschärftem Druck gegen die Kirchen. Bischof Eivind Berggrav wird kurz darauf in seinem Ferienhaus in Asker, am inneren Oslofjord, interniert und dort fortan unter strenger Bewachung gefangengehalten. Dennoch gelingt es dem mutigen Bischof, die langen Jahre bis Kriegsende zu intensiven Studien und zur Arbeit an mehreren Büchern zu nutzen.

In seiner Abwesenheit werden am 20. Juni 1942 die übrigen Bischöfe zu einer Sitzung nach Oslo gerufen, um den Gemeinsamen Christlichen Rat durch ein neues Leitungsorgan zu ersetzen, das nun den Namen »Den Midlertidige Kirkeledelse« (DMK, Die Vorläufige Kirchenleitung) erhält. Zu den Repräsentanten des Bischofskollegiums in der neuen Leitung bestimmt man die Bischöfe Maroni und Hille sowie den inhaftierten Berggrav, der durch den Dompropst Johannes Hygen vertreten wird. Zum neuen Vorsitzenden wählen die Teilnehmer der Sitzung einmütig Professor Ole Hallesby. Während seiner Führung bis zum 13. Mai 1943, dem Tag von Hallesbys eigener Verhaftung, wird die neue Kirchenleitung ihre bedeutungsvollste Amtsperiode erfahren.

Am 26. Juli 1942 kann von den Kanzeln in allen Teilen Norwegens die Gründung des neuen Leitungsgremiums der Kirche bekanntgegeben werden. Bereits in ihrer Antrittserklärung macht die Vorläufige Kirchenleitung deutlich, daß sie die staatskirchliche Linie des Gemeinsamen Christlichen Rates fortsetzen will. Ole Hallesby, der sich noch 1919 für die Abschaffung der Staatskirche aussprach, hat seine Meinung geändert, und es ist jetzt seiner Initiative zu verdanken, daß die Bildung der Vorläufigen Kirchenleitung möglich geworden ist. Da er erkannt hat, daß der Kirchenkampf mit der Erklärung »Der Grund der Kirche« und mit Bergravs Internierung in eine neue Phase eingetreten ist, freut es ihn nun besonders, daß das neue Gremium bereits in so kurzer Zeit die Führung des Kirchenkampfes übernehmen kann, die bisher in den Händen des Bischofskollegiums gelegen hat. Auch das Verbot des nazistischen Regierungschefs Quisling, der am 7. August 1942 die neue Kirchenleitung für illegal erklärt, kann nicht verhindern, daß dieses Gremium seine Funktionen bis zum 8. Mai 1945 erfüllt.

In der bedrängenden Situation des Zweiten Weltkriegs will Ludvig Hope ebensowenig wie Ole Hallesby die Staatskirchenordnung in Frage stellen. Um des christlichen Glaubens und um des Vaterlandes willen hat Hope zwei Jahre lang den Gemeinsamen Christlichen Rat nach Kräften unterstützt, und er will sich auch weiterhin nicht zurückziehen. Dennoch ist ihm daran gelegen, daß die Mitglieder des Rates und die kommende Generation wissen, daß er seiner Überzeugung nicht untreu geworden ist. Aus diesem Grund schreibt er im April 1942, als er gerade das kirchliche Bekenntnisdokument gebilligt hat: »Wäre es ein Kirchenkampf unter normalen Umständen im Land und mit einer normalen Staatsführung gewesen, so hätten sich viele sicher nicht mit allem einverstanden erklärt. Das gilt insbesondere für das Staatskirchenverständnis und das Recht und die Autorität, die nach Meinung der Kirche im Amt und in der Berufung des Pfarrers und seiner Ordination begründet liegen. Es ist meine feste Überzeugung, daß die Staatskirche das beste Werkzeug für Gottes Reich in unserem Volk ist, solange wir das Recht und die Freiheit haben, die der Staat der lebendigen Gemeinde eingeräumt hat, nämlich auch durch Laienarbeit Gottes Wort in unserem Land zu verkündigen, im Rahmen von innerer wie von äußerer Mission. Diesen Freiraum gäbe es kaum ohne die Staatskirche. Daß die Laienarbeit heute in unserem Volk so große Rechte und eine solche Freiheit hat, das haben wir, menschlich gesehen, nicht der Kirche und dem kirchlichen Amt, sondern dem Staat zu verdanken.«

Während der engen Zusammenarbeit mit den Bischöfen im Gemeinsamen Christlichen Rat ist es Hopes Aufmerksamkeit jedoch keineswegs entgangen, daß Berggravs Ideal einer von Bischöfen dominierten Kirche auch bei vielen Pfarrern Zustimmung findet. Deshalb schreibt er warnend über diese Entwicklungen: »Ich habe Angst vor der Tendenz in unserem Volk, die dahin geht, daß die Kirche als Staats- oder Volkskirche zu viele Rechte und zu große Macht bekommt. Die amtsbetonte hochkirchliche Strömung, die nun in weiten Teilen unserer Pfarrerschaft so starken Einfluß gewinnt, gefällt mir nicht.«

Diese Äußerungen zum Kirchenkampf können als ein persönliches Vermächtnis von Ludvig Hope verstanden werden, mit dem er die Motive seines Handelns offenlegen will, für den Fall, daß er inhaftiert werden oder unerwartet sterben sollte. Sein Bekenntnis schließt mit dem Blick in die Zukunft: »Dies wollte ich einfach sagen, und ich habe damit meine Auffassung dargelegt und mein Gewissen entlastet, wenn der Kampf, den wir nun für den christlichen Glauben führen, zu Ende ist und wir wieder Frieden in einem freien und selbständigen Norwegen haben.«

Hopes vertrauliche Erklärung wird nur seinen engsten Mitarbeitern in Form von maschinengeschriebenen Durchschlägen bekannt, aber seine Botschaft muß einen tiefen Eindruck hinterlassen haben. Eine Kopie des von Hope verfaßten Dokumentes wird später auch unter Hallesbys hinterlassenen Papieren gefunden.

Für Hallesby ist die neue kirchliche Zusammenarbeit Ausdruck einer Konzentration aller Kräfte der lutherischen Kirche, die sich zur Verteidigung des wahren christlichen Glaubens zusammengefunden haben. In diesem Sinne versteht sich auch die überraschend gebildete Vorläufige Kirchenleitung als geistlicher Verbund auf dem Boden des Bekenntnisses, ohne daß irgendwelche kirchenpolitischen Ziele im Hintergrund stehen.

Hallesby stimmt mit Hope darin überein, daß er sich ebenfalls darüber im klaren ist, an einer krisenbedingten Zusammenarbeit teilzunehmen. Wenn man nach dem Ende des Krieges wieder in Freiheit lebt, wird man, seiner Ansicht nach, die Akzente der Arbeit wieder so setzen, daß sich die christlichen Laienaktivitäten im Land frei entfalten können.

Aus den wenigen persönlichen Briefen, die von Ole Hallesby aus dem Besatzungsjahr 1942 erhalten geblieben sind, ist zu entnehmen, daß er von vielen, teilweise großen Erweckungen in ganz Norwegen berichten kann. Er erlebt demnach, daß sich eine größere »geistliche Schneeschmelze« – wie er es nennt – ereignet, als es in den 35 Jahren zuvor der Fall gewesen ist. Über seine Tätigkeit als Vorsitzender der DMK schreibt er am 6. August in einem Brief aus Aremark: »Gott ist uns gnädig, mitten im Gericht; und wir sind dankbar, daß wir in dieser großen Zeit leben dürfen. Ich muß jede zweite Woche nach Oslo zu Konferenzen, das beansprucht jedesmal zwei Tage.«

Als er am 30. September 1942 wieder einmal von Aremark nach Vinderen zurückgekehrt ist, beschlagnahmen die Deutschen das Haus im Haakon-der-Gute-Weg und fordern die Familie Hallesby auf, alles innerhalb von 14 Stunden zu räumen.

Zwei Tage später erhält das Ehepaar Hallesby mit ihrem Sohn Helge das Angebot, im Gebäude des Roten Kreuzes in der Gabelsgate 43 zu wohnen. Die Wohnung, in die sie einziehen, ist verhältnismäßig altmodisch eingerichtet und überdies nicht sonderlich geräumig, so daß es dort nicht selten sehr eng wird. Dennoch bietet sie aufgrund der zentralen Lage gute Möglichkeiten für Professor Hallesbys Mitarbeit in der Vorläufigen Kirchenleitung. Seine Frau Mia schreibt über das rege Leben in der Gabelsgate, in der die Familie für die wenigen Monate bis zu Hallesbys Verhaftung ihr Zuhause findet: »Es kommen Bischöfe und Pfarrer, Richter und Anwälte, Industrielle und Schiffsreeder. In diesem Raum wurden Konferenzen abgehalten und wichtige Beschlüsse für Kirche und Staat gefaßt.«

Ole Hallesby bewahrt stets völliges Stillschweigen über die unzähligen Gespräche, die er mit seinen Besuchern führt. Nur seinen engsten Freunden in der Kirchenleitung vertraut er sich an, um mit ihnen die anstehenden Probleme und Aufgaben möglichst rasch und wirkungsvoll zu bewältigen. Insgesamt zwölfmal wird er zu Verhören vorgeladen, bis er schließlich ins Lager Grini gebracht wird. Immer wieder aber ergreift er auch selbst die Initiative und spricht bei den deutschen Machthabern vor, um Protest gegen deren Vorgehen anzumelden. Hallesby erwirbt sich sogar bei seinen Feinden Respekt, weil er nicht nur ein unerschrockener Streiter für die Christen und die Belange der Kirche ist, sondern auch ein mutiger Norweger mit viel Sinn für Humor und Ironie.

Am 12. Oktober 1942 begibt sich Hallesby zur Victoria-Terrasse, um bei den deutschen Behörden gegen die Beschlagnahmung seines Hauses in Vinderen zu protestieren. Nachdem er dort zunächst mit Dr. Bauer gesprochen hat, folgt er schließlich der Bitte des hinzugekommenen Juristen Dr. Ohm, ein persönliches Gespräch mit ihm zu führen. Als Ohm wissen will, ob der Vorsitzende der Vorläufigen Kirchenleitung einen Rat gegen die Verbitterung und den Haß wisse, die im Land herrschen, antwortet Hallesby, daß es nun zu spät sei. Mit der Ernennung der Regierung Quisling durch die Deutschen am 25. September 1940 habe sich die Besatzungsmacht die Tür zur Bevölkerung selbst verschlossen. Quisling hat zu keiner Zeit das Vertrauen der Norweger besessen, was nicht zuletzt daran deutlich wird, daß seine Partei nie auch nur einen einzigen Abgeordneten im Parlament gehabt hat. Als »Ministerpräsident« beweist er seine politische Unfähigkeit, und er gibt dabei eine so lächerliche Figur ab, daß ihm vom norwegischen Volk keinerlei Respekt entgegengebracht wird. Ohm, der eine solch deutliche Antwort seines Gegenübers nicht erwartet hat, wechselt das Thema und versucht diesen nun zu überzeugen, daß Norwegen sich an der großgermanischen Volksgemeinschaft beteiligen müsse und den Deutschen nicht allein die Bürden überlassen dürfe. Auf diesen »Hilferuf«, der die tatsächliche Sachlage scheinbar völlig verkennt, antwortet Hallesby, die Norweger wüßten sehr genau, welche Bürden sie zu tragen bekämen, wenn die Deutschen den Krieg gewinnen würden.

Im weiteren Verlauf des Gesprächs spricht Hallesby auch die seit sechs Monaten andauernde Inhaftierung von Bischof Eivind Berggrav an. Er verurteilt diesen moralisch unhaltbaren Zustand und beklagt, daß der Bischof nun mit keinem Menschen mehr reden dürfe. Trotzdem fügt er stolz hinzu: »Aber der Kirchenkampf ist dennoch weiterhin erfolgreich.« Dieser Tatsache muß sogar der Deutsche, den die Überlegenheit seines Gesprächspartners hilflos und verwirrt erscheinen läßt, widerwillig zustimmen.

Am 6. November ist Ole Hallesby erneut bei Dr. Ohm, diesmal um gegen die Judenverfolgungen zu protestieren, die in diesen Wochen auch in Norwegen angeordnet werden. Als Vorwand für diese Aktionen dient den Deutschen ein angeblicher Anschlag auf einen von Quislings Polizisten. Alle Juden über 15 Jahre werden verhaftet und der Meldepflicht unterworfen. Das Vermögen der Wohlhabenderen unter ihnen wird vom Staat konfisziert.

Hallesby macht Ohm deutlich, daß bisher keine Aktion der Deutschen stärkere Abscheu erweckt und das Volk, Christen wie Nichtchristen, tiefer bewegt habe. Als der deutsche Jurist daraufhin feststellt, die Norweger verstünden nichts von der Notwendigkeit einer Lösung der Judenfrage, erwidert Hallesby, daß es in Norwegen keine gefährlichen Juden gäbe, sondern nur einfache Menschen. Auch das Argument einer dringend erforderlichen Absicherung der Deutschen läßt er nicht gelten. Vielmehr stellt er sehr deutlich die vorgeschobenen Motive der Machthaber in Frage: »Ihr sichert euch so sehr ab, daß ihr unsicher werdet und daß es Unruhe im Land gibt. Wir aber fragen euch: Gibt es denn keine Rechtssicherheit mehr?«

Vier Tage später, am 10. November 1942, wird von allen Kanzeln des Landes eine Protesterklärung gegen die Judenverfolgung verlesen. Sie kommt jedoch zu spät: Die »Donau« bringt als modernes Sklavenschiff die Juden aus Norwegen nach Polen. Nur zwölf dieser norwegischen Juden kommen nach dem Krieg zurück. Einige der Überlebenden lassen sich in Schweden nieder, andere ziehen später nach Amerika.

Weihnachten 1942 kann die Familie Hallesby auf dem Hof Hallesby Söndre verbringen, und so werden jene Festtage zu einer Oase inmitten der Sorgen. Wie Ole Hallesby ist auch seine Frau Mia glücklich darüber, zumindest für eine kurze Zeit Erholung finden zu können: »Wie wunderbar ist es, hierher in die Stille zu kommen. Keine Verhöre, kein Fliegeralarm und zum Glück auch keine grün Uniformierten. Nur Frieden und Stille. Als wir in die angenehm erwärmte Kaminstube kamen, erinnere ich mich, wie Vater sagte: ›Wie schön, heimzukommen!‹ «

Während die Familie an diesem Weihnachtsabend in der Stube sitzt und das knisternde Feuer im Kamin einen hellen Schein auf den kleinen Weihnachtsbaum wirft, denkt Hallesby darüber nach, was ihm das Leben bisher alles gebracht hat. An diesem Tag liegt es genau 40 Jahre zurück, daß er zum ersten Mal das Bekenntnis seines Glaubens in der niederen Bauernstube bei Jörn Holen ablegen konnte.

Als am 17. Januar 1943 in den Gottesdiensten überall in Norwegen ein mutiges Wort an die Gemeinden verlesen wird, lädt man am nächsten Tag Ole Hallesby, der zusammen mit Ludvig Hope die

Botschaft verfaßt hat, vor, um ihm mitzuteilen, daß sein ganzes Vermögen, der Hof mit dem gesamten Inventar, beschlagnahmt sei.

Nach dem sich anschließenden Verhör bei den deutschen Behörden eilt Hallesby zur Frogner-Kirche, wo der Landesrat der Christlichen Studentenvereinigung mit Ungeduld und in Sorge auf ihn wartet, denn es ist nicht seine Gewohnheit, sich zu verspäten. Noch auf der Türschwelle grüßt er mit fröhlicher Miene. Keiner der Anwesenden kann sich daran erinnern, ihn seit Beginn des Krieges jemals so strahlend und zufrieden gesehen zu haben. Als er wenig später bekennt: »Ja, meine Freunde, nun besitze ich nichts mehr!« scheint es fast so, als wäre er sehr erleichtert.

Dann sagt er in der für ihn charakteristischenArt: »Laßt uns beten.« Daraufhin knien alle nieder und Hallesby beginnt das gemeinsame Gebet, in dem er Gott bittet, dem Landesrat Kraft und Weisheit zur verantwortlichen Leitung der Studentenbewegung zu verleihen. Seine ersten Worte sind: »Herr, wir danken dir für alle Segnungen, die du in diesen Tagen über unserem Haupt ausgießt.«

In Professor Hallesby hat die Vorläufige Kirchenleitung einen überaus aktiven und mutigen Vorsitzenden. Sein ausgeprägter Gerechtigkeitssinn und sein leidenschaftlicher Einsatz für Norwegen machen ihn zu einem Gegner, den sowohl die deutschen Nationalsozialisten als auch die Quisling-Regierung fürchten. In seiner Arbeit beweist er einen für alle beeindruckenden Mut, der darauf zurückzuführen ist, daß er sich vom allmächtigen Gott dazu berufen weiß, in dieser Zeit Verantwortung für das Schicksal Norwegens zu übernehmen. Hallesby steuert den Kurs der Vorläufigen Kirchenleitung mit sicherer Hand. Alle Beschlüsse werden einstimmig gefaßt, denn sie sind das Ergebnis von brüderlich und demokratisch geführten Beratungen, bei denen immer auch das Gebet einen breiten Raum einnimmt.

Es bleibt der deutschen Besatzungsmacht nicht lange verborgen, daß Ole Hallesby weit mehr ist als ein Kirchenführer. Vielmehr macht ihn seine außergewöhnlich starke Persönlichkeit auch zu einer nationalen Führergestalt. Im besetzten Norwegen gibt es kaum jemanden, der es wagt, mutiger zu reden, und auf den mehr gehört wird.

Hallesby ist das Sprachrohr für das, was seine Landsleute denken. Deshalb ist es nicht verwunderlich, daß er ständig zu Verhören bei den deutschen Behörden vorgeladen wird. Dieser Umstand hat für ihn sogar gute Seiten, denn auf diese Weise ist er in der Lage, einerseits dem Feind die Wahrheit zu sagen und andererseits bei den gewiß nicht angenehmen Verhören zu erkunden, welche Stimmung bei der Besatzungsmacht herrscht.

Eines Tages kommt er auch in das Büro von Wilhelm Wagner, der der Abteilungsleiter jenes deutschen Sicherheitsdienstes ist, der die Überwachung der Kirchen, der Freimaurerlogen und der Juden durchführt. Hallesby bemerkt sofort, wie erschrocken die Deutschen über die Entwicklung an der russischen Front sind, wo Hitlers Heer bei Stalingrad über 200 000 Soldaten verloren hat. Wagner gibt ihm gegenüber zu, daß sich das deutsche Kriegsglück nun gewendet habe. Die Deutschen hätten gemerkt, daß die Russen ungeahnte Kraftreserven besitzen und daß es deshalb nun eine Konfrontation um Sein oder Nichtsein geben würde – nicht nur für die Deutschen, sondern für ganz Europa. Deshalb müßten alle Bevölkerungsgruppen und alle gesellschaftlichen Kräfte, die Kirche eingeschlossen, zu einem »Kreuzzug gegen den Bolschewismus« mobilisiert werden. Falls die Kirche jedoch in eine Mitwirkung nicht einwillige, fährt Wagner drohend fort, müßte diese Weigerung als Hochverrat gewertet werden. Ohne zu zögern gibt Hallesby darauf zur Antwort, er habe sich schon lange mit einer solchen Anklage vertraut gemacht. Aber auch das müsse die Kirche zu tragen gewillt sein – im Gehorsam gegen ihren Herrn, der ja selbst von seinen Feinden als Aufrührer zum Tode verurteilt und hingerichtet worden sei.

Als Hallesby Wagner wieder verläßt, spürt er, daß sich die Christen fortan auf einen harten Kampf einstellen müssen. Aus diesem Grund unternimmt er nun alles, um im ganzen Land die Menschen auf die kommenden Auseinandersetzungen vorzubereiten. Auch wenn der »Kreuzzug gegen den Bolschewismus« merkwürdigerweise später keine Erwähnung mehr findet, hat sich der Kirchenführer in seiner Einschätzung dennoch nicht geirrt.

Am 22. Februar 1943 wird das Gesetz über den Nationalen Arbeitsdienst erlassen, nach dem Männer zwischen 18 und 55 Jahren und Frauen zwischen 21 und 40 Jahren zum Arbeitseinsatz verpflichtet werden können.

In den christlichen Kreisen Norwegens reagiert man auf dieses Gesetz zunächst mit großer Unsicherheit. Diejenigen in der

Vorläufigen Kirchenleitung, die die Dinge am klarsten sehen, sind Ole Hallesby und Ludvig Hope. Sie verfolgen die Entwicklung regelmäßig von Woche zu Woche, um zu beobachten, wie das Quisling-Gesetz in der Praxis gehandhabt wird. Eines Tages geht Hallesby schließlich zum Angriff über. Die Liebe zu seinem Volk und sein juristisches Gespür sagen ihm, daß das Gesetz vom 22. Februar gegen die völkerrechtlichen Vereinbarungen der Haager Konvention verstoße, weil es aus norwegischen Männern und Frauen deutsche Sklavenarbeiter mache.

Am 8. Mai 1943 sendet die Kirchenleitung ein Protestschreiben an Quisling, das die norwegischen Vertreter der Hitler-Diktatur und die deutschen Besatzungsbehörden in schärfster Form angreift. Darin heißt es: »Während die Einberufung im Gange ist, wird bekannt, daß viele unserer Männer zu einem Dienst verpflichtet werden, bei dem es sich in Wirklichkeit um einen militärischen Einsatz für die Deutschen unter deutschem Kommando und deutschem Befehl handelt.«

Unter Hinweis auf die klaren Bestimmungen der Haager Konvention, die besagen, daß die Bevölkerung eines besetzten Landes nicht dazu gezwungen werden kann, an Kriegshandlungen gegen das eigene Vaterland teilzunehmen, wird außerdem erklärt: »Solange Deutschland und Norwegen miteinander Krieg führen, steht fest, daß die Einberufenen nicht dazu gezwungen werden können, an militärischen Operationen oder an Handlungen teilzunehmen, die militärische Ziele haben, zugunsten jener Macht, mit der Norwegen sich im Kriegszustand befindet. – Angesichts dieser Gewissensnot kann die Kirche nicht schweigen (...). Als Christen müssen wir unser Land als eine Gabe ansehen, die unserem Volk von Gott anvertraut ist. Für jeden norwegischen Bürger – wie für Bürger anderer Länder auch – ist es deshalb eine unverbrüchliche Gewissenspflicht, dem Land und dem Volk treu zu sein, in das Gott ihn hineingestellt hat.«

Abschließend wird der »Ministerpräsident« Quisling darum gebeten, davon Abstand zu nehmen, norwegische Bürger zu einem Arbeitsdienst einzuberufen, der eindeutig im Widerspruch zu ihrem Gewissen und ihrem Rechtsgefühl steht.

Das Protestschreiben der Kirchenleitung, das von Ole Hallesby und Ludvig Hope unterzeichnet ist, wird allen Pfarrern des Landes als Kopie »zur persönlichen Orientierung« zugesandt; es ist also nicht zum Verlesen von der Kanzel bestimmt. Einige der Pfarrer aber meinen, Anlaß und Inhalt seien zu bedeutungsvoll, um die Gemeinden nicht von dem Schreiben in Kenntnis zu setzen. Darüber hinaus wird der Text am Mittwoch, dem 12. Mai 1943, auch von der BBC London im Rundfunk gesendet. Was Klarheit und Eindeutigkeit angeht, gibt es kein vergleichbares Dokument während der Zeit der langen nazistischen Unterdrückung in Norwegen.

Bereits am Vormittag des 13. Mai ruft der für die Überwachung der Kirche zuständige Hauptsturmführer Wilhelm Wagner bei Hallesby an und bittet ihn darum, um 16.45 Uhr zusammen mit Hope im Gebäude der Victoria-Terrasse zu erscheinen. Als beide pünktlich dort eintreffen, erklärt ihnen Wagner, der sichtlich nervös ist, daß sie an diesem Tag zu Reichskommissar Terboven müßten und daß es auf dessen Stimmung ankäme, welchen Verlauf die Dinge nehmen würden. Über das, was sich dann an diesem frühen Abend ereignet, schreibt Ole Hallesby später folgenden Bericht:

»Wir fuhren mit dem Auto zum Parlamentsgebäude und gingen hinauf in Terbovens Vorzimmer. Genau um 17 Uhr öffnete sich die Tür, und wir traten in sein Büro, das riesig groß war. Er stand neben seinem Schreibtisch und bot uns direkt ihm gegenüber einen Platz an, während gleichzeitig sechs höhere Offiziere (unter ihnen auch Wagner) hereinkamen und sich zu beiden Seiten von Terboven hinsetzten.

Ich befand mich in einer sehr schwierigen Lage. Die Beschuldigung, die im Brief (der Vorläufigen Kirchenleitung) gegen die Besatzungsmacht vorgebracht wurde, war wohl die schwerste, die je von den Verantwortlichen persönlich unterzeichnet worden war. Ich hatte zuverlässige Quellen für die Anklage, aber die Schwierigkeit bestand darin, daß ich die Namen meiner Informanten unmöglich nennen konnte, da sie sonst augenblicklich erschossen worden wären. In den Bestimmungen für die Mannschaften (der zum Arbeitsdienst verpflichteten Norweger, d. Hrsg.) stand nämlich ausdrücklich, daß sie nichts davon verraten dürfen, wenn sie auf Heimaturlaub sind, sonst riskierten sie die Todesstrafe. Ich war deshalb gespannt, ob Terboven die Aussagen des Briefes bestreiten und Aufklärung über meine Quellen verlangen würde. Zu meinem großen Erstaunen tat er das jedoch nicht. Vielmehr fragte er – als er sich vergewissert hatte, daß ich keinen Übersetzer brauchte –, warum wir den Brief anstatt an Quisling nicht an ihn geschickt hätten: ›Sie haben doch gesehen, daß ich mich hinter dieses Gesetz gestellt habe!‹ - ›Ja,‹ sagte ich, ›das habe ich gesehen. Am Anfang dachten wir auch daran, den Brief an Sie zu senden, aber dann waren wir der Auffassung, es wäre doch geschickter, den Brief an jenen Mann zu senden, den Sie dazu auserkoren hatten, das Gesetz bekanntzugeben.‹

Terboven: Das war ein Fehler.

Ich: Ja, dann tut es mir leid.

Terboven: Es ist zu spät.

Ich: Dann kann man wohl nichts mehr machen.

Terboven: Warum hat denn die Kirche nicht protestiert, als die Engländer gegen das Völkerrecht verstoßen haben?

Ich: Es ist mir nicht klar, worauf der Herr Reichskommissar damit hinaus will.

Terboven: Lesen Sie denn keine Zeitungen? Ist es Ihnen entgangen, daß die Engländer einen Überfall auf die norwegische Küste unternommen und norwegische Bürger gezwungen haben, ihnen nach England zu folgen?

Ich: Doch, davon weiß ich, aber mir ist nicht bekannt, daß die Engländer jemanden gegen seinen Willen oder sein Gewissen dazu gedrängt hätten.

Terboven: Sie meinen, es wären nur norwegische Jössinger (Widerstandskämpfer, d. Hrsg.) gewesen, die sie mitgenommen haben? Ich kann Ihnen jedoch versichern, daß sie auch NS-Leute verschleppt haben.

Ich: Wenn die Sache so ist, muß ich davon ausgehen, daß es sich um norwegische Hirdleute (eine der deutschen SA ähnliche Gruppe, d. Hrsg.) handelte. Damit liegt die Sache ja auf einer ganz anderen Ebene, denn die Hirdleute sind gemeinsam mit den Deutschen gegen England in den Krieg gezogen. Dann handelt es sich aber keineswegs um einen Bruch des Völkerrechts, wenn die Engländer solche Leute als Gefangene nach England mitnehmen.

Terboven: Sie irren sich. Es sind nicht nur norwegische Hirdleute, sondern auch zivile NS-Leute gewesen, die sie gewungen haben, mitzukommen.

Ich: Zunächst müßte bewiesen werden, daß diese Leute in das englische Heer gezwungen wurden, und erst dann würde ein vergleichbarer Bruch des Völkerrechts vorliegen – so wie ihn die Besatzungsmacht in Norwegen begangen hat.

Dieser Satz traf genau das Problem, denn er hatte selbstverständlich keine solchen Beweise. Wenn man aber keine Argumente mehr hat, dann greift man bekanntermaßen schnell zu Schimpfworten, und ich muß sagen, daß er sich hier in seinem Element befand. Ich bin nie schlimmer beschimpft worden, weder auf norwegisch noch auf deutsch.

Danach ging Terboven unvermittelt zur eigentlichen Anklage über und beschuldigte mich direkt des Hochverrats. Ich hätte, so behauptete er, mit feindlichen Mächten Kontakt aufgenommen, um der Besatzungsmacht im allgemeinen und der (deutschen) Wehrmacht im besonderen zu schaden. ›Ich habe Sie genau beobachtet und weiß auf den Punkt genau, wie frech Sie unter kirchlichem und christlichem Deckmantel gegen unsere Sache aufgetreten sind. In meiner Großmut und in meiner großen Geduld habe ich bisher Nachsicht mit Ihnen gehabt. Aber nun sind Sie zu weit gegangen, so daß ich nicht umhin kann, Ihrem weiteren Wirken ein rasches Ende zu bereiten.‹

Ich: Herr Reichskommissar, es ist Ihnen doch recht, wenn ich hier genauso die Wahrheit sage, wie ich es auch sonst zu tun pflege.

Terboven: Selbstverständlich.

Ich: Die Wahrheit ist, daß ich überhaupt nichts mit dem Versand des Briefes ins Ausland zu tun habe.

Terboven: Das glaube ich Ihnen nicht.

Ich: Das kann der Herr Reichskommissar halten, wie er will, aber die Wahrheit bleibt die Wahrheit, ob Sie es glauben oder nicht. Was ich mit der Bekanntmachung des Briefes zu tun hatte, das können Sie in dessen letztem Passus nachlesen, wo es heißt: Eine Kopie dieses Schreibens wird den Pfarrern des Landes *zur persönlichen Orientierung* zugesandt.

Terboven: Ihr seid beide alte Männer, aber Ihr müßt die Folgen Eurer Handlungen tragen. Dafür sollt Ihr nach Deutschland geschickt werden.

Und so wurden wir auf der Stelle verhaftet.«

GEFANGENER IM KONZENTRATIONS-LAGER GRINI

Nachdem Ole Hallesby und Ludvig Hope verhaftet und zur Victoria-Terrasse zurückgebracht worden sind, werden sie zunächst in Einzelzellen eingeschlossen, bis man sie schon kurz darauf erneut zu einem Wagen führt, der sie ins Konzentrationslager Grini am Stadtrand von Oslo bringen soll. Als sie dort eintreffen, erblicken sie 2000 Gefangene, die sich gerade zum Abendappell aufgestellt haben. Wie ein Lauffeuer verbreitet sich unter den in Grini Inhaftierten die Nachricht, daß sich nun auch zwei führende Männer der norwegischen Kirche in den Baracken des Lagers aufhalten.

Noch am selben Abend kommt gegen 22 Uhr ein junger Deutscher in die Gabelsgate 43, um Hallesbys Kleider abzuholen. Obwohl Mia Hallesby von der Nachricht tief getroffen ist und sie überdies nicht weiß, was ein Gefangener am dringendsten braucht, werden ihr nur zwanzig Minuten zugestanden, um den Koffer zu packen. Dennoch versucht sie, alles Notwendige zu bedenken, und auch die »berühmte« Reisedecke ihres Mannes vergißt sie nicht.

Die Gefangennahme der beiden ebenso bekannten wie beliebten Repräsentanten der Vorläufigen Kirchenleitung ruft in ganz Norwegen Empörung hervor, und so wird am Sonntag, dem 16. Mai, in allen Kirchen öffentlich für sie gebetet.

Im Lager Grini erfahren die Neuankömmlinge einen bewegten und herzlichen Empfang durch diejenigen Männer des Widerstands, die bereits vor ihnen gefangengenommen wurden. Die ganze Zeit aber hängt die von Terboven angedrohte Deportation nach Deutschland wie ein Damoklesschwert über den beiden schon im vorgerückten Alter stehenden Gefangenen. Ludvig Hope, der schon 73 Jahre alt ist, und Ole Hallesby, er ist beinahe 64, rechnen damit, daß eine Deportation zur Folge hätte, daß sie Norwegen nie mehr wiedersehen würden. Unter den Gefangenen in Grini sind jedoch die meisten der Ansicht, daß die Besatzungsmacht es wohl kaum wagen werde, die beiden im ganzen Land bekannten Kirchenführer außer Landes zu schicken.

Familie Hallesby durchlebt Tage quälender Ungewißheit, vor allem, als Helge Hallesby am 20. Mai die Nachricht zugetragen wird, der Vater würde endgültig nach Deutschland deportiert. Nun ist die Situation für die Familie so unerträglich geworden, daß Helge bei Wagner, dem Abteilungsleiter der Sicherheitspolizei, vorspricht. Dieser überrascht ihn jedoch mit der Auskunft: »Aber es ist ja noch gar nicht sicher, ob Ihr Vater tatsächlich nach Deutschland geschickt wird.«

Am 22. Mai erhalten Hallesby und Hope den Befehl, sich mit gepackten Koffern auf dem Appellplatz einzufinden. Nachdem sie daraufhin in einer kleinen Gruppe von Mitgefangenen das Heilige Abendmahl gefeiert haben, stehen sie pünktlich um 10.30 Uhr zusammen mit anderen, die auch nach Deutschland deportiert werden sollen, auf dem Platz. Dann müssen sie dort stundenlang warten, bis ungefähr um 14 Uhr plötzlich ein Kurierauto mit hoher Geschwindigkeit angefahren kommt, um die unerwartete Nachricht zu überbringen, daß »die zwei Alten« nicht mit nach Deutschland müßten. Eine weitere Erklärung wird nicht abgegeben. Hallesby und Hope finden nie heraus, warum ihnen die Deportation in letzter Minute erspart geblieben ist, aber sie danken Gott immer dafür, denn sie sind davon überzeugt, daß er es war, der das drohende Unheil von ihnen abwendete.

So bleiben sie also und werden Teil der »Gefangenengesellschaft in Grini«, wie einer ihrer Mitgefangenen, Professor Francis Bull, sie einmal bezeichnet. Häftling Nr. 7665 Ludvig Hope wird bis 27. August 1944 im Lager gefangengehalten, Häftling Nr. 7666 Ole Hallesby bis zur Befreiung am 5. Mai 1945. Nach der überraschenden Wende vom 22. Mai bekennt Hope erleichtert: »Gefangener zu Hause im Vaterland zu sein, das empfinde ich nun, als wenn ich in Freiheit leben würde.«

Für Hallesby ist das Leben als Gefangener mit einer vollständigen Veränderung seines täglichen Lebensstils und seiner Beziehungen zu seinem Umfeld verbunden. In den zurückliegenden Jahren ist er immer von Menschen umgeben gewesen, die den Glauben mit ihm teilten und gleiche Ansichten vertraten. Bei ihnen wußte er sich als Bruder zu Hause und fühlte sich einer großen christlichen Gemeinschaft zugehörig; und doch hatte diese Gemeinschaft nur selten den Charakter eines vertrauten persönlichen Zusammenlebens. Die Laienchristen begegneten dem Professor für Systematische Theologie immer mit Achtung und Respekt und sammelten sich um den geisterfüllten Verkündiger des Evangeliums. Doch wenn er den Katheter und die Kanzel verließ, dann zog er sich gerne bald wieder zurück, um ein stilles und diszipliniertes Leben zu führen.

Nun aber begegnet er hier im Konzentrationslager Grini ganz anderen Menschen. Dadurch sammelt er täglich neue Erfahrungen im Umgang mit den vielen Landsleuten um ihn herum – von denen nicht wenige seine Freunde werden –, so daß diese zwei Jahre für ihn immer unvergeßlich bleiben. Das trotz allem fröhliche Miteinander im Lager imponiert ihm sehr. Wenn einer der Gefangenen Schweres zu ertragen hat, dann nehmen sich die anderen fürsorglich seiner an, um ihn durch die dunklen Tage zu begleiten. Es dauert nicht lange, bis der Gefangene Hallesby im Lageralltag und als Seelsorger sich ganz dem – christlichen und nichtchristlichen – Widerstand verbunden fühlt, für den die Menschen hinter dem Gitterzaun mit ihrem Leben eingetreten sind.

Ole Hallesby kommt es jetzt sehr zugute, daß er sein ganzes Leben lang an einfaches Essen gewöhnt ist. In einem der ersten Briefe nach Hause teilt er mit, er brauche nichts weiter als ein wenig Butter, sofern man sie beschaffen könne. Darüber hinaus würde er sich auch über ein Stück Ziegenkäse und etwas Honig freuen, aber die Familie solle zuerst darauf achten, daß sie ihm nichts sende, was sie selbst benötige.

Eines Tages wird er jedoch unerwartet ernsthaft krank. Er leidet an einer schmerzhaften Halsentzündung mit hohem Fieber, das einen ganzen Monat anhält. Aufgrund der infektiösen Erkrankung wird in dieser Zeit über das Lager ein Besuchsverbot verhängt, und es werden sogar Pakete zurückgeschickt.

Nachdem Hallesby von der Krankheit wieder völlig genesen ist, nimmt er sich vor, fortan strenge körperliche Disziplin zu üben, um den Gefängnisaufenthalt lebend zu überstehen. Eines Tages wird Norwegen wieder frei sein, und diesen Freudentag will er unbedingt miterleben. Von nun an macht er jeden Morgen, pünktlich um 7.30 Uhr seine Runde, aufrecht und im Eilschritt. Außerdem ist er stets bemüht, jede Gelegenheit zu nutzen, um sich – völlig unabhängig vom Wetter – an der frischen Luft zu bewegen. So bleibt ihm seine Gesundheit bis zum Tag der Befreiung erhalten.

Dieser Tag kommt jedoch erst sehr viel später, als viele Bürger Norwegens und auch die Gefangenen in Grini hoffen. Zunächst glaubt man nämlich einem Gerücht, das besagt, die Deutschen würden schon vor Ende 1943 aufgeben und Friedensverhandlungen aufnehmen. Aber es wird alles anders kommen.

In seinen Notizen über die Zeit im Lager hält Hallesby fest, die größte Überraschung, die er dort erlebt habe, sei der heimliche Nachrichtendienst gewesen: »Täglich bekamen wir Nachrichten aus London. Die Gefangenen, die ein Radio besaßen und uns die Nachrichten weitergaben, brachten mehr Opfer als alle anderen in Grini. Sie standen täglich in Lebensgefahr, denn wäre es entdeckt worden, daß sie ausländische Nachrichten hörten, dann wären sie noch am selben Tag erschossen worden. Die Deutschen wußten zwar genau, daß wir die Nachrichten hörten, sie konnten aber die Quelle nicht ausfindig machen. Es war für sie eine große Blamage, daß sich dieser heimliche Nachrichtendienst mitten in der Hochburg der Gestapo behaupten konnte. Sie setzten Himmel und Erde in Bewegung, um den Empfänger aufzuspüren, aber es glückte ihnen nie. Der Nachrichtendienst funktionierte bis zum letzten Tag.«

In seinen Erinnerungen erzählt Professor Francis Bull, daß Hallesby die jeweils neuesten Meldungen von der Hörergruppe zur Baracke 12 überbringt und dabei bemerkenswerte Eigenschaften bei seiner stets objektiven Wiedergabe entwickelt: »Dank des klaren Verstandes und des guten Gedächtnisses des Professors waren die Nachrichten aus London vollständig mit allen Namen und Details wiedergegeben. Nichts war vergessen oder verändert.«

Ole Hallesby schreibt aus Grini nur wenige Briefe an die Familie, da er weiß, daß sie zensiert werden und es deshalb unmöglich ist, sich offen über das Leben im Lager oder über politische

Ereignisse im In- und Ausland zu äußern. Nur insgesamt neun Briefe sind aus der Zeit der Inhaftierung »von dem glücklichen freien Gefangenen Ole« erhalten geblieben. In einem davon schreibt er am 17. Mai 1944, nachdem nun genau ein Jahr vergangen ist, seit ihn Reichskommissar Terboven verhaften ließ: »Es war ein reiches und gutes Jahr für mich. Ich habe in meinem ganzen Leben noch nicht so viel innere Freude, Frieden und Geborgenheit erlebt wie in diesem Jahr. Grüße alle Freunde, die Du triffst und sage ihnen, daß ich täglich die Kraft Eurer Fürbitte erfahre.«

Das für Hallesby ergreifendste Geschehen im Lager Grini ereignet sich, als die Gefangenen Abschied nehmen von neun jungen Männern, die am Nachmittag des 4. Juli 1944 in die Todeszelle eingeschlossen werden und die man im Laufe der Nacht erschießen wird. Am Abend, nach Beendigung der Arbeit, versammeln sich die Gefangenen in großen Scharen vor dem Gebäude, in dem die zum Tode Verurteilten untergebracht sind. Die neun jungen Männer stehen am Fenster und winken. Plötzlich öffnet sich das Fenster einer Baracke in der Nähe des Hauptgebäudes, und der Sänger Erikstad aus Kristiansand stimmt das Lied »Norwegen, mein Norwegen« an. Hierauf folgen noch weitere vier Lieder, wobei der letzte Choralvers lautet:

Ach wie selig, wenn ich antworten kann,
wenn es zum letzten Abend geht
und ich von der Erde fahren soll:
ich habe den guten Kampf gekämpft,
ich habe den Glauben standhaft gehalten,
wohl vollendet die Fahrt des Lebens;
der Kranz der Gerechtigkeit liegt nun bereit
für mich in einer besseren Welt.

Im Anschluß daran bekennen sich die Verurteilten oben am Fenster freimütig zu ihrem Glauben an den Erlöser, der ihnen wie im Leben so auch jetzt im Tod beistehen wird. Auf dem Hof vor den Todeszellen spricht niemand mehr, alle sind zutiefst bewegt. »Wir standen da in ehrfürchtigem Schweigen. Eine so ergriffene Versammlung habe ich noch nie gesehen,« schreibt Ole Hallesby später. Dann erschallt, von den neun Märtyrern gesungen, das Lied über das Lager:

Der Name Jesus verbleicht nie,
wird nie vom Zahn der Zeit zerstört.
Der Name Jesus ist ewig,
niemand kann ihn auslöschen.

Deutsche Fassung:
Jesu Name nie verklinget,
ewiglich bleibt er bestehn.
Jesu Name Ruhe bringet,
Fried' und Freude wunderschön.

Eine der schwierigsten Prüfungen für die Gefangenen ist es, Geduld und Selbstbeherrschung zu bewahren. Tagaus, tagein müssen sie sich die Verachtung und die Schikanen der wachhabenden Soldaten gefallen lassen, ohne Widerstand zu leisten oder Vergeltung üben zu können. Alle wissen, daß ein solches Aufbegehren gegen die Machthaber zu Strafaktionen von schrecklichem Ausmaß führen kann. Man muß sich deshalb beherrschen, schweigen, ertragen und warten.

Ole Hallesby bleibt trotzdem unerschrocken in seinem Einsatz für die Gerechtigkeit. Wenn das unmenschliche Auftreten und die damit verbundenen Brutalitäten zu weit gehen, so wissen die Gefangenen im Lager, daß sie in dem Mann aus Aremark einen Sprecher haben, der für die Sache der Wahrheit eintritt und an den die Deutschen nicht Hand anzulegen wagen.

So geschieht es eines Tages, unmittelbar nach dem Tod der neun jungen Männer, daß Hallesby Obersturmführer Sartor vor den Augen seiner norwegischen Landsleute zurechtweist. Francis Bull erinnert sich: »Als Sartor hereinkam, ging Hallesby sofort auf ihn zu und sagte: ›Es ist nicht recht, daß die Deutschen den zum Tode Verurteilten nicht die Möglichkeit geben, vor ihrer Hinrichtung mit einem Pfarrer zu sprechen, sofern sie das wünschen.‹ ›Damit habe ich nicht das Geringste zu tun,‹ antwortete Sartor ziemlich überlegen. ›Das ist nicht recht‹, wiederholte Hallesby, ›kein zivilisiertes Volk würde sich so aufführen.‹ Hallesbys Wort und Persönlichkeit machten einen so starken Eindruck, daß Sartor etwas zurückwich und aufs Neue versicherte, Dinge dieser Art lägen ganz außerhalb seines Zuständigkeitsbereiches. Aber Hallesby rief, immer heftiger werdend: ›Ich sage, das ist eine Schande!‹ Daraufhin flüchtete Sartor einfach zur Tür hinaus. Ich habe es sonst während meiner ganzen Grinizeit nie erlebt, einen Deutschen auf der Flucht vor einem Norweger zu sehen, der sich nur auf das Wort und seine Persönlichkeit stützen konnte – gegenüber aller äußeren Macht!«

In Baracke 12 haben die Verantwortlichen des Lagers jene Gefangenen zusammengelegt, die sie für besonders intellektuell und deshalb im Hinblick auf einen eventuellen Gefangenenaufstand für besonders gefährlich halten. Hier findet man Professoren, Ingenieure, Pfarrer, Architekten, Lehrer und Anwälte. Aber auch Studenten sind hier untergebracht. Einen von ihnen, Sigurd Daasvand, haben die Gefangenen zum Barackenchef gewählt. Er hat seine Pritsche direkt gegenüber von Ole Hallesby, und so werden die beiden schnell gute Freunde. Dieser Umstand führt schließlich dazu, daß Hallesby heimlich Daasvand beim Schmuggeln von Lebensmitteln unterstützt.

Mutige Gefangene haben ein bestens funktionierendes Schmuggelsystem in Grini aufgebaut. Immer wenn die Barackenchefs den deutschen Bewachern beim Sortieren der Post im äußeren Lager helfen, schleusen sie mit den genehmigten Sendungen auch Lebensmittelpakete in das Lager, wo diese von Sigurd Daasvand, der eine Art Postmeister im inneren Lager ist, in Empfang genommen werden. Daasvands Vertrauensstellung macht ihn zum Kurier und Verbindungsmann zwischen der Außenwelt und dem Lager bis hin zu den Zellenbewohnern im Hauptgebäude, und so ist der illegale Paketverkehr möglich, weil niemand Verdacht schöpft, wenn der Student mit Schlafsäcken und Wollteppichen aus genehmigten Paketen ins Lager kommt. Solange er dabei keinem Deutschen in die Hände läuft, kann er mehrmals zur Postverteilungsstelle, um unerlaubte Güter zusammen mit erlaubten ins Lager zu befördern.

Im Hauptgebäude werden die Wollteppiche und Schlafsäcke ebenso wie alle anderen Gegenstände von dem Lehrer Ola Hegerberg und dem Medizinstudenten Sverre Sandmo in Empfang genommen. Da sie als Krankenpfleger dort im Hauptgebäude eingesetzt sind, können sie in der Dunkelheit der Nacht dafür sorgen, daß die illegale Briefpost – auf Toilettenpapier geschrieben und mit Decknamen versehen – und kleine Lebensmittelpakete weitertransportiert werden. Das geschieht mit Hilfe mehrerer Säckchen, die auf der Außenseite der Hauswand von Fenster zu Fenster weitergereicht werden.

Diese illegale Hilfsaktion nimmt beeindruckende Formen an. Vor Weihnachten 1944 gelingt es Daasvand sogar, unzählige Päckchen mit einem Gesamtgewicht von 344 kg in das Hauptgebäude zu bringen, wo sie von Hegerberg und Sandmo noch rechtzeitig bis zum Heiligabend verteilt werden können.

In einem 1978 geführten Interview berichtet Sigurd Daasvand (inzwischen Redakteur der »Nordisk Tidende« in Brooklyn/ New York), daß Ole Hallesby damals in alle gefährlichen und geheimen Aktionen eingeweiht gewesen sei, ohne daß andere aus der Baracke 12 etwas davon gewußt haben. Daasvand erzählt, daß Hallesby ihm oft Käse, Margarine, Brot und andere Lebensmittel, die er von seinen Freunden zugeschickt bekam, gegeben habe, um sie ins Hauptgebäude zu bringen: »Hallesby stand morgens immer vor mir auf, und so war es leicht, miteinander zu reden, ohne daß andere dem Gespräch folgen konnten, denn sein Kopf kam dann auf Höhe meines Kopfkissens und auf diese Weise konnte er problemlos auch etwas von seinen Paketen unter meine Bettdecke schieben. Unsere Zusammenarbeit war so gut, daß er mir eines Morgens seinen gesamten Tabakvorrat gab. Ich sollte ihn über einen längeren Zeitraum hinweg an diejenigen verteilen, die meiner Meinung nach den größten Bedarf an einer solchen »Aufmunterung« hatten. Ich selbst erbte von ihm seine Tabakdose, die ich selbstverständlich bis heute gut aufgehoben habe. – Hinsichtlich des Zusammenlebens mit Hallesby will ich noch erwähnen, daß ich es bei den vielen gefährlichen Aufträgen, die ich in Grini durchführte, als eine große Stärkung empfunden habe, ihn als klugen Ratgeber zu haben und um seine Fürbitte zu wissen. Er riet mir nie von etwas ab, sondern schlug mir nur auf die Schulter und sagte mit einem Lächeln: ›Ich werde mit meinem himmlischen Vater darüber reden.‹«

Christliche Versammlungen sind im Lager Grini verboten, Bibeln und Gesangbücher werden den Gefangenen abgenommen. Trotz dieser Maßnahmen der Deutschen werden auf den Baracken dennoch bis zum Ende des Krieges kleine Zusammenkünfte abgehalten, und es herrscht jedesmal großer Andrang, wenn Gottes Wort im Geheimen verkündigt wird. Dreimal in der Woche kann auf diese Weise sogar das Heilige Abendmahl gefeiert werden.

Für viele Gefangene ist jedoch das Angebot persönlicher Seelsorge am hilfreichsten. In einem Brief vom 19. Juli 1944 schreibt Hallesby: »Ich habe es Tag und Nacht gut. Der Herr erfüllt meine

Seele mit tiefer Freude, ganz besonders dann, wenn ich Menschen helfen darf, die zu Gott heimkommen wollen. Hier ist viel zu tun. Gottes Geist arbeitet unter uns, und es ist so schön, in der Gemeinschaft der Heiligen leben zu dürfen.«

In seinen Briefen aus Grini erwähnt Ole Hallesby normalerweise kaum etwas von seiner Seelsorgertätigkeit unter den Mitgefangenen. Wenn er nun in diesem Brief vom 19. Juli seiner Freude so deutlich Ausdruck verleiht, dann hat das seinen besonderen Grund, denn im Sommer 1944 geschieht ein geistlicher Aufbruch unter den Häftlingen: Am 27. Juni 1944 stirbt der beliebte Pfarrer Arne Thu an den Folgen eines Herzversagens, nachdem die deutschen Bewacher ihn zum Strafexerzieren gezwungen haben. Thu hat sich vor und während seiner Zeit im Lager als Christ mit großer Ausstrahlung erwiesen. Nun hinterläßt sein Märtyrertod einen anhaltenden geistlichen Eindruck bei den Menschen im Lager. Vor allem die Häftlinge der Baracke 12 sind von den Geschehnissen tief ergriffen, so daß Professor Francis Bull später berichtet: »Thu starb am Vormittag, und nachdem die Deutschen uns am Abend zum dritten und letzten Mal an diesem Tag gezählt hatten, wurden wir wie immer eingeschlossen. Nun waren wir also unter uns und fühlten uns endlich frei dort drinnen in der abgeschlossenen Baracke. Dann hielt Hallesby einen ergreifenden Nachruf auf Thu. Allein der Anlaß war schon so bewegend, daß nahezu alles uns beeindruckte, was immer er auch sagte. Aber er sprach überdies so herzlich und so eindringlich, daß man verstand, warum er seine Zuhörer immer wieder so in den Bann ziehen konnte. Diese Rede ist meine stärkste Erinnerung an Hallesby in Grini.«

Am 5. August 1944 feiert Ole Hallesby seinen 65. Geburtstag. Seine Freunde im Lager organisieren deshalb eine »Festversammlung«, bei der Francis Bull als Hauptredner auftritt, und von den Mitgefangenen bekommt der Jubilar ein mit den bescheidenen Mitteln sehr ansprechend gestaltetes Glückwunschschreiben überreicht. Zu diesem Festtag übersenden auch der Vorstand und der Lehrerrat der Theologischen Gemeindefakultät folgende Grüße nach Grini, die durch Mia Hallesby übermittelt werden: »Sicherlich wird der Einsatz des Professors erst in der Zukunft von den Forschern recht beurteilt werden können. Aber heute verspüren wir den herzlichen Wunsch, dieser aufrechten Führergestalt unserer Kirche zu huldigen. Dank gilt ihm besonders für die Arbeit, die er an der Gemeindefakultät geleistet hat, und für das, was er insgesamt für die weitere Entwicklung der Fakultät bedeutet hat. Es ist unser Wunsch, daß wir auch in den kommenden Jahren von seinen Fähigkeiten und Gnadengaben profitieren können. Gott gebe Professor Hallesby viele gute, erfüllte und frohe Tage unter Seinem Frieden.«

Nur sechs Tage später, am 11. August 1944, hat Hallesby einen anderen, ganz persönlichen Erinnerungstag: An diesem Tag wäre sein Vater Christian Hallesby, dem er so viel verdankt, 100 Jahre alt geworden.

Im Laufe des Lageraufenthalts kommt es zu einer sehr intensiven Begegnung zwischen Ole Hallesby und Einar Gerhardsen, dem späteren sozialdemokratischen Ministerpräsidenten Norwegens. Die beiden Männer unterhalten sich oft über den Wiederaufbau des Landes nach dem Kriegsende, und so schließen sie bald Freundschaft miteinander. Gerade an der Beziehung zu Gerhardsen wird deutlich, daß der Aufenthalt in Grini dazu beigetragen hat, daß sich Hallesbys Menschenbild und seine Ansichten zu gesellschaftlichen Fragen verändert haben.

Dann wird Ole Hallesby eines Tages zu Einzelhaft verurteilt, und er muß die verbleibenden zehn Wochen bis Kriegsende in der kleinen und dunklen Zelle verbringen. Über die tatsächlichen Gründe für diese Strafmaßnahme können nur Vermutungen angestellt werden. Zwar heißt es, Dr. Ohm habe in dieser Zeit Quisling von den verächtlichen Äußerungen Hallesbys über ihn in Kenntnis gesetzt. Die deutsche Besatzungsmacht hat im Februar 1945 aber sicher andere Sorgen, als den Ruf eines norwegischen »Ministerpräsidenten« zu wahren. Vielmehr ist es wahrscheinlich, daß der mutige Professor deshalb in eine Einzelzelle gesteckt wird, weil er zu einer »Feuersäule« geworden ist, die durch ihre bloße Existenz die deutschen Tyrannen erschreckt.

Am 5. Mai 1945 wird Ole Hallesby aus der Haft befreit. Zwei lange und prüfungsreiche Jahre hat er zusammen mit tausenden von Mitgefangenen hinter dem Zaun des Konzentrationslagers verbracht. Seine Leidensgenossen haben ihn in dieser Zeit schätzen gelernt; sie bewunderten stets seinen Mut und seine starke Persönlichkeit, und so schreibt Francis Bull über den großen Norweger: »Wer mit Hallesby zusammen in Grini gelebt hat, wird ihn nie vergessen können.«

WIEDERAUFBAUARBEIT NACH DEM KRIEG

Neue Herausforderungen

Am 5. Mai 1945 wird der Häftling Nr. 7666, Ole Hallesby, aus dem Lager Grini befreit. Angehörige der Widerstandsbewegung bringen ihn mit dem Auto bis an die Gartentüre des Hauses im Haakon-der-Gute-Weg 1 in Vinderen.

In der Einsamkeit der letzten Wochen hat er in seiner Einzelzelle viel Zeit gehabt, darüber nachzudenken, welche Konsequenzen er aus den Erfahrungen des Krieges und der Gefangenschaft ziehen soll, zumal das Ende der nazistischen Herrschaft immer wahrscheinlicher wurde und seine Hoffnung auf die Befreiung der Heimat stetig zunahm. Er war davon überzeugt, daß es in Norwegen eine für ihn bestimmte Aufgabe geben wird, wenn der Tag des Friedens für Land und Volk anbricht, wobei er hofft, diesen bedeutungsvollen Augenblick zusammen mit den anderen Grinigefangenen erleben zu dürfen. Die ganze Zeit hat er Gott darum gebeten, er möge verhindern, daß sich die Gestapo noch kurz vor der Stunde der Befreiung aus Rache zu einer Massenhinrichtung hinreißen läßt.

Die norwegische »Gefangenenfamilie« in Grini lebte in ständiger Todesangst, aber auch in einer gemeinsamen Hoffnung auf Leben, Sieg und Zukunft. Auch im Lager arbeitete man deshalb an Plänen für den Wiederaufbau Norwegens. In einer kleinen Gruppe debattierten Ole Hallesby und Einar Gerhardsen über künftige soziale, wirtschaftliche und politische Reformen. Sie machten sich dabei für ein radikales Wiederaufbauprogramm stark, das Norwegen zum »Land der Zukunft« machen sollte. Hallesby freute sich darauf, seine neugewonnenen Einsichten bezüglich der Gestaltung der Gesellschaft öffentlich vorzustellen. In der Zeit in Grini war etwas Neues in ihm gewachsen.

Als Ole Hallesby nun am Abend des 5. Mai 1945 aus dem Wagen steigt, kommen ihm seine Familie und seine engsten Freunde bereits entgegengelaufen. Die Wiedersehensfreude ist unbeschreiblich. Gemeinsam gehen sie den Gartenweg hinauf und treten ins Haus. Genau wie am 1. April 1914, als er und Mia aus Oslo hier herauf nach Vinderen gezogen sind, kann man auch jetzt überall die Boten des Frühlings sehen. Unzählige Male hat er sich im Lager Grini hierher zurückgesehnt, vor allem nachdem er hörte, daß die Familie wieder in ihrem Haus wohnen durfte. Hilfsbereite Freunde brachten damals die Einrichtungsgegenstände und die persönlichen Dinge aus acht verschiedenen Verstecken in Oslo und Umgebung nach Vinderen zurück. Nun steht er vor seiner Bibliothek, dort, wo in all den Jahren sein Arbeitsplatz und Gebetsort gewesen ist, und er spürt, daß er an der Schwelle zu einem neuen Lebensabschnitt steht, der wie immer in den Händen des Herrn liegt.

An diesem ersten Abend in der Freiheit kommen viele Freunde, und das Haus ist von großer Wiedersehensfreude erfüllt. Als die letzten Gäste in die helle Mainacht hinausgegangen sind, bleibt das Ehepaar Hallesby noch eine Weile still zusammen sitzen – in großem Staunen und tiefer Dankbarkeit.

Am nächsten Tag erfährt Ole Hallesby, daß das Land doch noch nicht völlig befreit ist und die Anhänger der nazistischen Diktatur immer noch zuschlagen können. Aus diesem Grund hält er es für das Beste, wenn er und seine Frau sich versteckt halten, bis endgültig die Stunde der Befreiung gekommen ist. Freunde aus Asker bieten ihnen daraufhin einen Unterschlupf an, in dem sie bis zum 8. Mai 1945 bleiben.

Für Hallesby ist es ein merkwürdiges Gefühl, sein norwegisches Volk wiederzusehen, dem er fünf lange Kriegsjahre hindurch als Patriot und als bekennender Christ mutig und treu gedient hat. Die ersten Wochen der Freiheit nutzt er nun dazu, sich einen gründlichen Überblick über die geistige und politische Situation des Landes zu verschaffen. Zwar hat er im Lager noch eine beschränkte Verbindung mit den Menschen außerhalb der Mauern gehabt und so die Geschehnisse im großen und ganzen verfolgen können; die Informationen, die man bekam, waren jedoch sehr lückenhaft und manchmal auch verzerrt gewesen.

Während seiner Erkundigungen über die aktuelle Situation zeigt sich, daß niemand genau über den Zustand des Landes Bescheid weiß und daß deshalb eine große Unsicherheit über den weiteren Weg in die Zukunft besteht. Inmitten einer undurchschaubaren Vielfalt von Meinungen und Beurteilungen, die nicht immer von Sachverstand zeugen, ist Ole Hallesby besser gestellt als die meisten Norweger. Er hat nicht nur durch seinen mutigen Einsatz in allen politischen Lagern Vertrauen gewonnen, sondern durch sein mitmenschliches Verhalten während des Krieges und im Lager viele Landsleute zur Änderung ihrer Meinung über ihn veranlaßt, so daß das Bild des »tyrannischen Fanatikers« völlig haltlos geworden ist. Nach dem Tag der Befreiung ist er mehr denn je eine der herausragenden Persönlichkeiten des Landes. Unentwegt suchen ihn Menschen auf, die von ihren Erlebnissen berichten oder einen Rat von ihm erhoffen. Die Verantwortlichen der Institutionen und Verbände, denen er sein ganzes Leben lang aufs engste verbunden ist, bitten ihn immer wieder, er möge doch seine durch den Krieg unterbrochene Arbeit fortsetzen.

In erster Linie weiß sich Ole Hallesby der Theologischen Gemeindefakultät verpflichtet, an der er seit 1909 den Lehrstuhl für Systematische Theologie innehat. Darüber hinaus möchte er gerne sein umfassendes christliches Schulprogramm weiterführen, in das er nun schon über dreißig Jahre lang seine Zeit und seine Kraft investiert hat. Nicht zuletzt ist er auch noch immer Vorsitzender der Lutherischen Inneren Missionsgesellschaft. Während der Gefangenschaft wurde er immer wieder an die Aufgabe in der Inneren Mission erinnert, vor allem aber, als sein langjähriger Mitarbeiter und treuer Freund, Pfarrer Johan Martin Wislöff, am 21. Dezember 1944 starb. Hallesby hatte damals zunächst daran gedacht, die Gestapo um Erlaubnis zu bitten, an Wislöffs Begräbnisfeier im Storsal (Großer Saal) in Oslo teilnehmen zu dürfen; dann aber gab er diesen aussichtslosen Gedanken wieder auf und nahm sich vor, mit seiner Arbeit die Innere Mission zu unterstützen, sobald er wieder in Freiheit ist.

Eines steht jedoch für Ole Hallesby bereits fest, als er aus der Haft entlassen wird: Der Tag beginnt sich zu nähern, an dem er seine Aufgaben aus der Hand geben und alle drei Bereiche seiner Berufung und seines Schaffens zum Abschluß bringen muß. Nur dem Ruf in die Verkündigung wird er bis zu seiner letzten Stunde mit ganzem Einsatz treu bleiben.

Es ist bezeichnend für Hallesbys Bescheidenheit und für seine Gleichgültigkeit der eigenen historischen »Berühmtheit« gegenüber, daß er selbst nie ein Buch verfaßt hat über seine Erlebnisse während der Besatzungszeit und über seinen persönlichen Einsatz, den er unter oft dramatischen Umständen geleistet hat. Er ist der Überzeugung, daß er lediglich seine Pflicht getan habe, und das ist ihm genug.

Leider bewahrt er auch nicht die Briefe auf, die er im Laufe der Jahre von vielen bekannten Personen aus den nordischen Ländern erhalten hat. Somit sind keine Zeugnisse dieses sicher sehr aufschlußreichen Briefwechsels über Kirche und Theologie, über Kultur und Politik sowie über Fragen der Völkergemeinschaft und über persönliche Probleme mehr vorhanden. Helge Hallesby erklärt diesen Umstand folgendermaßen: »Die Briefkorrespondenz fand den Weg in Vaters riesigen Papierkorb, der ein- oder zweimal im Jahr geleert wurde. Der Inhalt wurde verbrannt oder weggeworfen. Vater hatte kein Archiv zur Aufbewahrung von Kopien, denn er fertigte nie welche an.«

Ole Hallesbys Reden vom Juni 1945 sind als wertvolle historische Dokumente einzuschätzen. Darin bekennt er vor allem, daß ihn während der Besatzungsjahre nichts so sehr überrascht habe wie das Verhalten seiner Landsleute: »Der behutsame, aber entschlossene Widerstand meines Volkes gegen die Tyrannen ist das unvergleichlich Größte, was ich in dieser bedeutsamen Zeit erlebt habe. Gemeinsame Gefahr und Not, gemeinsames Opfer und Leiden bewirkten, daß sich das norwegische Volk – zum ersten Mal – einig fühlte. Von alters her waren die Norweger infolge eines oft krankhaften Individualismus uneins gewesen; sie hatten nicht nur ein schwaches soziales Bewußtsein, sondern auch ein geringes Zusammengehörigkeitsgefühl. Ich gestehe offen ein, daß ich mein Volk vor diesem Freiheitskampf nicht kannte. Ich wußte wirklich nicht, daß es einen solchen Mut besitzt, einen solchen Opfersinn und eine solche Leidensbereitschaft. Ich bin stolz auf mein Volk, und ich habe Gott dafür zu danken gelernt wie nie zuvor.«

Diese Huldigung Hallesbys an die Menschen in Norwegen

wird am 3. Juni 1945 über den Rundfunk verbreitet. Er meint darin ferner, die norwegische Volksseele habe sich im Vergleich zu 1940 völlig verändert. Im Frühling der Befreiung, so der Theologe, beginne das Volk zu grünen wie ein Baum mit neuem Saft in den Ästen, und Norwegen zeige sich in der schönsten Blüte, die das Land jemals erlebt habe. »Aber wir wissen ja alle, daß eine schöne Blüte nicht unbedingt eine reiche Ernte geben muß, und mit mir fragen sich in diesen Tagen viele Menschen gespannt, ob wohl die Blüte unseres Volkes Frucht ansetzen wird.«

Nicht zuletzt dadurch, daß viele Norweger aus dem Exil in England und Schweden heimkehren, treten im Verlauf des Sommers 1945 zahlreiche politische und gesellschaftliche Veränderungen ein, die Hallesbys Befürchtung bestätigen, daß die von ihm erhoffte Erneuerung des Volkes ausbleiben wird.

Im Bild des öffentlichen Lebens tauchen in den ersten Monaten der Freiheit viele verschiedene Strömungen und Gruppierungen auf: Da sind die Widerstandsaktivisten der Heimatfront und der Kurierdienst, die Militärorganisation der Widerstandsbewegung, aus der Haft freigelassene Offiziere, Beamte der Nygaardsvold-Regierung, die Pfarrerschaft, die Lehrer des Widerstands und viele andere mehr; und mitten unter ihnen befinden sich mehrere tausend Männer und Frauen, die in den Konzentrationslagern und Gefängnissen der Nationalsozialisten für die Ehre des Vaterlandes gelitten haben.

Das norwegische Volk sieht zu dieser Zeit voller Hoffnungen und Erwartungen der Rückkehr von König Haakon VII. aus dem Londoner Exil entgegen, von dem man sich verspricht, daß er Norwegen wieder zu einer zukunftsgerichteten Einheit zusammenschweißen kann. Am 7. Juni 1945 ist es dann soweit: Unter dem Jubel des Volkes steigt der König vom Schiff aus an Land und betritt damit nach fünf langen und dunklen Besatzungsjahren wieder den Boden des Vaterlandes.

Noch am selben Abend hält Professor Hallesby im Storsal in Oslo eine große Rede, in der er seiner Freude über die Ankunft des Monarchen überschwenglich Ausdruck verleiht: »Heute bekamen wir den König zurück. Noch nie wurde irgendein König in Norwegen so in Empfang genommen, und noch nie zuvor wurde hierzulande ein so großes, fröhliches und ausgelassenes Volksfest gefeiert. Die ganzen fünf Jahre hindurch hat der König gehört, wie sehr wir ihn lieben, heute konnte er es endlich persönlich erleben. Daß sich unser ein wenig verschlossenes und reserviertes Volk zu einem solch stürmischen Jubel öffnen konnte, zeigte ihm besser als alle guten und schönen Reden, welche Liebe und Bewunderung wir in unserem Herzen tragen. Ich habe keine Bedenken zu sagen, daß Haakon VII. der am meisten geliebte König ist, den unser Land je gehabt hat, und ich füge hinzu: Wir haben auch noch nie einen größeren König in Norwegen gehabt, was Mut und Verantwortungsbewußtsein angeht.«

Ole Hallesby führt weiter aus, diese ehrenden Worte über den Regenten seien vor dem Hintergrund der Ratlosigkeit zu sehen, von der die Norweger nach dem folgenschweren 9. April 1940 erfaßt worden seien, als die Parlamentsabgeordneten und vor allem das Präsidium den ganzen Sommer über eine unentschlossene und damit die Besatzungsmacht begünstigende Position eingenommen haben. Hallesby weist in seiner Rede aber auch darauf hin, daß es ungemein schwierig gewesen sei, nach der Niederlage von 1940 in der politischen Verantwortung zu stehen. Er wolle deshalb kein Urteil über die einstigen Mitglieder des Stortings fällen: »Ich erwähne das nur, um zu zeigen, was der König damals für unser Volk bedeutete. Er durchschaute die Vorgänge und blieb standhaft – von der ersten Stunde an. Durch seine Haltung wurde der Kurs unseres Freiheitskampfes festgelegt.«

Die Festversammlung im Saal der Inneren Mission in Oslo freut sich über diese Lobrede an den König, der, so ist man sich einig, den Dank seines Volkes wirklich verdient hat.

Nachdem Hallesby im Anschluß daran – nicht ohne innere Genugtuung – darauf hingewiesen hat, daß er schon 1928 in seiner »Morallehre« die ethischen Richtlinien aufgezeigt habe, die das Verhältnis zum Feind in Kriegszeiten bestimmen, überrascht er seine Zuhörer gegen Ende seiner Rede mit konkreten politischen Vorschlägen. Obwohl solche Themen im Storsal sonst nicht zur Sprache kommen, hat er den Eindruck, daß es gerade jetzt an der Zeit sei, alle bereitwilligen Norweger aufzurufen, die große Wiederaufbauarbeit, der man gegenüber steht, gemeinsam in Angriff zu nehmen.

Zunächst müsse, so Hallesby, die hohe Arbeitslosigkeit beseitigt werden, denn das Recht auf Arbeit – als eines der grundlegenden Menschenrechte – solle für alle Bürger des Landes gelten. Dann müßten die bombenzerstörten Städte wieder aufgebaut und die

Fischerei in Gang gebracht und modernisiert werden. Zu alledem sei es dringend notwendig, die Industrie sowie die Land- und Forstwirtschaft mit ausreichenden Mitteln und einem entsprechenden Kreditvolumen auszustatten, um für die Zukunft gerüstet zu sein. »Hier warten riesige Aufgaben auf uns, und die öffentliche Hand muß unterstützend und regulierend tätig werden.«

Solche Worte machen deutlich, daß Hallesbys neue Einsichten zu gesellschaftlichen Fragen nachhaltig von dem bestimmt sind, was er in der Gefangenschaft in Grini erlebt und gelernt hat. Jene Zeit im Lager hat bewirkt, daß er nun für Norweger aus allen Berufen und mit den verschiedensten Lebensanschauungen tiefes Verständnis aufbringt und sich für sie verantwortlich weiß. Dadurch hat Ole Hallesby auch ein freieres Verhältnis zu allen Menschen gewonnen, denen er begegnet. Der Verleger Arne Pröis, der ihm während dieser Zeit nahesteht, spricht in diesem Zusammenhang von einem »offeneren und radikalsozialen Verständnis«, und er fügt hinzu: »Es ist richtig, daß Hallesby in späteren Jahren (in Fragen der Sozialpolitik) radikaler und kulturoffener war als früher. In seinen Büchern kam dies leider nicht zum Ausdruck.«

Am 5. August 1945 feiert Ole Hallesby seinen 66. Geburtstag in Freiheit auf dem Hof Hallesby Söndre, der zwischenzeitlich schon verloren schien. Nach all den Wirren der vergangenen Jahre kann Mia Hallesby dieses Fest nun endlich wieder glücklich mit ihrem Mann im heimatlichen Aremark verbringen. Bewegt von diesen Gefühlen schreibt sie: »Die Flagge weht am Fahnenmast, die Sonne scheint und es ist wahrhaftig Sonne in den Herzen; und der Mittelpunkt des Tages sitzt draußen im Sonnenschein auf der Veranda, munter und gesund, und freut sich jeden Tag über die Freiheit.«

Ende August ist Hallesby dann zurück an der Gemeindefakultät, wo er in einem außerordentlichen Examen solche Kandidaten prüft, die darauf gewartet haben, ihr Theologiestudium nun nach dem Krieg endlich abschließen zu können. Obwohl er im Herbstsemester auch wieder mit den Vorlesungen beginnt, hat er doch den Eindruck, daß er von seiner Lehrtätigkeit bald entbunden werden sollte.

Im weiteren Verlauf des Jahres 1945 erkennt Hallesby, daß er die Einstellung des Volkes zu optimistisch beurteilt hat. Die Menschen wollen lediglich Feste feiern, unaufhörlich, die ganzen langen Sommermonate hindurch. Wie viele andere Norweger hat er sich von der Begeisterung über die Befreiung mitreißen lassen und die Situation deshalb falsch eingeschätzt. »Das Licht des Friedens blendete uns alle.« (Sverre Steen)

Ole Hallesby hat erwartet, daß man sofort nach der Rückkehr des Königs mit dem Wiederaufbau beginnen werde, denn sowohl die Leitung der Widerstandsbewegung der Heimat als auch die Exilregierung in London haben bereits Pläne für die Zukunft eines neuen und gerechten Norwegens ausgearbeitet. Nun aber zeigt es sich, daß die politische Situation im Land überaus verworren ist. Am 13. Mai 1945 legt die Leitung der Widerstandsbewegung ihr ohnehin unklares Mandat nieder, denn es sind ihr von der Exilregierung nie irgendwelche offiziellen Regierungsvollmachten für das besetzte Norwegen übertragen worden. Vier Wochen später, am 12. Juni, tritt dann auch die Exilregierung unter Nygaardsvold zurück, da sie das Vertrauen des Volkes nicht mehr besitzt. Als daraufhin auch Paal Berg von der Widerstandsbewegung keine mehrheitliche Anerkennung der anderen Politiker findet, übernimmt Einar Gerhardsen am 23. Juni 1945 das Amt des Chefs einer Übergangsregierung bis zur Wahl eines neuen Parlaments.

Nachdem sich die alten politischen Parteien am 16. Juli über ein gemeinsames Programm, das den Rahmen für den Wiederaufbau der Nation absteckt, einig geworden sind, werden die Parlamentswahlen auf den 10. Oktober angesetzt. Der Wahlkampf macht bald deutlich, daß es wieder auf die traditionell gewohnte Auseinandersetzung zwischen den bürgerlichen und den sozialistischen Parteien hinauslaufen wird. Als das Ergebnis bekanntgegeben wird, steht fest, daß die Arbeiterpartei unter dem neuen Ministerpräsidenten Einar Gerhardsen mit nur 41% der abgegebenen Stimmen die Mehrheit der Sitze (76 von 150) im Storting errungen hat.

Zwei kleinere Parteien sorgen bei dieser Wahl jedoch für unerwartete Schlagzeilen: Zur Überraschung aller haben sich immerhin 177 000 Wähler für die Kommunistische Partei entschieden. Aber auch die Christliche Volkspartei hat sich gegenüber der Wahl von 1936 (19 600) jetzt mit 117 800 Stimmen um ein Vielfaches verbessern können. (In den folgenden Jahrzehnten ist die Christliche Volkspartei mehrfach an Regierungen beteiligt. So erhält sie auch bei der Parlamentswahl im Jahr 1989 222 535 Stimmen (8,5%) und tritt erneut in die Regierungskoalition ein; Anmerk. d. Hrsg.)

Für Ole Hallesby ist das Wahlergebnis ein Zeugnis dafür, daß die Christen in Norwegen erkannt haben, wie wichtig es ist, auch politische Verantwortung zu übernehmen. Er selbst hat allerdings weder Zeit noch Kraft, diesen Aufbruch zu politischem Engagement auf christlicher Grundlage aktiv zu unterstützen, und er macht sich auch vorerst keine Sorgen um die Zukunft des kulturellen und geistlichen Lebens in Norwegen, denn das gemeinsame Programm der Parteien hat der evangelisch-lutherischen Staatskirche Unterstützung zugesagt und ihr somit größere Freiräume in Aussicht gestellt.

Hallesby versucht bei seiner Arbeit in der Nachkriegszeit jene Impulse aufzunehmen, die er in der »Gefangenengesellschaft von Grini« erhalten hat. Dies gilt vor allem für die ihm anvertrauten Aufgaben, die von besonderer nationaler Bedeutung sind. So wird er neben seiner Berufung in die Kirchenordnungskommission, in der er wieder mit Bischof Eivind Berggrav zusammenarbeitet, im Herbst 1945 Mitglied der Großen Untersuchungskommission zur Aufklärung der Verbrechen während der Besatzungszeit. Einige Zeitgenossen wundern sich zwar, daß ein Theologe Sitz und Stimme in einem so wichtigen Gremium erhält. Aber die, die sein mutiges Verhalten als Christ während der Zeit der deutschen Unterdrückung miterlebt haben, halten es durchaus für gerechtfertigt, daß der ehemalige Grini-Gefangene in diese Kommission gewählt wird.

Die Abrechnung mit den Landesverrätern, die mit den deutschen Machthabern kollaboriert haben, fällt Hallesby sehr schwer, denn mit insgesamt 92 000 Männern und Frauen sind es ihm einfach zu viele, die auf ihre Loyalität während der Besatzungszeit hin überprüft werden müssen. Von ihnen werden schließlich 20 000 zu Gefängnisstrafen verurteilt und damit für das ganze Leben gezeichnet, 25 000 werden mit zum Teil hohen Geldstrafen belegt.

Hallesby erwähnt mehrfach, wie sehr ihm seine Mitgefangenen im Lager imponiert haben, wenn sie auf die Strafverfolgung zu sprechen kamen, die zwangsläufig nach der Befreiung stattzufinden habe. Sie sprachen nie davon, Rache üben zu wollen, vielmehr waren sie sich stets darüber einig, daß eine Bestrafung auf der Grundlage des Rechts geschehen müsse.

Von der Bibel her hat Ole Hallesby keine grundsätzlichen moralischen Bedenken gegen die Todesstrafe, zumal er die jungen Norweger nicht vergessen kann, die das Todeskommando der Deutschen eines Nachts hingerichtet hat. Außerdem hat er zwei qualvolle Jahre mitansehen müssen, wie barbarisch die Gefangenen in Grini von den deutschen Bewachern behandelt wurden, an dieser Stätte des Grauens, wo nicht weniger als 19 000 Norweger monate- und jahrelang inhaftiert gewesen sind. Nicht zuletzt tragen auch die unglaublichen Ungerechtigkeiten, die die deutschen Machthaber und die norwegischen Kollaborateure fünf bittere Jahre lang dem norwegischen Volk angetan haben, zu Hallesbys Überzeugung bei, daß diese Verbrechen vollständig aufgeklärt und angemessen bestraft werden müssen, wenn die Waagschalen der Gerechtigkeit wieder ins Gleichgewicht kommen sollen.

Zwar hatte man in Norwegen die Todesstrafe seit dem 1. Januar 1905 abgeschafft gehabt, mit den Verordnungen vom 3. Oktober 1941 und 15. Dezember 1944 wurde sie jedoch wieder eingeführt. Auf der Grundlage dieses Gesetzes werden nun 25 norwegische und 15 deutsche Kriegsverbrecher zum Tode verurteilt und hingerichtet. (Unter den Hingerichteten befindet sich auch der ehemalige Regierungschef Quisling, während sich Reichskommissar Terboven durch Selbstmord seiner Verurteilung entzieht; Anmerk. d. Hrsg.) Demgegenüber waren von den Deutschen während der Besatzungszeit 366 norwegische Männer und Frauen hingerichtet worden.

Gerade weil Ole Hallesby einen ausgeprägten Sinn für Gerechtigkeit hat, kann er zu unrechtmäßigen Übergriffen nicht schweigen, gleich welcher Art sie sind und von wem sie verübt werden. Ein weiteres Zeugnis dafür erhält die Öffentlichkeit in Norwegen am 21. November 1946, als das Parlament mit den Stimmen der Arbeiterpartei und der Kommunisten beschließt, das im Besitz der Inneren Missionsgesellschaft befindliche Lehrerseminar zu verstaatlichen und es in »Öffentliches Lehrerseminar Oslo« umzubenennen. Dieser Schritt wird offiziell damit begründet, daß die gesamte Lehrerausbildung nun unter die Aufsicht der Regierung gestellt werden solle. Mit Berufung auf das 1938 erlassene Gesetz über die Lehrerseminare macht Hallesby daraufhin in den Verhandlungen mit den Regierungsbehörden geltend, daß der Parlamentsbeschluß rechtswidrig sei. Darüber hinaus stehe das

Vorgehen im Widerspruch zum gemeinsamen Programm der Parteien vom 16. Juli 1945, das sich zum christlichen Erbe und zu den demokratischen Freiheitsprinzipien bekannt habe. Wie gewohnt nennt Hallesby auch in dieser Auseinandersetzung die Dinge deutlich beim Namen: »Wenn die Mehrheit per Gesetz der Minderheit das Recht verweigert, ihre Ansichten im Geistesleben geltend zu machen, dann haben wir eine Mehrheitsdiktatur, und das ist eine Verleugnung des innersten Wesens der Demokratie. (...) Es tut mir leid, mit einer Partei in Konflikt zu kommen, mit der ich in so entscheidenden Punkten derselben Ansicht bin. Ich bin genauso radikal, was soziale Reformen anbelangt, aber es ist die Ideologie der Staatsdiktatur, die uns voneinander trennt. Ich habe nie verstanden, warum eine arbeiterfreundliche Politik notwendigerweise mit einer nichtchristlichen Lebensanschauung verbunden sein soll. In Amerika, England, Holland und Dänemark ist das nicht der Fall, und könnte sich die Arbeiterbewegung in Norwegen von ihrer nichtchristlichen Ideologie trennen, dann würden sich ungeahnte Möglichkeiten der Zusammenarbeit mit der großen Bevölkerungsgruppe ergeben, die gewöhnlich ›Christenvolk‹ genannt wird. Dann würde unser Volk beim Wiederaufbau vor Chancen stehen, die wir heute noch schmerzlich vermissen.«

Hallesby empfindet den Verlust des Osloer Lehrerseminars als besonders schmerzlich, da es stets einen Eckstein seines großen Schulprogramms dargestellt hat. Zusammen mit Pfarrer Johan Martin Wislöff hat er viele Jahre lang mit den Behörden gekämpft und dem Parlament die jährlichen Zuschußbewilligungen abgerungen. Als 1922 die Leitung des Osloer Lehrerseminars den Vorstand der Inneren Missionsgesellschaft darum bitten mußte, die Trägerschaft zu übernehmen, hoffte Hallesby, daß damit die Zukunft eines privaten Lehrerseminars gesichert sei, zumal immer wieder bekannte Persönlichkeiten, wie der erfahrene Pädagoge Kaare Norum, die Arbeit unterstützt haben. Nun aber kann er nicht glauben, daß Edvard Bulls fanatisches antichristliches Manifest von 1923, in dem dieser sich dafür einsetzt, daß »das Lehrerseminar voll und ganz in staatlicher Hand« zu sein habe, nach so langer Zeit doch noch bei den verantwortlichen Politikern und Pädagogen der linksgerichteten Parteien Gehör findet.

Nach der Befreiung Norwegens dachten Hallesby und seine Freunde zunächst, daß die Öffentlichkeit der christlichen Schulbewegung positiv gegenüberstehen würde. Der Parlamentsbeschluß vom 21. November 1946, durch den das Lehrerseminar ungeachtet aller Proteste verstaatlicht wird, zeigt jedoch, daß diese Einschätzung nicht den Realitäten entspricht.

Tief enttäuscht von den Vorgängen in seinem Land, entschließt sich Ole Hallesby, künftig nicht mehr in die politische Debatte einzugreifen. Seit dieser Zeit ist seine Anschauung über die Gesellschaft von einem pessimistischen Grundton bestimmt.

Trotz aller noch folgenden Auseinandersetzungen ist jedoch auch die Mehrheit im Parlament nicht in der Lage, die christliche Schulbewegung zur Aufgabe zu zwingen.

Als Ole Hallesby in seinem Todesjahr 1961 zu einem Gespräch mit christlichen Schulexperten eingeladen wird – es ist das letzte Mal, daß er außer Haus ist –, spricht man über die Pläne zur Gründung einer Pädagogischen Hochschule. Professor Andreas Seierstad, der ebenfalls daran teilnimmt, schreibt später über diese Begegnung mit dem alten Vorkämpfer der Schulbewegung: »Während dieser Sitzung ist es, als fühlte er sich darüber sehr erleichtert, daß die Stafette, für deren Weitertragen er seit 1912 gekämpft hatte, nun an neue mutige Mitstreiter übergeben werden konnte.«

Tromsø
Kirkenes
Narvik
Ivalo
Kiruna
Bodø
Mo i Rana
Rovaniemi
Luleå
Oulu
Umeå
Trondheim
Östersund
Kuopio
Vaasa
Ålesund
Tampere
Lappeenranta
Hamar
Lahti
Bergen
Falun
Turku
Helsinki
Oslo
Uppsala
Karlstad
Halden
Stockholm
Stavanger
Örebro
Norrköping
Göteborg
Fredrikshavn
Ålborg
Jönköping
Oskarshamn
Grenå
Århus
Helsingborg
København
Malmö
Esbjerg
Odense
Ystad
Trelleborg
Gedser
Rødbyhavn

Drei Generationen Hallesby.
Von links: Christian, Christen, Ole.

Der Hof Hallesby Söndre in Aremark/Ostnorwegen.

Ole Hallesby als Student 1903.

Jugendbild von Anne Marie (Mia) Riddervold.

Die junge Familie Hallesby 1926.
Von links: Mia, Helge, Christen, Anne Marie, Ole.

Das Haus in Vinderen (Oslo).

Als junger Professor.

Im Andachtsraum der neuen Theologischen Gemeindefakultät
(Bild aus der alten Gemeindefakultät).

Auf dem nordischen Studenten- und Gymnasiastentreffen 1932 Aastorp/Schweden (Ausschnitt). Ehepaar Hallesby in der Bildmitte.

Unterwegs zu einem Treffen der freien lutherischen Verbände. Ole Hallesby in der Mitte mit der berühmten Reisedecke.

Das Haus der Inneren Missionsgesellschaft in Oslo (erbaut 1935)
mit dem Storsal (Großer Saal).

Mit Studenten auf einer Reise nach Island.

Familie Hallesby im Jahr 1942.

Als Gefangener Nr. 7666 im Konzentrationslager Grini bei Oslo.

Mia und Ole Hallesby mit Kindern und Schwiegerkindern im Arbeitszimmer des Professors 1953.

Ole Hallesby als Redner bei einer Jubiläumsfeier in Stockholm 1956.

Das Ehepaar Hallesby im Alter.

IMMER NOCH ALS THEOLOGE UND VERKÜNDIGER IM EINSATZ

Eine aufsehenerregende Predigt im Norwegischen Rundfunk

Diejenigen, die Hallesby in der Nachkriegszeit nahestehen, merken, daß die Jahre im Lager Grini nicht spurlos an ihm vorübergegangen sind. Er selbst schreibt am 21. Juni 1945 in einem Brief: »Ich bin ja nun schon ein alter Mann, und es kommt noch hinzu, daß ich viele leibliche Gebrechen habe.«

Nachdem er sich im März 1946 den Oberschenkel gebrochen hat und deshalb einen langen Krankenhausaufenthalt auf sich nehmen mußte, nimmt seine Reiselust in den folgenden Jahren immer mehr ab. 1947 erwähnt Mia Hallesby, sie beide seien nun schon längst in ein Alter gekommen, in dem man sich zunehmend Ruhe wünsche. Vor allem die beiden kraftraubenden Jahre seit der Befreiung haben dazu geführt, daß es Hallesbys gesundheitliches Befinden nicht mehr zuläßt, weitere arbeitsintensive Aufgaben anzunehmen. Außerdem hat er gelernt, die politischen und geistlichen Entwicklungen der Nachkriegszeit mit einem gewissen Abstand realistischer zu beurteilen.

Diese veränderte Lebenseinstellung drückt er in einem bemerkenswerten Brief vom 6. August 1947 mit folgenden Worten aus: »Ja, Gott behandelt mich freundlich. Ich habe es nie so gut gehabt wie jetzt, nachdem ich alt geworden bin. Ich danke ihm täglich, daß er mir Frieden und Ruhe für Leib und Seele gegeben hat. Ich kann zwar nicht mehr so viel tun wie früher, aber er hat auch dafür gesorgt, indem er mich von einem Teil meiner Pflichten entbunden hat. Nun habe ich gerade so viel Arbeit, wie ich zu bewältigen vermag. – Ich bitte Gott jeden Tag darum, daß er mir helfen möge zu sterben, so wie er mir geholfen hat zu leben: ›Mein Gott, mach's doch durch Christi Blut in meiner Abschiedsstunde gut.‹«

In seinen letzten Lebensjahren wird Ole Hallesby immer einsamer. Für ihn war es nie leicht, persönliche Freunde zu finden, nun aber sind die meisten ihm nahestehenden gleichaltrigen Mitarbeiter und Freunde schon gestorben. So kommt er jetzt immer häufiger zum Nachdenken über seinen bisherigen Weg: »Es ist eine große Zeit, in der wir leben, eine bedeutungsvolle Zeit mit gewaltigen Möglichkeiten. Aber es ist unbedingt notwendig, daß wir wachsam sind.«

Da er nach der Besatzungszeit so große Hoffnungen in sein norwegisches Volk gesetzt hat, erschreckt ihn nun ganz besonders der sinnlose Materialismus, der sich wie ein Flächenbrand im ganzen Land ausbreitet. Seine Landsleute – Christen wie Nichtchristen – sind gefangen in der Anbetung des Konsums und des Wohlstandes, ein Zustand, den es so in der langen Geschichte Norwegens bisher nicht gegeben hat.

Ole Hallesby erkennt früher als andere, daß die fünf Kriegsjahre letztendlich doch nicht den seit zwei Generationen fortschreitenden Verlust des christlichen Bewußtseins aufgehalten haben. Während der Theologe in einem Brief vom 21. Juni 1945 ebenso wie in seinen berühmten Reden desselben Monats noch daran geglaubt hat, daß die Norweger ein anderes Volk geworden sind, fordert er bereits 1946 die Christen des Landes zu aufrichtiger Buße auf: »Gott hat uns zu einer Generalrevision aufgerufen, da haben viele von uns ihr früheres Leben in einem neuen Licht sehen müssen.«

In diesem Sinne möchte er auch mit seinen Ansprachen in den großen Versammlungen dieser Zeit die vielen aufmerksamen Zuhörer zur Umkehr und Besinnung veranlassen: »Es kann sein, daß Gott uns das in diesen schweren und entbehrungsreichen Jahren lehren mußte. Ja, es liegen wirklich einige lange und schwierige Jahre hinter uns: Wenig Leute, keine Erweckung, Müdigkeit, Mutlosigkeit und Kritik.«

In diesem Bekenntnis von 1946 zeigt sich Ole Hallesby nicht mehr als jene prophetische Führergestalt der Vergangenheit. Gemeinsam mit anderen wachen Christen in Norwegen muß er erkennen, daß Gottes Gedanken nicht menschliche Gedanken und Gottes Wege nicht menschliche Wege sind. Durch das Gebet und durch schmerzliche Erfahrungen hindurch hat er den Mut dazu gefunden, sich von seiner vernunftbetonten Theologie »in die Tiefe der Gnade Gottes zu werfen«. Seine Enttäuschung über die geistliche Situation in den Jahren von 1945 bis 1948 hat ihn einem Gott begegnen lassen, der sich verbirgt und der im Dunkeln wohnt.

Über diese neugewonnene geistliche Einsicht sagt er in einer seiner letzten Predigten: »Ich dachte lange, ich müßte Gott verstehen, und zerbrach mir darüber fast den Kopf. Aber nach und nach ist es mir aufgegangen, daß es zum Wesen Gottes auch gehört, unverständlich zu sein. Ja, in letzter Zeit habe ich sogar angefangen, ihm zu danken, weil er unverständlich ist. Ich erkenne nun, daß er so groß sein muß, wenn er in der Lage sein soll, nicht nur Planeten und Sonnensysteme zu lenken, sondern auch uns Menschen und noch dazu den Satan. Ich erlebe dabei, daß es gut möglich ist, an Gott zu glauben, ohne ihn verstehen zu können.«

Im Januar 1948 hat die Kirchenordnungskommission ihre Arbeit abgeschlossen. Die Männer, die in der Kommission das entscheidende Wort haben, sind Bischof Eivind Berggrav und Professor Ole Hallesby; beide sind Befürworter des traditionellen Staatskirchensystems. Hallesby, der in der Kommission die demokratisch eingestellte Laienbewegung vertritt, ermahnt die Mitglieder stets zur Kompromißbereitschaft, damit man letztendlich einen Entwurf für die neue Kirchenordnung vorweisen könne, der von allen getragen und deshalb einstimmig beschlossen wird. Hallesbys persönlicher Entscheidung für die Staatskirche liegt weniger deren besondere Christlichkeit zugrunde als vielmehr die Tatsache, daß sich unter ihrem Dach eine lebendige Gemeinde versammelt, denn es gibt in der Kirche nicht nur das kirchliche Amt, sondern auch freie Verbände, die fest entschlossen sind, auf biblischer Grundlage und nach biblischen Richtlinien zu arbeiten.

Nach der Besatzungszeit hat Ole Hallesby, wie bereits erwähnt, seine Lehrtätigkeit an der Theologischen Gemeindefakultät wieder aufgenommen. In den darauffolgenden Jahren aber befindet er sich in einer eigenartig widersprüchlichen Lage. Einerseits weiß er, daß er für die Fakultät weiterhin wichtige Funktionen zu erfüllen hat. In seiner Person bleibt die historische Kontinuität gewahrt, repräsentiert er die Ausbildungsstätte doch schon seit dem Jahr 1909; für Tausende von Freunden ist die Fakultät untrennbar mit dem Namen Hallesby verbunden. Andererseits merkt er jedoch immer deutlicher, daß sich die Gemeindefakultät der Nachkriegszeit in einer Phase der theologischen Neuorientierung befindet, da nun die junge Generation neue Akzente setzt. Aus diesem Grund möchte der älter gewordene Professor gerne um seinen wohlverdienten Abschied nachsuchen.

Bereits 1945 ist sein späterer Nachfolger Leiv Aalen zum Dozenten für Systematische Theologie ernannt worden. Ole Hallesby versucht daher schon 1947 und 1949, »von Bord« zu gehen, doch man bittet ihn inständig, noch eine Zeitlang zu bleiben. Als er schließlich am 20. Mai 1952 seine letzte Vorlesung hält, hat Hallesby 43 Jahre lang der Gemeindefakultät treu und aufopfernd gedient. Während dieser Zeit sind weit mehr als die Hälfte der Pfarrer in Norwegen seine Studenten gewesen.

Bei der Semesterabschlußfeier betont der inzwischen 73 Jahre alte Professor vor allem, daß ihm die Arbeit mit den Studenten große Freude gemacht und er viele schöne Erinnerungen daran habe. Dann schließt er seine Abschiedsrede mit einem Rückblick auf seine ersten Tage an der Fakultät: »Hätte ich mir damals meine Aufgabe wählen dürfen, dann hätte ich an keinen anderen Ort kommen können, an dem mir das Leben so viel gegeben hätte wie gerade hier, wo ich sein durfte. Ich muß mit dem Psalmisten sagen: Mein Los ist mir gefallen aufs Liebliche.«

Hallesbys unermüdliche Fürsorge für die Gemeindefakultät schließt auch die Ausbildung neuer Dozenten ein. Da er seit jeher eine Stiftung vermißt hat, die Stipendien an Kandidaten und Pfarrer zu weiterführenden theologischen Studien gewährt, erreicht er am 9. Dezember 1950 eines seiner großen Ziele, als er die »Studienstiftung Ole Hallesby und Frau« mit einem Grundkapital von 150 000 Kronen gründen kann. Er erklärt dazu, er habe eine Abmachung mit Gott, seiner Frau Mia und sich selbst getroffen, daß alle Honorare für seine Bücher mitsamt den Zinsen einem Stipendienfonds zugutekommen sollen. Bis zum 1. Dezember 1977 ist das feste Grundkapital dieses Fonds bereits auf 390 000 Kronen (etwa 180 000 DM) angewachsen.

Andreas Seierstad, ein Kollege, der ihm sehr nahesteht, hebt später hervor, daß Ole Hallesby in der Kirchengeschichte Norwegens nicht nur als prophetische Gestalt in Erinnerung bleibe, sondern auch als theologischer Lehrer: »Hallesby wußte sich dazu berufen, ein Lehrer des Wortes Gottes in unserem Volk zu sein. Diese Berufung kam unmittelbar dem Dienst der Pfarrer zugute, und zwar nicht nur dadurch, daß er künftige Pfarrer ausbildete, sondern auch durch seine persönlichen Kontakte mit der Pfarrerschaft im ganzen Land und nicht zuletzt durch seine zahlreichen Predigten auf norwegischen Kanzeln und seine Besuche in den Pfarrhäusern.«

Eines von Ole Hallesbys großen Vorbildern ist Erik Pontoppidan, der 1748 Bischof von Bergen wurde; ihn bezeichnet er als »den größten Lehrer der Christenheit des Nordens«. So wird auch bei der Feier anläßlich des 40jährigen Bestehens der Fakultät deutlich, daß er sich in seinem Grußwort an die zahlreich versammelten Pfarrer an Pontoppidan anlehnt. Dies trifft vor allem zu auf die Schilderung »gläubiger Pfarrer, die mit Gottes Volk leben, Gottes Herde weiden und Menschen zu Christus führen, teils als Einzelne, teils in größeren Erweckungen, wie sie uns Gott vor einigen Jahren wieder durch Pfarrer schenkte und wie 60 Jahre zuvor während der Johnson'schen Erweckung.«

Hallesby weist darauf hin, daß besonders die jüngere Garde der Wissenschaftler an der Gemeindefakultät dazu beigetragen habe, das theologische Niveau in der norwegischen Kirche zu heben. Man spürt jedoch, daß er sich am meisten darüber freut, daß eine neue Pfarrergeneration mit einem neuen Berufsethos heranwächst: »lebensnah, volksnah, praktisch, offen für neue Impulse und frei von dem Snobismus der Akademiker und Beamten.«

Die Jubiläumsrede schließt mit der Aufforderung, den Grundsätzen der Gemeindefakultät treu zu bleiben: »Verratet nie die Theologie des Kreuzes! Verratet nie die harte und anstößige Rede von der Umkehr! Verratet nicht die Verteidigung unseres teuren Glaubens! Gott gebe euch Mut und Bereitschaft, für das Evangelium zu leiden und zu kämpfen.«

Zu seinem 70. Geburtstag am 5. August 1949 wird Ole Hallesby mit einer sehr gehaltvollen Festschrift geehrt, die den Titel »Das Wort vom Kreuz und die Rede des Glaubens« trägt. Die darin enthaltene Widmung lautet: »Dem Theologen, Lehrer, Verkündiger, Seelsorger, Leiter, Wächter, der Persönlichkeit Ole Christian Hallesby ist diese Schrift zugeeignet.«

In den nun folgenden zehn Jahren ist Hallesby weiterhin für die Gemeindefakultät auf Reisen. Obwohl er in dieser Zeit nicht mehr an der öffentlichen theologischen Diskussion teilnimmt, verfolgt er dennoch mit Unruhe die geistliche und kirchliche Entwicklung: »Es ist meine tägliche Bitte zu Gott, daß die Gemeindefakultät ihrer Basis auch in Zukunft treu und gegenüber jeglicher liberalen Theologie wachsam bleibt.«

Als Erweckungstheologe sieht er sich dazu verpflichtet, vor dem aufkeimenden neuen Kirchenverständnis während der Besatzungszeit und in den Nachkriegsjahren zu warnen. Er weiß, daß in manchen Kreisen die Auffassung vertreten wird, die Kirche Jesu Christi sei die Versammlung der Getauften, oder sogar, daß auch alle Abgefallenen und damit auch alle Gottlosen Glieder am Leibe Christi seien. »Dies wird nun in Schweden, in Dänemark und in Finnland gelehrt und ansatzweise auch hier in Norwegen.«

Hallesby entgegnet auf diese Erscheinung, daß es sich dabei um eine Irrlehre handle, die ganz im Widerspruch zur Heiligen Schrift und zum Bekenntnis der Kirche stehe: »Augustana VII und VIII (Augsburgisches Bekenntnis, d. Hrsg.) lehren ausdrücklich, daß die Kirche die Versammlung der Heiligen, der in Wahrheit Glaubenden ist.« Aufgrund dessen bekennt er sich in einer Rede zum 50jährigen Jubiläum der Gemeindefakultät am 17. Oktober 1958 offen als erbitterter Gegner dieser neuaufkommenden Irrlehre. An die Adresse der Lehrer der Fakultät gerichtet, ermahnt er: »Wenn ich recht sehe, trägt diese Form von liberaler Theologie eine spezielle Versuchung für Pfarrer und andere Theologen in sich. Deshalb ist es in besonderer Weise Aufgabe der Gemeindefakultät, unsere Kirche vor diesem Krypto-Liberalismus zu bewahren, der unbemerkt, aber unaufhaltsam die christliche Verkündigung von Taufe, Erweckung, Umkehr und Heiligung verderben wird. Sollte die Theologische Gemeindefakultät hier versagen, dann hat sie nicht nur Gottes Segen, dann hat sie auch ihre Existenzberechtigung verloren.«

Dies sind harte Worte an einem Jubiläumsfest, aber Hallesby ist der Ansicht, daß ihm ein halbes Jahrhundert Gebet und Einsatz für die Fakultät die geistliche Autorität geben würde, die Gefahren so deutlich anzusprechen. Zum Abschluß seiner Rede weist er jedoch nachdrücklich darauf hin, daß die vorrangige Aufgabe keinesfalls in der Bekämpfung der Irrlehre bestehe, sondern darin, daß die biblischen Wahrheiten gelehrt würden, damit man die künftigen Pfarrer befähige, das ungekürzte Evangelium von Sünde und Gnade, von Umkehr und Sündenvergebung zu verkündigen. »Laßt es mich so zusammenfassen: Aufgabe der Gemeindefakultät ist es, wie Nehemia – mit dem Schwert um die Lenden – zu bauen.«

Was die Theologische Gemeindefakultät Hallesby zufolge besonders auszeichnet, ist die enge Zusammenarbeit zwischen den bekenntnistreuen Theologen und den bekennenden Christen im Land: »Seit Bischof Heuchs Zeit haben Pfarrer und Laien zusammengestanden. Laien können den Bekenntniskampf nicht ohne Theologen führen, und Theologen bewirken ohne die Laien nichts. Heuchs großer Kampf führte dazu, daß sich Pfarrer und Laien vereinten und die Gemeindefakultät gründeten.«

In der Nachkriegszeit aber hat sich der geistliche und kirchliche Zustand des Landes grundlegend verändert, so daß Carl F. Wislöff zu der Feststellung kommt: »Die neue Kirchlichkeit setzte den Wunsch nach Frieden und Einheit über die Beachtung der lehrmäßigen Klarheit. Das ›streng konfessionelle‹ Luthertum – vertreten vor allem durch Leiv Aalen – ließ bei vielen Pfarrern eine gewisse Distanz gegenüber der pietistischen Laienbewegung und deren Verbänden aufkommen.«

Als Vorsitzender der Norwegisch-Lutherischen Inneren Missionsgesellschaft bemerkt Hallesby bereits 1945, daß auch innerhalb seines eigenen Verbandes Unsicherheit und Ratlosigkeit im Hinblick auf die kirchliche Situation herrschen. Aus diesem Grund beruft die Leitung eine Konferenz vom 16. bis 18. November 1945 in Drammen ein, zu der fast alle Bezirke Delegierte entsenden. Ole Hallesby und H.E. Wislöff, der neue Generalsekretär, halten zunächst die beiden Hauptreferate zu den Themen »Kirche und Innere Mission« sowie »Zukunftslinien der Inneren Mission«, was im Anschluß daran eine offene und teilweise überaus kontrovers geführte Diskussion unter den Teilnehmern auslöst. In der Resolution, die die Versammlung schließlich verabschiedet, heißt es: »Die Innere Mission will in all ihrem Leben und Wirken den alten erprobten Linien entsprechend weiterarbeiten. Sie will wachsam für eine unverkürzte Verkündigung des Wortes einstehen und sich standhaft gegen jegliches Abweichen von der alten pietistischen Lebensanschauung zu Wehr setzen.«

Man will wie bisher dem kirchlichen Amt gegenüber frei und

unabhängig sein und mit der Kirche ein gutes und brüderliches Verhältnis anstreben, solange diese auf dem Grund des Bekenntnisses stehe. Die Konferenzteilnehmer sind sich weitgehend einig, daß die Situation im Jahr 1945 nicht unbedingt einen weiteren Ausbau der Strukturen der Inneren Mission verlange, sondern daß vor allem die bestehende Arbeit mit Geist und Leben erfüllt werden müsse: »An dem Tag, an dem die Innere Mission keine Erweckunsgbewegung mehr ist, ist ihr der Lebensnerv abgeschnitten.«

In den Aussagen der Resolution wird deutlich, in welch starkem Maße die Grundüberzeugungen Hallesbys bezüglich der Aufgaben der Inneren Mission Eingang gefunden haben. Dennoch wird ihm und dem Generalsekretär H.E. Wislöff in manchen Kreisen vorgeworfen, sie hätten die starke Stellung der Laien zugunsten einer Bischofskirche geopfert, als sie der neuen »Ordnung der Kirche in Norwegen« ihre Zustimmung gegeben haben. Der Generalsekretär aber hält eine solche Anschuldigung für vollkommen unberechtigt, denn er kann keineswegs erkennen, daß die organisatorische Unabhängigkeit der Inneren Mission durch das Kirchenordnungsprogramm von Bischof Berggrav irgendwie in Frage gestellt sei. Er sieht die Aufgabe der Inneren Missionsbewegung vielmehr darin, auf dem Boden des Bekenntnisses innerhalb der Kirche zu arbeiten.

Ole Hallesby nimmt 1946 die Wiederwahl zum Vorsitzenden der Inneren Missionsgesellschaft an. Da er zu dieser Zeit gerade im Diakonissenkrankenhaus Lovisenberg liegt und man ihn deshalb in Abwesenheit gewählt hat, begegnet er erst auf der Generalversammlung 1950 zum ersten Mal seit dem Ende des Krieges wieder den Verantwortlichen der Inneren Missionsgesellschaft aus dem ganzen Land. Es gibt ein bewegtes Wiedersehen, denn viele Delegierte haben Hallesby schon zehn Jahre lang nicht mehr gesehen. Auf dieser Versammlung ermahnt er sie nun, im Gebet nicht nachzulassen und treu an ihrer Berufung festzuhalten, und er spricht die Hoffnung aus, daß bald wieder freundlichere Zeiten kommen mögen. Auch diesmal wird der unermüdliche Streiter für die Sache des Glaubens einstimmig wiedergewählt.

Im Jahr 1956 bekommt Ole Hallesby endlich Ablösung in seinem Amt als Vorsitzender der Inneren Missionsgesellschaft, das er seit 1923 innehat. In seiner sehr persönlich gehaltenen Abschiedsrede spricht er den Freunden der Inneren Mission seinen tiefen Dank aus: »Ihr habt mir stets Achtung, Vertrauen und Liebe entgegengebracht. Das war für mich das Kostbarste, an das ich mich erinnere, wenn ich an die Gemeinschaft und an die Zusammenarbeit in diesen ungefähr 52 Jahren zurückdenke, in denen ich in ganz Norwegen unterwegs gewesen bin.«

Professor Hallesbys Verabschiedung wird nicht nur von den Angehörigen der Inneren Missionsbewegung mit Wehmut aufgenommen, sondern auch von Vertretern der Gruppen, die der Laienbewegung fernstehen. Einer von ihnen, Sverre Riisöen, beurteilt den Einfluß Hallesbys so: »Er ist in der Tat so bedeutend, daß es verwegen wäre, normale menschliche Maßstäbe an diese große Persönlichkeit anzulegen. Das wird Sache der Zukunft sein. Nur wenige Norweger haben ihren Namen so tief in die Geschichte eingeschrieben wie er.«

Nicht nur in der Inneren Missionsgesellschaft ist es in den Jahren nach dem Krieg zu deutlichen Ermüdungserscheinungen gekommen. Das geistliche Leben in den Kirchen und Bethäusern – so muß Hallesby feststellen – hat einen schwachen Pulsschlag, und der Elan zu einer evangelistischen Verkündigung fehlt fast völlig. Immer mehr kommt er zu der Auffassung, daß die Ursache dieser Krise in der Verkündigung selbst zu suchen ist. Im September 1949 legt er in einer denkwürdigen Rede auf dem nordischen Treffen der Inneren Missionen in Kopenhagen seine Überzeugung dazu dar: »Wenn wir vor die Menschen treten, dann kommen wir mit Gedanken, guten Gedanken, christlichen Gedanken, aber selten mit einer Botschaft. Wir kommen ohne ein blinkendes Schwert, und die Menschen bleiben unverletzt sitzen. Einige von uns treffen den Verstand der Menschen, andere ihre Gefühle, aber selten treffen wir ihr Gewissen. Wir sind Redner, aber keine Verkündiger. Wir vermögen es nicht, die Menschen vor Gottes Angesicht zu stellen. Damit haben wir unseren Gott verraten und unser Volk im Stich gelassen. Gott hat die Türen für uns aufgestoßen, aber wir stehen da ohne geistliche Kraft und ohne die Vollmacht, dem modernen, suchenden, fragenden und angsterfüllten Menschen die Botschaft bringen zu können, nach der er sich in seinem Innersten sehnt.«

Angesichts dieser schwierigen und dürren Jahre hält es Hallesby für seine Pflicht, sich weiterhin mit seiner ganzen Person für die Ziele der Evangelisation und der Verkündigung einzusetzen. Er liebt die Laienbewegung und freut sich deshalb zu sehen, wie die Innere Mission in seinen letzten Lebensjahren mit all ihren verschiedenen Verbänden wieder einen beeindruckenden Aufbruch erlebt. Dies führt nicht zuletzt auch dazu, daß sich die Christen im ganzen Land ihrer missionarischen Verantwortung für die Jugend bewußt werden.

Am 25. Januar 1953 steigt Professor Hallesby im Storsal (Großer Saal) in Oslo auf die Kanzel, um eine evangelistische Ansprache, die vom Rundfunk direkt übertragen wird, an das ganze norwegische Volk zu richten. Als Predigttext hat er aus Lukas 9 die Verse 57-62 (»Vom Ernst der Nachfolge«) gewählt. Obwohl die Ansprache sehr kurz ist, sie dauert nur ganze zwölf Minuten, wird sie zur bedeutendsten Predigt des 20. Jahrhunderts in Norwegen. Seine Worte scheinen Denken und Gewissen eines ganzen Volkes zu lähmen, und so ist Hallesby plötzlich einem Sturm der Entrüstung ausgesetzt, der sich auch auf Deutschland und andere europäische Länder erstreckt.

Der finnische Bischof Dr. Matti Simojoki berichtet, daß Ole Hallesby, den er als prophetischen Verkündiger der nordischen Christenheit bezeichnet, sich schon vor seiner Radiopredigt darüber im klaren war, daß es wohl seine letzte Ansprache im norwegischen Rundfunk sein würde. Aus diesem Grund will er nun die Chance nutzen, dem Volk im ganzen Land Gottes Wort so direkt wie möglich zu sagen. Der finnische Bischof merkt dazu an, dieses Ziel der Predigt sei unzweifelhaft voll erreicht worden.

Wie die folgenden Auszüge zeigen, ist Hallesbys Verkündigung auch an diesem Abend wie immer von biblischer Klarheit und von existentiellem Ernst geprägt: »Ich bin so froh, wenn ich daran denke, daß es keinen einzigen unter meinen Zuhörern gibt, den Jesus nicht schon angesprochen hat. Wie kann ich das wissen? Das weiß ich aus der Bibel, denn dort sehe ich, wie groß und gut Gott ist. Er hat es auf sich genommen, dafür zu sorgen, daß nicht einer von uns für ewig verloren geht, ohne daß er vorher mit uns geredet hätte. Und das tut er so deutlich, daß wir wissen, wer mit uns redet und was er will. Ich rede heute abend sicher zu vielen, die wissen, daß sie nicht bekehrt sind. Du weißt, wenn du in diesem Augenblick tot zu Boden fallen würdest, dann würdest du direkt in die Hölle fallen. Du weißt, daß du nicht sterben kannst und willst, so wie du jetzt bist. Du mußt umgewendet werden, bevor du stirbst. Aber du willst dich jetzt nicht bekehren. Heute abend stehe ich hier an Christi Statt. Du meinst, daß das eine kühne Rede sei. Ja, aber ich würde das niemals zu sagen wagen, wenn es nicht in der Bibel stünde: Wir sind Botschafter an Christi Statt: Kehre jetzt um, da wo du dich gerade befindest. Mein willensschwacher, unentschlossener Zuhörer! Nun hast du lange genug nachgedacht und gegrübelt und Sehnsucht gehabt. Nun mußt du handeln! Unterstelle dich nun Gottes Macht und komm noch heute mit ihm ins Reine!«

Obwohl die Rundfunkpredigt ebenso einfach und klar biblisch ist wie so viele von Hallesbys evangelistischen Ansprachen, ist sein Wort an diesem Abend doch von einer eigenartigen Vollmacht erfüllt. Ein Zuhörer kann sich später erinnern, daß er, während er hinter der Bühne des Storsals saß, deutlich spürte, wie die Versammlung von der Botschaft ergriffen wurde. Ein solches Durchdrungensein vom Geist Gottes haben schon viele Zuhörer während Hallesbys Verkündigung vernommen. Es sind heilige Augenblicke, in denen die Worte des Predigers durch die Vollmacht des Geistes die Zuhörer fesseln.

Ole Hallesbys evangelistische Ansprache hinterläßt im norwegischen Volk einen starken und nachhaltigen Eindruck, und sie beunruhigt sogar Leute, die die Predigt überhaupt nicht gehört haben. Der Theologieprofessor ist mit einem Mal einer äußerst heftigen Woge der Empörung und Beschimpfung ausgesetzt. Zu seinen Kritikern gehört auch Bischof Kristian Schjelderup in Hamar, der die Predigt selbst gar nicht gehört hat. Er ist dennoch so verärgert, daß er sich sogar genötigt sieht, wenige Tage später das Christentum im »Arbeiderbladet« und in der »Aftenposten« gegen Hallesbys Predigt zu verteidigen. In Schjelderups »Liebesreligion« hat eine »Höllenverkündigung« keinen Platz, und so meint er, aufgrund seines religionsgeschichtlichen Wissens, die Menschen in Norwegen beruhigen zu können, daß die Höllenvorstellung ein religiöser Fremdkörper sei, der von außerhalb, wahrscheinlich aus Persien, ins Christentum eingedrungen sei. Durch diese Stellungnahme wird Kristian Schjelderup von einem Augenblick auf den anderen zu einem Volksapostel.

Hallesby antwortet in der Regel nicht auf theologische Angriffe, selbst wenn sie derart provokant sind. Er denkt auch ursprünglich nicht daran, den Kirchenführer aus Hamar der Irrlehre zu überführen. Aber nach einem einige Tage andauernden inneren Kampf wird ihm bewußt, daß er es, trotz seiner persönlichen Freundschaft zu Schjelderup, nicht zulassen kann, daß ein norwegischer Bischof öffentlich das Bekenntnis der Kirche verwirft. In einem mutigen Artikel im »Arbeiterbladet« vom 4. Februar 1953 stellt er deshalb zunächst klar, daß er nicht Schjelderup provoziert habe, sondern umgekehrt: »Er war es, der gegen mich ausrückte mit seinen unklaren und irreführenden Aussagen.«

Unter Hinweis auf das Matthäusevangelium (25,46: »Und sie werden in die ewige Pein gehen, aber die Gerechten in das ewige Leben.«) und auf das Augsburgische Bekenntnis (Augustana XVII) zeigt Hallesby auf, daß der Bischof von Hamar das klare Wort der Schrift über die Verlorenheit verleugnet und sich damit gegen das Bekenntnis der Kirche gestellt habe.

Daraufhin erwidert Schjelderup, er hätte am liebsten Professor Hallesbys herausfordernden Versuch ignoriert, ihn zu belehren. Nun aber sei er gezwungen festzustellen, daß er jede buchstäbliche Auslegung der biblischen Aussagen zur Hölle als unmöglich ablehne, wobei er jedoch einräume, daß man sich die Möglichkeit einer »Verlorenheit« denken könne.

Für Ole Hallesby gibt es nun keinen Grund mehr, die Diskussion mit einem Gegner fortzusetzen, der sich weigert, die Heilige Schrift als verbindliche Norm anzuerkennen. Weit wichtiger als diese theologischen Auseinandersetzungen ist für ihn, daß er mit seiner Predigt im norwegischen Rundfunk sein Volk noch einmal zur Umkehr zu Gott gerufen hat.

*

Die Aussagen der Predigt Hallesbys werden lange Zeit zu einem intensiv diskutierten Gesprächsthema, und zwar nicht nur in Norwegen, sondern auch im europäischen Ausland. In Deutschland erscheint am 4. März 1953 ein Bericht im Nachrichtenmagazin »Der Spiegel«, der den Titel »Hallesbys Hölle« trägt.

In diesem äußerst polemischen Bericht, der sich offensichtlich wenig um Objektivität bemüht, wird den Lesern in Deutschland der Eindruck vermittelt, als stehe Hallesby allein gegen das norwegische Christenvolk. Der streitbare »Professor mit dem harten Moralistenschädel« habe Bischof Kristian Schjelderup in die Enge getrieben und die Auseinandersetzung auf den dramatischen Höhepunkt gebracht, als er feststellte, daß der Kirchenführer sein Bischofsgelübde breche, wenn er das Wort aus Matthäus 25 nicht glaube.

Während die kritischen Stimmen einen breiten Raum in diesem Artikel des »Spiegels« einnehmen und man neben Schjelderup, der »bischöfliche Sachkenntnis« beweise, auch den Schriftsteller Paul Bendow in einer längeren Passage zitiert, wird die positive Reaktion auf die Radiopredigt im Widerspruch zu ihrer tatsächlichen Bedeutung nur am Rande erwähnt: »Hallesbys Freunde in konservativ-christlichen Kreisen verteidigen ihn als mutigen, verdienten Mann der bekennenden Kirche. ›Wenn die Kirche nicht am Bekenntnis festhält, wird sie ihrer Auflösung entgegengehen‹, sekundiert die Presse der Christlichen Volkspartei.«

Eine abschließende Beurteilung der Auseinandersetzung um die Radiopredigt Hallesbys wird nicht abgegeben. Vielmehr bleibt der Leser hin- und hergerissen zwischen theologischen Positionen, die er von seiner Warte aus kaum eigenständig gegeneinander abwägen kann. Trotz aller Polemik und dem Versuch, durch unsachgemäße Verkürzung des Predigttextes den Leser zu beeinflussen, muß der Autor des »Spiegel74«-Berichts am Ende dennoch die Verdienste des großen Kirchenmannes anerkennen: »Professor Hallesby war einer der mutigsten Männer des norwegischen Widerstandes im Streit für die humanitären Ideale des Christentums gegen den KZ-Staat von Hitler und Quisling.«

DIE ABENDSONNE DES LEBENS

(nach Torvald Ödberg)

Ole Hallesby behält trotz der schweren Erkrankung in der Jugend und trotz des großen Arbeitspensums, das er bewältigt, zeit seines Lebens eine gute körperliche und seelische Konstitution. Er führt stets ein gesundes und geregeltes Leben. Bei der geliebten Arbeit im großen Garten kann er sich immer wieder ebenso entspannen wie bei den ausgedehnten Spaziergängen, die er jeden Sommer während der Ferien in Aremark unternimmt.

Trotzdem bleibt Hallesby nicht von Krankheiten verschont. Noch vor den Wirren des Zweiten Weltkrieges leidet er an einer heftigen Gallenkolik, gerade als er sich auf einer Reise für die Gemeindefakultät befindet. Aber als willensstarker Mensch läßt er sich nicht davon abhalten, seinen Predigtdienst trotz großer Schmerzen zu Ende zu führen.

Wieder in Oslo zurück, muß Hallesby auf Anraten seines Arztes auf die geplante Reise nach China, Santalistan (Indien) und ins Heilige Land verzichten. Dennoch läßt er sich nach dieser für ihn schmerzlichen Entscheidung keineswegs durch die Gallenerkrankung, die sich auch weiterhin äußerst schmerzhaft zeigt, an seiner intensiven Arbeit hindern.

Eines Tages erhält er von einem Freund den Ratschlag, er solle doch jeden Tag ein wenig »Gammelost« (Schimmelkäse) essen, das würde seiner Gesundheit guttun. Er befolgt von da an diesen Rat sein ganzes Leben lang, und nun ist der »Gammelost« stets ein Bestandteil der Ausrüstung, die er im Reisekoffer mit sich führt. Hallesby gibt diesen einfachen Rat auch gerne an andere weiter, nachdem ihn ein Medizinprofessor am Reichshospital mit der Feststellung, daß der Gammelost Penicillin enthalte, darin bestärkt hat.

Während es in den Jahren nach dem Krieg so aussieht, als sei Hallesby immer noch im Vollbesitz seiner körperlichen Kräfte, merkt er doch selbst, daß vieles für ihn mehr und mehr zur Anstrengung wird, weshalb er zuweilen von sich behauptet: »Ich bin ein alter Mann geworden.« Nicht alle hören diese Bemerkung gern. Anna Jensen, eine ehemalige Bibelschullehrerin, selbst einige Jahre älter als Hallesby, ist einmal dabei, als er diesen Ausdruck benützt, und es gefällt ihr ganz und gar nicht, ihn so klagen zu hören. »Was sagst du denn da, Ole?« weist sie ihn zurecht. »Solange Gott uns hier auf der Erde noch gebrauchen kann, ist niemand von uns alt.«

1946 verunglückt er schwer, als er über das Wochenende einen Kurs für junge Männer besuchen will, den die Bibelschule der Inneren Mission zu dieser Zeit in Fluberg, nördlich von Oslo, veranstaltet. Sowohl die Leiter des Kurses als auch die Teilnehmer sind sehr gespannt auf sein Eintreffen, und alles ist gut vorbereitet. Zehn Schüler wohnen in einem ehemaligen Bunker, auf dessen Turm noch eine Fahnenstange vorhanden ist, und so haben sie einen »Kommandanten« ernannt, der sofort die Fahne hissen soll, um dem hochwillkommenen Gast auf diese Weise einen würdigen Empfang zu bereiten.

Aber man wartet vergeblich, denn Professor Hallesby kommt nicht. Auf dem Gehweg vor dem Osloer Ostbahnhof ist er nämlich von einem Auto angefahren worden und hat sich dabei einen Oberschenkelhalsbruch zugezogen.

Am Sonntag der darauffolgenden Woche stehen 50 junge Männer dichtgedrängt in seinem Krankenzimmer im Diakonissenkrankenhaus Lovisenberg. Bei ihrem Besuch sehen sie einen Ole Hallesby, der lächelt und zufrieden ist, weil er weiß, daß der Herr, der alle Dinge lenkt, ihm dies auferlegt hat.

Viele der jungen Leute, die an dem Kurs in Fluberg teilnehmen, wissen sich von Gott in den Verkündigungsdienst berufen, und so wird der Professor gebeten, ihnen einige Worte aus seiner reichen Erfahrung weiterzugeben. Dieser Bitte kommt er gerne nach, und er schließt mit dem für alle unvergeßlichen Ausspruch: »Wenn Gott euch demütig halten kann, meine jungen Freunde, dann kommt ihr nicht umhin, von ihm gebraucht zu werden.«

Nun steht das Alter vor der Tür, und Ole Hallesby muß daran denken, seine Aufgaben nach und nach abzugeben. Vor allem seine engsten Freunde und Mitarbeiter fragen sich deshalb häufig, ob es dem starken und überaus aktiven Mann gelingen wird, die Schwierigkeiten des Alters zu meistern und »fröhlich zu verwelken«. Ausgestattet mit ungewöhnlicher Intelligenz, besonderen geistlichen Gaben und der Fähigkeit zu harter Arbeit, teilt er seine Zeit stets so effektiv ein, daß er Unglaubliches zu leisten vermag. Seine überragenden Eigenschaften und sein unerschütterlicher Glaube machen ihn zur anerkannten Führungspersönlichkeit, in dessen Hand viele Fäden zusammenlaufen. Hallesby ist stets ein Vorbild, zu dem seine Freunde aufschauen und bei dem sie Orientierung suchen. Obwohl er ständig beschäftigt ist, hat er dennoch immer Zeit für alle, die ihn um Hilfe bitten.

Nach dem Zweiten Weltkrieg schreibt er keine Bücher mehr, sondern nur noch kleinere Artikel für Zeitungen und Zeitschriften. Auch an der Bibelschule hört er nach 25 Jahren Lehrtätigkeit damit auf, regelmäßigen Unterricht zu geben.

Obwohl der Aufenthalt im Lager Grini auch 1949 noch seinen Tribut fordert, ist der inzwischen 70jährige Hallesby weiterhin außergewöhnlich aktiv. Neben seinen Verpflichtungen als Professor an der Gemeindefakultät ist er unentwegt auf Reisen. Wer ihn als Redner für eine Veranstaltung gewinnen will, muß nicht selten viele Monate zuvor bei ihm anfragen. Außerdem ist Ole Hallesby immer noch Vorsitzender der Inneren Missionsgesellschaft und Mitglied verschiedener Vorstände und Ausschüsse.

Nun aber muß er sich von alledem trennen. Seine Freunde sind gewohnt, fest mit ihm rechnen zu können und halten ihn für beinahe unersetzlich. Hallesby fällt es jedoch keineswegs schwer, Arbeit und Leitungsverantwortung aus den Händen zu geben. Er ist fest davon überzeugt, daß Gott, der ihn in all diese Aufgaben hineingestellt hat, ihn auch Stück für Stück wieder davon entbindet. Hallesby akzeptiert alle Ordnungen Gottes mit stiller Zufriedenheit, auch das Alter. Aus diesem Grund entschließt er sich, mit Vollendung seines 70. Lebensjahrs aus den meisten Vorständen und Ämtern auszuscheiden.

Dieses Vorhaben läßt sich aber nicht so einfach realisieren, denn als Professor muß er seine Tätigkeit solange fortsetzen, bis sein Nachfolger 1953 den Lehrstuhl übernimmt. Darüber hinaus wird er vom Hauptvorstand der Inneren Mission dringend darum gebeten, sich für eine weitere Amtsperiode zur Verfügung zu stellen. Erst 1956, nachdem Hallesby diese Funktion 33 Jahre lang innegehabt hat, kann er sich endgültig von seinem Amt zurückziehen.

Ole Hallesby hat viel Fingerspitzengefühl. Er ist zwar der Inneren Mission nach wie vor tief verbunden, aber er fürchtet, anderen hinderlich werden zu können. Aus diesem Grund läßt er sich auf den jährlichen Mitarbeitertagungen, bei denen sich die Teilnehmer stets über sein Kommen freuen, nicht mehr als Redner auf das Programm setzen, obwohl er ungeachtet dessen in den Aussprachen auch weiterhin häufig das Wort ergreift. Als er einmal auf diesen Umstand angesprochen wird, antwortet er seinem Gegenüber: »Du darfst doch einen alten Mann nicht bitten, jüngeren Leuten im Weg zu stehen.«

Mit Ausnahme der kältesten Wintermonate ist Hallesby bis in sein 81. Lebensjahr das ganze Jahr als Evangelist unterwegs, und zwar hauptsächlich im Auftrag der Gemeindefakultät. Auf seiner letzten Reise für die Innere Mission besucht er im Mai/Juni 1960 die Bezirke Helgeland, Nordland und Troms im Norden des Landes. Auch an seinem Lebensabend ist er noch ein gefragter Prediger und Seelsorger. Dies läßt sich nicht nur an den vielen Menschen erkennen, die zu seinen Versammlungen kommen, sondern es wird auch dadurch deutlich, daß die Bezirkssekretäre mit ihm das Gespräch über ihre Arbeit und ihre Probleme suchen. So erhoffen sich die, die zu ihm kommen, manchen väterlichen Rat und eine biblische Wegweisung, die er aufgrund seiner großen Erfahrung und seiner geistlichen Vollmacht erteilen kann.

Wie gewohnt kommt er auch diesmal von der Reise froh und dankbar zurück. Sein Lebensinhalt besteht darin, seinem Herrn zu dienen und seinem Volk zu helfen. Überdies fühlt er sich durch das Zusammensein mit anderen Gläubigen jederzeit auch selbst bereichert. Im Sommer und Herbst 1960 kann man ihn weiterhin in öffentlichen Versammlungen sprechen hören. Das Reden aber bereitet ihm zunehmend Schwierigkeiten. Auch kann er nun kein Manuskript mehr verwenden, weil ihm schwindelig wird, wenn er den Kopf nach vorne beugt, um in seine Notizen zu sehen.

Am Sonntag, dem 20. November 1960, hält Ole Hallesby im Storsal in Oslo seine letzte Predigt. Er ist schon sehr früh da. »Wir müssen zuerst hinaufgehen und beten!« sagt er, und so bittet er inständig darum, daß er doch Gott nicht im Wege stehen und seiner Sache nicht schaden möge. Er bittet Gott um Gnade und Heil für alle, die an diesem Abend der Veranstaltung beiwohnen. Seine Worte erinnern an die alten Propheten, wenn sie die Sünde des Volkes als ihre eigene bekannten. Sein Gebet ist erfüllt vom Geist der Gewißheit, und er dankt Gott, dem Vater, der seine Bitten um Jesu Christi willen hört.

Der Saal ist voll besetzt, als Hallesby über Henoch predigt, der Gott folgte, bis er entrückt wurde, weil Gott ihn zu sich nahm: »Mit dem Herrn wandeln heißt, nach seinem Wort leben zu wollen, in einem aufrichtigen Bekenntnis vor seinem Angesicht. Jedesmal, wenn er unser Gebet erhört, gibt er uns einen Händedruck, der uns sagen soll: ›Du kannst einfach weitermachen! Du siehst, ich bin mit dir.‹«

Als die Versammlung zu Ende ist, gehen die Menschen tief bewegt nach Hause, und so ist die Feststellung eines Besuchers bezeichnend für diesen Abend: »Hallesby kennt mein Herz besser als ich selbst.«

Vielleicht hat Hallesby schon gespürt, daß es seine letzte Predigt ist. Nun schweigt die geisterfüllte mutige Verkündigerstimme, die 56 Jahre lang in Norwegen und in den anderen nordischen Ländern Menschen zu Christus gerufen hat. Gott allein kennt die Zahl derer, die er erweckt, ermahnt und getröstet hat, wenn er einfach und ergreifend vom Wort des Lebens sprach.

Zusammen mit seiner Frau Mia bereitet sich Hallesby auf den »Tag des Umzuges« vor. Er fürchtet den Tod nicht, sondern er beurteilt ihn nüchtern und realistisch. Der Tod ist sein Feind, der letzte, dem er begegnen wird. Mehrere Jahre lang betet er deshalb für seinen Todestag.

Mia Hallesby wünscht sich von Gott, daß sie vor ihrem Mann gehen darf, und der Herr erhört ihr Gebet. An einem herrlichen Maitag im Jahr 1961 ist sie zu Gast bei einer Frauengruppe der Inneren Mission, wo sie ein herzliches Grußwort an die Anwesenden richtet. Auf dem Nachhauseweg sagt sie, dies sei ihr letztes Zeugnis gewesen. Tatsächlich erkrankt sie bereits wenige Stunden später so schwer, daß sie am darauffolgenden Tag zu Gott heimgeht.

Der Tod seiner Frau ist ein harter Schlag für Ole Hallesby. Fünfzig Jahre lang hat sie ihm treu zur Seite gestanden, hat ihren Teil der Lasten getragen und seine Freude geteilt. Trotz seines

Schmerzes übergibt er sich aber in allen Dingen seinem Herrn. Er ist Gott dankbar dafür, daß er sie beide zusammen alt werden ließ, und er bleibt dankbar, wenn er nun für eine kurze Zeit allein ist: »Gott ist so gut. Ich bin nicht einsam, sondern ich habe das Gefühl, als wäre Mia unsichtbar anwesend,« sagt er. Wahrscheinlich sehnt Hallesby sich in diesen Wochen danach, ihr folgen zu dürfen, aber er spricht nicht darüber. Lediglich in einem Grußwort anläßlich eines Jubiläums der Inneren Mission in Tröndelag schreibt er: »Nun hat Gott meine Frau zu sich heimgeholt, und der Verlust ist groß. Aber mitten in der Trauer muß ich dem Herrn danken, denn ich habe es gut mit Gott und den Menschen und darf jeden Tag an die Vergebung meiner Sünden glauben. Die Abendsonne meines Lebens lächelt mich an und erinnert mich daran, daß ich bald nach Hause ziehen darf. Die meisten meiner Freunde werde ich in diesem Leben nie mehr wiedersehen, aber ich bete jeden Tag für alle Nachfolger unseres Herrn in Norwegen, daß wir im Glauben bewahrt bleiben und wohlbehalten dort zu Hause in Gottes ewiger Herrlichkeit ankommen.«

Noch einmal ist er im Sommer in seinem Heimatdorf Aremark und auf dem Hof Hallesby Söndre, den er so sehr liebt. Auch in diesem letzten Sommer kann er noch kleinere Spaziergänge in Wald und Flur unternehmen. Mit Freunden, die während dieser Zeit zu ihm kommen, geht er durch Hof und Garten und zeigt ihnen die Birken, die er in seiner Jugend selbst gepflanzt hat. Dann erzählt er von seinen Eltern, von den Kleinbauern Mari und Jörn Holen und von der Erweckung in Aremark kurz nach seiner eigenen Bekehrung.

Ende Oktober kann Ole Hallesby das Bett nicht mehr verlassen. Die Nierenerkrankung, an der er schon seit ein paar Jahren leidet, verschlimmert sich, und es scheint so, als werde es nun schnell zu Ende gehen. Denen, die ihn besuchen, lächelt er zu und drückt ihnen die Hand, dankbar dafür, daß sie ihm ein Schriftwort zusprechen und mit ihm beten. »Ich habe es so gut,« hört man ihn sagen, zu viel mehr reicht die Kraft nicht.

Nach einigen Tagen geht es ihm jedoch wieder besser. Seine Gedanken sind nun wieder ganz klar, und er spricht beinahe so deutlich wie früher. Auch jetzt ist er mit Gottes Führung zufrieden, und er bekennt: »Ich liege hier und danke Gott, weil ich zu Hause sein darf und es so gut habe.« In diesen letzten Wochen seines Lebens liegt er in seinem Arbeitszimmer, dort wo er beinahe 50 Jahre lang im Gebet gekämpft, Predigten vorbereitet, Bücher geschrieben und so vielen Menschen in der Seelsorge geholfen hat.

Nun darf er sich selbst in Gottes Hand geborgen wissen. Es steht für ihn unerschütterlich fest, daß auf die Verheißungen Gottes Verlaß ist. Jesus, der ihn mit seinem eigenen Blut erkauft hat, wird ihn ganz gewiß auch jetzt nicht im Stich lassen.

Am vorletzten Tag seines Lebens besucht ihn sein Freund Torvald Öberg und fragt ihn: »Auf dem Weg hierher betete ich darum, ein Wort für dich zu bekommen, und dann kam mir der Vers in den Sinn: ›Siehe, das ist Gottes Lamm, das der Welt Sünde trägt!‹ Du hast so tief in dieses Wunder hineinsehen dürfen und so vielen anderen geholfen, dies auch zu sehen. Darfst du nun selbst darin ruhen?« Ole Hallesby antwortet darauf: »Ja, ich ruhe in ihm, der alles für mich trug.«

Am Abend danach sind seine Kinder bei ihm im Krankenzimmer, und gemeinsam singen sie seinen Lieblingschoral: »Ich erhebe zu Gott mein Lied – noch einmal ...« Daraufhin weint er vor Freude. Dann liest Sohn Christen den 34. Psalm und spricht den Segen; kurz darauf schläft er ein. Am folgenden Morgen des 22. Novembers 1961 scheidet Ole Hallesby aus diesem Leben.

Ein großer Mann Gottes ist heimgegangen: Ein brennender Zeuge, der allen Mut machte und den Glauben stets lebendig weitergab; ein demütiger Christ, der wußte, daß es kein anderes Heil gibt, als allein in Jesus Christus, dem Gekreuzigten, und der deshalb ein einzigartiger Verkündiger von Gericht und Gnade war – Gott hat ihn nun zu sich gerufen.

Sein Sarg wird in seinem Arbeitszimmer aufgebahrt. Über Hallesbys Angesicht liegt ein Zug von Sieg und Frieden, so daß man meinen könnte, er sei nur eingeschlafen. Es versteht sich beinahe von selbst, an seinem Sarg Hebräer 13,7 zu lesen: »Gedenkt an eure Lehrer, die euch das Wort Gottes gesagt haben; ihr Ende schaut an und folgt ihrem Glauben nach.«

Der Trauergottesdienst, den Bischof Smemo leitet, findet in der Dreifaltigkeitskirche statt, einer der größten Kirchen in Oslo. Auf dem Sarg liegt ein einfaches Kreuz aus weißen Blumen und direkt davor ein Kranz des norwegischen Königs. Auf den Stufen zum Altar liegen viele weitere Kränze, von denen vier feierlich am Sarg niedergelegt werden: von der Familie, von der Gemeindefakultät, von der Inneren Missionsgesellschaft und von der Studentenvereinigung.

Professor Hallesby wird auf dem Vestre-Aker-Friedhof in Oslo an der Seite seiner Frau beigesetzt.

*

Bei der Trauerfeier faßt Pfarrer Christen Hallesby das Lebensziel seines Vaters so zusammen:

> *»Der Glaube bestimmte alles in seinem Leben: sein Denken, seine Lebensführung, seine Pläne und seine Arbeit im Alltag. Gott stand für ihn im Mittelpunkt, er lebte sein Leben für Gott – und es war nicht vergeblich. Weil er in allen Dingen mit Gott rechnete, war er ein Mann des Gebets, der alles Gott hinlegte. (...)*
> *Seine Theologie war die Theologie des Kreuzes – die Versöhnung und der Friede durch das Kreuz Christi. Seine Verkündigung war das Wort vom Kreuz – so einfach gesagt, daß jeder es begreifen konnte. Er war nie damit fertig, über das Geheimnis des Kreuzes und das mächtige Wunder der Auferstehung zu staunen.«*

WORTE VON OLE HALLESBY

Selig, wer es gelernt hat, unter dem Segen Gottes zu leben! Selig, wer es gelernt hat, vom Segen Gottes zu leben!

Wer in der Stille vor dem Herrn Gehorsam lernt durch Leiden, der hat den größten Sieg davongetragen, den ein Mensch auf Erden erringen kann.

Je länger ich lebe, um so mehr danke ich Gott, daß ich ihn nie ganz verstehen kann. Denn wenn er nicht größer wäre als mein Begriffsvermögen, dann wäre er gewiß nicht in der Lage, diese Welt zu regieren, noch viel weniger sie zu retten.

Ein mit Friede erfülltes, sieghaftes und frohes Christenleben wird nur dem zuteil, der das Geheimnis der täglichen Erneuerung gelernt hat: sich unaufhörlich an Gott zu wenden, um neue, frische Kraft aus seiner ewigen Welt zu empfangen.

Gott liebt uns los von der Sünde. Kann man sich Schöneres vorstellen? Mit der Glut seiner Liebe schmilzt er die Ketten, mit denen die Sünde uns fesselt. Mit seiner Liebe lockt er in seine Gegenwart und macht uns Mut, ihm die Wahrheit zu sagen.

Der christliche Glaube ist die innere Befreiung und das Glück des Menschen.

Christus ist der einzige Punkt, wo sich Gott und Mensch begegnen können. Christus ist nicht nur der einzige Weg zu Gott, sondern auch für Gott der einzige Weg zu uns. Darum liegt nur in ihm die Erlösung.

WICHTIGE DATEN IM LEBEN VON OLE HALLESBY

1879	Ole Hallesby wird am 5. August auf dem Hof Hallesby Söndre in Aremark/Ostnorwegen geboren
1891	Tod der Mutter
1893	Besuch der Bürgerschule in Halden
1894	Besuch des Gymnasiums in Oslo
1897	Beginn des Studiums der Theologie an der Königlichen Fredriks-Universität in Oslo
1902	Bekehrung und Lebenswende
1903	Theologisches Staatsexamen
1904	Mitarbeit als freier Evangelist in der Erweckungsbewegung zusammen mit Vater Christian Hallesby
1907	Gründung der Theologischen Gemeindefakultät Oslo
1908	Studienaufenthalt in Deutschland u.a. in Greifswald, Leipzig und Erlangen, Erwerb des Dr. phil.
1909	Berufung zum Professor für Systematische Theologie an der Theologischen Gemeindefakultät
1911	Ole Hallesby heiratet Anne Maire (Mia) Riddervold
1912	Programm für eine christliche Schulbewegung Gründung des Lehrerseminars und des Christlichen Gymnasiums Vorsitzender der Santalmission
1914	Einzug ins eigene Haus in Vinderen
1916	Unterrichtserteilung an der Bibelschule

1920	Bekenntniskonferenz im Missionshaus in der Calmeyergate
1921	Studentenmissionskonferenz in Uppsala/Schweden
1923	Predigtreise nach Amerika
	Wahl zum Vorsitzenden der Inneren Missionsgesellschaft
	Tod des Vaters
1924	Gründung der neuen Christlichen Studentenvereinigung
1927	Herausgabe des Buches »Vom Beten«
1928	Herausgabe der Ethik »Die christliche Morallehre«
1935	Einweihung des neuen Storsal (Großer Saal) in Oslo
1937	Studentenkonferenz in Budapest
1939	Internationales Studententreffen in Cambridge/England
1940	Beginn des Kirchenkampfes unter der deutschen Besatzung
	Mitglied im »Gemeinsamen Christlichen Rat«
1942	Bekenntnisdokument »Der Grund der Kirche«
	Vorsitzender der »Vorläufigen Kirchenleitung«
1943	Inhaftierung im Konzentrationslager Grini
1945	Befreiung aus der Haft
	Mitglied der Kirchenordnungskommission Mitglied in der Großen Untersuchungskommission
1947	Wahl zum Präsidenten der »International Fellowship of Evangelical Students«
1949	Nordisches Treffen der Inneren Missionen in Kopenhagen
1952	Letzte Vorlesung an der Theologischen Gemeindefakultät
1953	Predigt im Norwegischen Rundfunk
1956	Abgabe des Vorsitzes in der Inneren Missionsgesellschaft
1960	Predigtreise nach Nordnorwegen und letzte Predigt im Storsal in Oslo
1961	Ein halbes Jahr nach dem Tod seiner Frau Mia stirbt Ole Hallesby am 22. November in Oslo

Titel der Bücher von Ole Hallesby in deutscher Sprache (Auswahl):

Vom Beten
Wie ich Christ wurde
Religiosität oder Christentum
Himmel, Tod und Hölle
Aus seiner Fülle leben wir – Tägliche Andachten
Dein Typ ist gefragt
Vom Gewissen
Warum ich nicht religiös bin
Unsere Kraft wächst aus der Stille

hänssler

Fritz Grünzweig

... zu rühmen seinen Ruhm

Erfahrungen und Erkenntnisse aus langem Dienst

Mehr als nur ein Stück Zeitgeschichte will der Autor Fritz Grünzweig mit diesem Buch dokumentieren. Als Sohn eines schwäbischen Bauern schildert er sein Elternhaus, seine Kindheit und Jugendzeit, die zunehmende Bedrohung während der Herrschaft der Nationalsozialisten und nimmt den Leser mit hinein in die Praxis seines Pfarramtes. Immer wieder steht dabei für ihn die wunderbare Führung Gottes deutlich im Vordergrund, sowie Erkenntnisse und Erfahrungen, die er als Kind Gottes in dieser Gewißheit macht.

Pb., 328 S.; Nr. 84.112, DM 29,80; ISBN 3-7751-1384

Rolf Scheffbuch

Ludwig Hofacker

Der Mann – die Wirkung – die Bewegung

Ludwig Hofacker wollte zu Beginn des neunzehnten Jahrhunderts, daß die Menschen aus ihrer religiösen Harmlosigkeit erwachen; sie sollten des ewigen Heils gewiß werden bei Jesus. Der Lebensweg des berühmten Erweckungspredigers (1798–1828) wird hier nachgezeichnet. Aus der Motivation seines kompromislos gelebten Amtes als Pfarrer, das Tausende in die Kirchen brachte, wird sein Wirken bis zur heutigen Hofacker-Vereinigung gezeigt.

Tb., 64 S.; Nr. 75.050, DM 3,80; ISBN 3-7751-1303-7

Bitte fragen Sie in Ihrer Buchhandlung nach diesen Büchern!
Oder schreiben Sie an den Hänssler-Verlag, Postfach 12 20,
D-7303 Neuhausen-Stuttgart.